KB059732

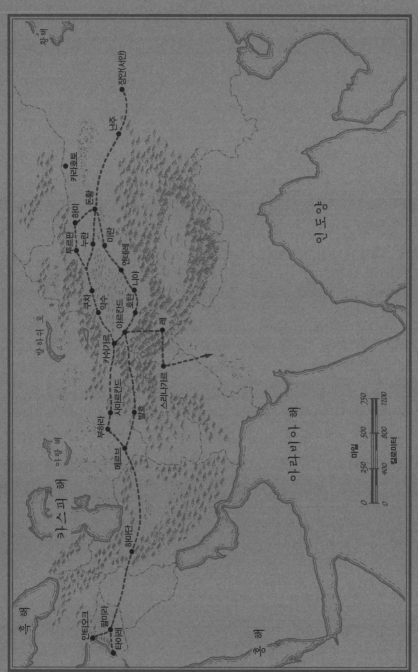

옛 실크로드의 주요 경로

감사의 글

사진 자료를 사용할 수 있게 허락해 준 아래의 선생님들에게 감사합니다.

권영필(상지대학교 초빙교수), 김호동(서울대학교 동양사학과 교수),

이주형(서울대학교 고고미술사학과 교수), 임영애(경주대학교 문화재학부 교수),

조성금(동국대학교 미술사학과 박사과정 수료).

약함은 생명의 온상이요,

상처 속에 우주가 있다

– 본문 중에서

차
례

실크로드의 입구에서

요사이 실크로드에 대한 관심이 무척 높아진 것을 느낍니다. 주위에서 읽을 만한 책이 있으면 소개해 달라는 부탁을 많이 받지만, 마땅한 책을 발견하지 못해서 쩔쩔맵니다.

왜 그럴까 생각을 해보았습니다. 사람들은 대개 간단히 읽고 감이 잡히기를 원하지만 생전 처음 접하는 지명뿐 아니라 역사도 퍼즐처럼 얽히고 설켜서, 실제로는 실크로드 공부에 고도의 전문성이 필요하기 때문이 아닐까 싶습니다.

특히 실크로드는 학교 교육에서 소외돼 왔기 때문에, 뭔가 새로운 지식이 반응을 일으킬 기억의 안개마저 없어서 문제를 증폭시키고 있습니다.

서양이나 중국에 관한 지식은 친숙하기 때문에 여러 수준의 교양서적이 출간되고, 또 독자들도 적절한 책을 선택해서 자신의 욕구를 충족시킬 수 있습니다. 수준뿐 아니라 성향도 이를테면 좌에서 우까지 다양해서 건강한 균형이 이루어집니다.

어쩌면 친숙하지 않음, 낯설음, 이런 것들이 실크로드에 대한 관심을 높이는 데 한몫 거드는지도 모르겠습니다. 만약 그렇다면, 이것은 우리 사회의 여유로움과도 무관하지 않을 것입니다. 실크로드를 자유로이 여행지로 택할 수 있고, 또 정치·경제적 현실에 부채 의식을 느끼지 않고서도 낯선 지역에 매료될 수 있을 만큼 국력이 성장했다는 이야기가 되니까요.

물론 쌀밥만 먹다가 어느 날 문득 향수가 일어서 보리밥을 찾는 식의 관심일 수도 있습니다. 이 향수는 고향과 어려운 시절을 잊지 않도록 연결해 주는 아름다운 코드임에 틀림없습니다. 하지만 자칫하면 풍요의 피로함을 달래 줄 기호품쯤 찾는 사치스런 마음으로 전락할 수도 있습니다.

실크로드에 대입하면 이것은 제국주의적 향수가 될 것입니다. 우리처럼 식민지 경험이 있는 나라에서 제국주의적 향수를 경계하는 것은 마땅합니다.

다행히도 많은 사람들이 현대 문명에 대한 회의, 그리고 행복한 삶의 추구 등을 좇아 실크로드를 찾고 있습니다. 다른 한편으로는, 반도의 남녘에 갇혀 사는 왜소감의 반작용으로 대륙의 한 부분을 차지했던 민족사의 과거에서 새로운 비전을 얻으려는 욕망도 큰 것 같습니다.

이러한 욕구들이 실크로드에 독특한 아우라(aura)를 형성합니다. 그러나 현실적으로 우리가 접하는 실크로드 지식들은 대부분 이런 욕구들과는 거리가 멉니다. 이 때문에 파생되는 문제가 여럿 있습니다. 그 중에서도 직접적으로 이 책을 쓰게 된 동기와 관련된 것은, 심지어 일반인의 높은 관심과 정면으로 배치되는 지식까지 '아우라'에 묻어들어와서 일반인의 관심을 교묘하게 변질시켜 놓는다는 점입니다.

이를 경계해야 할 때가 온 것 같습니다. 그 밖의 문제들은 실크로드가 주는 '생경함'에서 오는 것이기 때문에, 독자와 글쓴이가 조금씩 노력해서 해결하면 됩니다.

초기에는 정보와 지식에 갈증을 느껴서 이것저것 따질 겨를 없이 받아들일 수밖에 없었습니다. 그러나 이제는 저작물과 번역물이 제법 되고, 언론에서도 다큐멘터리 영상물 등을 적지 않게 소개했기 때문에 전문가란 사람이 실크로드에 대해서 도대체 무슨 말을 하고 있는지 '성격'을 분명히 할 필요가 생긴 것입니다.

성격과 관련해서 말한다면, 기존의 실크로드관(觀)을 극복하기 위해 이 책을 쓴 것이라고 할 수 있습니다. 이 관점은 서양에서 백수십 년 전에 나온 것으로 오늘날에도 맹위를 떨치고 있습니다. 우리 나라의 많은 실크로드 관련 정보나 지식들이 음으로나 양으로 이 관점에 의존하고 있습니다. 실크로드관은 실크로드를 문화전파론에 입각해서 보는 역사관입니다. 이에 대해서는 이 책의 전편에 걸쳐서 자주 이야기되므로 여기서는 생략합니다.

초심으로 돌아가 다시 물어 보도록 합니다. 우리에게 실크로드는 어떤 의미로 다가오는가? 우리 나라의 대표적인 서사무가(敍事巫歌) 〈바리공주〉에서 바리데기는 자기를 버린 부모의 생명을 구하기 위해 생명수를 구하러 서역 서천으로 떠납니다.

버림받은 자가 생명수를 구해 와서 버린 자를 살린다는 이 모티프는 인류의 정신이 지향하는 최고의 경지입니다. 서역은 우리에게 바로 이런 의미가 있습니다. 예로부터 구법승들이 죽음을 무릅쓰고 서역으로 향한 발걸음을 멈추지 않은 것은 인류 정신의 높은 고양을 위해서였습니다. 서역은 요즘 말로 하면 실크로드의 중심부에 해당합니다.

이 책의 집필 목적 중 첫 번째는 실크로드의 역사 속에서 바리공주가 찾은 것과 같은 정신적인 무엇을 독자와 함께 교감하기 위해서입니다. 지식을 넘어 실크로드에서 사상(思想)을 발견하려는 시도가 수반돼야 합니다.

그러기 위해서는 먼저 지식의 관문을 통과해야 합니다. 앞서 말한 '생경함'을 딛고 가기 위해서 저술자는 독자의 입장에 서서 친절하게 글을 써야 하고, 독자는 자신의 관심을 독서에서 관철시키는 끈질김이 필요합니다.

어떤 사람이나 나무·새를 알려고 할 때, 일차적으로 그것의 이름 등 기본적인 정보를 뇌에 입력하지 않으면 안 됩니다. 실크로드의 경우도 이 기본적인 것을 아는 게 필요합니다. 이와 동시에 실크로드를 원리적으로 이해하기 위해서 "그런데 그게 무슨 의미가 있지?"라는 해석의 문제를 처음부터 끝까지 놓치지 않아야 합니다.

역사학 관련 서적을 보면 대개 세 종류로 분류되는데, 1차 사료에 근거해서 한 주제를 실증적으로 분석하거나, 수집되고 정리된 기존의 자료와 문헌을 통해서 새로운 해석을 가하거나, 기존의 연구 성과를 체계적으로 정리한 것이 그것입니다.

예를 들어, 모리스 돕의 『자본주의 발전 연구』와 같은 책은 전형적으로 두 번째에 해당합니다. 이 책은 "종래의 실증적 성과들을 어떻게 비판하여 새롭고 높은 수준의 이론 체계 내에 흡수할 수 있을 것인가" 하는 문제를 제기하고 있는 역작으로,* '해석적 방법'의 유용성을 확신시켜 준 본보기였습니다.

실크로드를 하나의 생명체로 본다면, 이 생명체가 어떤 사상을 가지고 있는가를 파악하기 위해서 부분의 정교한 해부보다는 생명체의 전체 맥락을 통찰하는 것이 더 필요합니다. 후자는 해석적 방법을 통해 이론화됩니다. "모든 이론은 회색이니 생명의 황금나무야 푸르러라"는 『파우스트』의 이 구절은 이론**과 사상이 어떻게 다른가에 대한 적절한 비유라 생각합니다.

그렇다면, 사상으로 볼 때 실크로드는 무엇인가? 약자의 세계사입니다. 세계사를 약소 오아시스 국가의 처지에서 거대 유목 제국과 거대 정주 제국의 충돌로 보는 것입니다. (근대 이전까지 약 2000년 동안 유라시아 대륙에서 펼쳐진) 세계사를 약소 오아시스국 중심의 마름모 구도를 통해 파악할 수 있을 것입니다.

'약자의'라는 수식어를 빼면 실크로드는 일단 세계사입니다. 다시

---

* 다카하시 고하지로〔高橋幸八郎〕가 「돕-스위치 논쟁에 부쳐」란 글의 서두에 언급한 내용을 소개하고자 한다.
  "이 노작(『자본주의 발전 연구』)은 저자 모리스 H. 돕이 머리말에서 밝히고 있듯이, 1차 사료에 의한 역사 연구가 아니라 수집되고 정리된 기존의 자료와 문헌에 의거하여 이루어진 연구이다. 따라서 역사학자들을 충분하게 납득시킬 수는 없지만, 우리가 관심을 갖지 않을 수 없는 구체적인 문제, 즉 '보다 새롭고 높은 수준의 경제사학'이 종래의 사회경제사학—돕이 말하는 부르주아 역사학—의 실증적 제성과를 어떻게 비판하여 자신의 이론 체계 내에 흡수할 수 있을 것인가' 하는 문제를 제기하고 있다"(김대환 편역, 『자본주의 이행 논쟁』에서 인용).
** 여기서 이론은 가치를 배제한 채 오직 기계적 방법론에만 입각한 것을 가리킨다.
  "사상과 이론의 관계는 항상 문제가 되어 왔다. 근대 사회과학이 비록 사회사상의 모태에서 태어났지만 합리주의와 실증주의의 진전에 따라 독자적인 발전을 시작하면서부터 사회사상의 존재 이유가 하나의 문제로 되었다. 사회사상은 주체적인 측면에서 정치적 실천에 관계되는 인격적인 지성의 투영인 데 반해, 사회과학의 경우에 있어서 지성은 기술적인 실천 지성이라고 볼 수 있다. 전자는 주체적·단편적·직관적인 데 반해, 후자는 객관적·체계적·이론적이다. 또 역사적 상황에서 보면 사회의 변혁기에는 사회사상이 부상하고, 침체기에는 사회과학이 부상한다. 그러나 어떻든 사회사상이 사회과학에로 해소돼 버리는 것은 결코 아니다. 역사의 전환점에서, 사회사상은 모든 사회과학에 강한 반성을 촉구하고, 사회사상도 사회과학으로부터 부단히 그 내실을 채우는 것이 필요하다. 훌륭한 고전이라면 사회과학과 사회사상이 서로 구별되면서도 동시에 어딘가에서 중복되어 있다"(平井俊彦 외 편, 고영대 역, 『사회사상사』에서 인용).

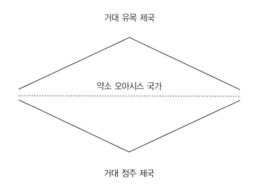

거대 유목 제국

약소 오아시스 국가

거대 정주 제국

추려 내면 역사만 남습니다. 실크로드는 길인데, 왜 역사라고 하는가? 서구인이 고안한, 패권주의적 우월 의식이 들어 있는 실크로드란 용어*에 현혹되지만 않는다면, 실크로드가 강대한 제국들의 힘이 충돌하는 지대(유라시아를 관통하는 벨트)의 역사라는 것을 어렵지 않게 이해할 수 있을 것입니다.

단어의 뜻에 얽매이지 않고 실크로드를 가장 본질적으로 표명할 수 있는 개념은 역사체로서의 실크로드입니다.** 이를 입증하기 위해 여기서 어려운 이론화를 시도하기보다는 이 책의 일독(一讀)을 통해 자연스럽게 공감하는 편이 더 나을 것이라 생각합니다.

역사에는 법칙이 있습니다. 이 법칙을 이해하지 못하면, 또 이(법칙의 이해)를 통해 생긴 감정이 인생에 어떤 영향을 미치지 못하면, 지

---

* 1877년 독일의 지리학자 리히트호펜이 실크로드란 용어를 처음 사용하였다.
** 실크로드관은 실크로드를 지리적 개념으로 보고 그 위에서 이론의 빌딩을 세운다. 반면 필자는 이에 대항하여 실크로드를 역사체로 보고 있다(좀더 엄밀히 말하면, 실크로드 대신 다른 용어를 사용해야 할 것이다). 그러나 이 책에서는 둘 사이의 외형적 구별은 하지 않고 의미상으로만 각각의 경우에 맞게 사용했으며, 결코 이로 인한 혼란은 없게 하였다.

식은 생명력 있는 사상이 되지 못합니다. 역사 사상(歷史思想)은 그런 점에서 역사 법칙의 객관성과 역사 이해의 주관성이란 이중의 구조로 이루어져 있음을 볼 수 있습니다.

실크로드의 본질에 접근하기 위해서는 실크로드에 작용한 역사 법칙을 이해해야 하는데, 이 과정에서 우리의 관심은 더욱 구체화되고 사상으로 발전해 갈 계기를 맞게 됩니다. 대부분의 실크로드 지식이 독자의 요구와 거리가 먼 것이 현실이라면, 그것은 사상의 차원에서 독자와 만나야 하는데도 불구하고 정보나 지식의 차원에서만 만나왔기 때문일 것입니다. 정신적 요소가 거세된 건조한 기계적 지식은 특히 이처럼 '생경한' 분야에서는 일반 독자의 요구를 충족시킬 수 없습니다.

'실크로드가 세계사'라는 것은 실크로드에 작용한 역사 법칙이 세계사적이라는 뜻입니다. 수식어를 덧붙여 '약자의' 세계사라고 했을 때, 이것은 세계사에 관철되는 역사 법칙을 약자의 처지에서 본다는 것으로, 실크로드의 주인이 오아시스 국가, 즉 약자이기 때문에 결국은 앞의 말과 같은 뜻이 됩니다.

따라서 '약자의 세계사'라는 것은 역사 이해의 주관성을, '실크로드가 세계사'라는 것은 역사 이해의 객관성을 가리키는 것으로서, 이 둘이 일치할 때 역사 사상은 큰 폭으로 성숙하게 될 것입니다. 이 책에서 필자는 이 지점을 도달해야 할 목표로 삼았습니다.

두 번째 집필 목적은 실크로드 속으로 인도하는 친절한 길안내입니다. 실크로드에 관심이 있는 독자라면 읽어서 당연히 이해할 수 있어야 합니다. 오직 독자와 원활히 대화를 나누는 것에 초점을 맞추어 형식을 넘어선 형식으로 글을 써나갔습니다.

장에 따라서는 이야기를 삽화처럼 만들어 넣었습니다. 흥미와 함께 주제에 대한 감정(feeling)을 갖도록 하기 위해서였습니다. 만든 이야기는 근거를 밝혀서 사실 관계에 혼동이 생기지 않도록 했습니다.

친절한 글쓰기란 쓴 약에 당의정을 바른 것만은 아니라고 생각합니다. 입문서 성격인 이 책의 경우엔 특히, 예컨대 고대 중국의 수도 장안이면 장안이 머릿속에 그림으로 그려질 수 있을 만큼 생생하게 서술할 필요가 있다고 봅니다. 물론 현장을 직접 보는 것이 좋겠지만 모든 곳을 다 가볼 수도 없을 뿐 아니라 여행은 어디까지나 여행이기 때문에, 글을 통해서 머릿속에 역사 법칙의 이해와 결부된 그림이 그려지지 않으면 금방 한계에 부딪치고 맙니다.

무엇보다도 실크로드에 대한 시야가 열려야 합니다. 그렇게 되면 이때부터 실크로드는 생명을 갖고 성장을 시작합니다. 관심이 구체화되면서 더 많은 정보와 지식을 원하게 되는데, 일종의 영양분을 필요로 하는 것이죠. 이 과정을 거치면서 실크로드는 사상을 형성해 갑니다. 사상은 회색의 지식과는 달리 삶의 태도에 적지 않은 영향을 미칩니다. 관심을 거세당하고서 그 자리를 새로운 정보와 지식으로 개비하는 것이 아니라, 스스로 이 책에서 자신의 관심이 꽃송이처럼 살포시 피어나는 것을 경험할 수 있다면, 필자의 두 번째 목적은 성공한 것입니다.

그러기 위해서는 쉽고 재미있어야 합니다. 광대처럼 입담 좋게 이야기할 줄 알아야 하는데, 과연 그런 역할을 잘 수행했는지 불안합니다. 옛날 이야기도 아니고 신변잡기도 아닌, 실크로드의 역사를 광대처럼 이야기하는 것은 기계적일 정도로 정연해야 하는 근대의 역사 서술 방식에 비추어 볼 때 일종의 반란일 수 있습니다.

광대가 재미있게 놀지 못하면 이미 본령을 잃어버린 것일 텐데, 그렇게 질펀하게 잘 놀지 못했음을 실토합니다. "글은 쉬워야 하지만 필요하다면 어려운 이론도 정확히 개진하라"는 금언 뒤에 숨어서 어려운 내용을 재밌게 풀어내지 못했습니다. 내용을 온전히 장악하지 못한 데서 나온 현학적 구성과 서술이 있었음을 자인하지 않을 수 없습니다.

이 책은 1차 여행을 끝내고 더 멋진 탐구 여행을 떠나기 위해 대기하는 정박소까지 데려다 주는 역할을 할 것입니다.

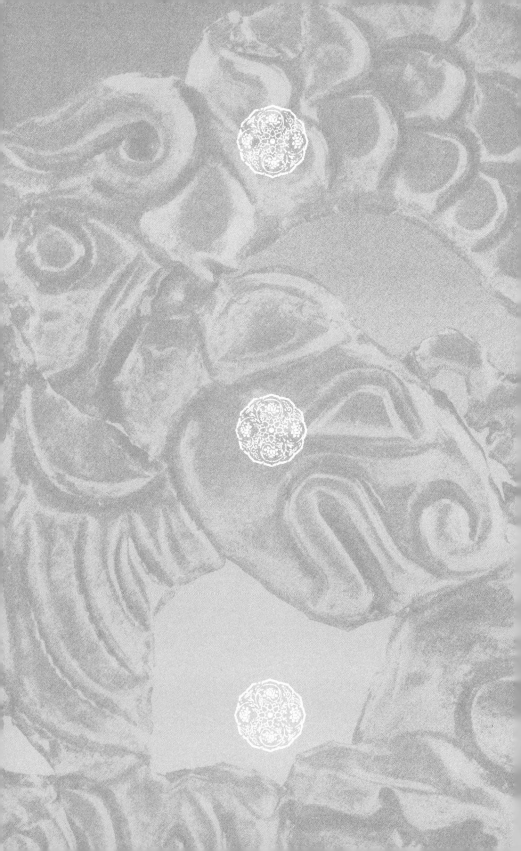

01 흑장군의 전설

옛날 아주 먼 옛날, 세상에서 가장 용맹스러운 장군이 한 사람 있었다. 사람들은 그를 흑장군이라고 불렀다. 검은 옷을 입고, 검은 투구를 쓰고, 검은 칼을 차고, 검은 말을 타고 다녔기 때문이다. 그가 지나간 자리에는 검은 바람이 일었으며, 심지어 하얀 이를 드러내고 웃을 때조차도 검은색으로 둘러싸인 그가 더욱 신성해 보였다. 그는 망망대해와도 같은 사막 한가운데 우뚝 솟은 성의 주인이었는데, 성의 이름도 흑성이었다.

여느 때와 달리, 흑성은 긴박한 전운에 감싸여 있었다. 병사들의 고함 소리와 병장기 부딪치는 소리가 날아가는 새도 떨어뜨릴 정도로 살기등등했다. 흑장군은 성을 돌며 사력을 다해 전쟁을 준비하는 군대를 격려했다.

그것은 천하무적의 칭기스 칸 군대가 고비 사막을 넘어 쳐들어오고 있기 때문이었다. 칭기스 칸은 이미 실크로드를 손아귀에 넣고 이번에는 중국 대륙을 정복하기 위해 달려오는 중이었다.

흑성의 전경. 카라호토라고도 한다. 코즐로프 탐험대가 1908년에 발견하였다.

흑성은 대하(大夏)라는 나라의 최전방에 위치해 있는 요새 도시였다. 중국은 당시 북쪽의 금(金), 남쪽의 송(宋), 그리고 서쪽의 대하가 세 발 달린 솥 모양으로 정립(鼎立)해 있었는데, 송은 대하가 자기 나라의 서쪽에 있다고 해서 서하(西夏)라 불렀다.

흑장군, 칭기스 칸에 맞서다

칭기스 칸은 대하를 쳐야 할 이유가 몇 가지 있었다. 중국에 대한 원정로를 확보하는 것,* 대하가 차지하고 있는 실크로드의 목구멍을 빼앗아서 몽골은 살찌우고 중국은 영양 실조 상태에 빠뜨리는 것, 그

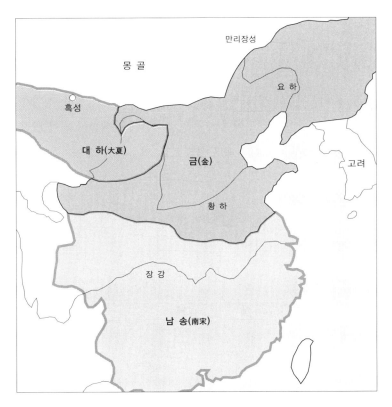

세 발 달린 솥모양으로 정립한 대하·금·남송(1127~1227년경).
흑성은 대하와 몽골의 국경에 인접해 있다.

리고 지난해 칭기스 칸이 실크로드에 있는 서방의 나라들을 원정하러 가면서 요청한 지원군을 대하의 황제가 거절한 대가를 초원의 방식으로 혹독하게 치르게 해주는 것 등이었다.

이런 정세 하에서 대하의 운명은 흑장군이 흑성을 사수하느냐 못

---

* 전통적으로 몽골군은 3군으로 나누어 마치 이리몰이를 하는 수법으로 공격 전술을 구사했다. 대하는 금나라의 수도를 치는 우회로의 길목에 있었다.

하느냐에 달려 있었다. 흑성은 전략적으로도 중요한 요새일 뿐 아니라 이 나라를 통틀어서 흑장군만큼 용맹하고 전략·전술이 뛰어난 장수가 없기 때문이었다.

전 세계를 전율케 한 끔찍한 소문이 이곳에서도 무성했다. 칭기스칸의 군대가 나타나는 곳이면 그곳은 순식간에 쑥대밭이 되어 버린다고 했다. 그들은 닥치는 대로 불지르고, 약탈하고, 부녀자를 겁탈하고, 사내아이들은 아예 씨를 말려 버린다는 것이다. 공포야말로 가장 무서운 적이었다.

이 소문들을 퇴치하기 위해 승려들은 성의 중앙 마당에 단을 높이 쌓고 연일 기도를 올렸으며, 군인들은 하루에도 몇 차례씩 북소리에 맞춰 기합 소리를 쩌렁쩌렁 울리며 성을 돌았고, 해넘이엔 주민들의 애국심을 고취하기 위한 공연이 열렸다.

흑장군의 딸

공연 내용은 다음과 같았다.[1]

하늘이 처음 열리고 태초에 눈 덮인 설산(雪山)이 있었다. 그 산에서 하얀 백하(白河)가 흘러내렸다. 한 무리의 사람들이 그곳에 살고 있었는데, 신은 그들을 풍족히 먹여 살리기 위해 황금 씨앗을 내려보냈다. 신의 사자는 황금 씨앗을 가지고 하늘의 강을 타고 내려와, 설산에 이르러서 다시 백하를 타고 이들에게 왔다. 무리들의 족장은 사자를 융숭히 맞았다. 사람들은 씨를 뿌리고 풍악을 울리며 태평세월을 보냈다. 이 무리는 탕구트(대하를 세운 종족)라고 불리는 족속이었다.

그러던 어느 날 탕구트족에게 시련이 닥쳐왔다. 오랫동안 태평세월을 구가하다 보니 강인했던 기질이 사라지고 나약해져서 외적의 침입을 받고 신이 내려 준 땅에서 쫓겨난 것이다. 그들은 왕을 세우지 못하고 유랑하면서 흘러다니다가 어떤 때는 티베트에 붙어 살고 어떤 때는 중국에 붙어 살았다. 그러기를 수백 년. 도탄에 빠진 무리들의 한숨과 기원이 마침내 하늘에 닿아 구원자를 보내 주었다. 그는 오랜 노예 생활에 종지부를 찍고 작지만 독립된 나라를 세웠다. 그리고 그의 아들은 위대한 정복 사업을 계속해 그들을 못살게 하던 주변의 족속들을 모조리 굴복시켰다. 마침내 3대째에 와서 불세출의 영웅 이원호(李元昊)*가 나타나서 모든 전투에서 중국을 이기니, 중국의 송나라도 두려운 마음으로 예를 다하여 대하고, 매년 비단 15만 3000필, 은 7만 2000냥, 차 3만 근씩을 보내왔다. 그가 나라 이름을 대하라 정하고 황제를 칭하며 천하를 호령하였다.

공연장에서 한 청년이 흑장군의 둘째 딸을 남몰래 쳐다보곤 했다. 사실 청년은 그냥 지나치자는 아버지한테 떼를 쓰다시피 해서 카라반을 끌고 흑성에 들어온 것이었다. 아버지 알 아미드는 실크로드에서 잔뼈가 굵은 베테랑 이슬람 상인이었는데, 그가 흑성을 들르지 않고 지나치려 한 것은 지금 흑성이 얼마나 위태로운지를 누구보다도 잘 알고 있기 때문이었다.

공연은 클라이맥스를 향해 치달았다. 장내가 떠나갈 듯이 함성과

---

* 그가 바로 1032~1048년에 치세한 경종(景宗)이다. 그의 탕구트어 이름은 알려져 있지 않다.

박수가 터져 나왔다. 이슬람 상인 부자는 흑장군의 가족과 나란히 앉아서 관람하고 있었다. 청년은 아무도 눈치채지 못하게 흑장군의 딸에게 손가락으로 무슨 모양을 만들어 보였다. 처녀는 알았다는 표시로 고개를 살짝 끄덕였다.

환호가 계속되는 가운데 흑장군은 감정이 북받치는 듯 눈을 지그시 감았다. 상인은 잠시 기다렸다가 약간 흥분한 목소리로 말했다.

"흑장군님, 오늘 밤은 제가 약주를 한잔 대접하고 싶습니다."

공연이 끝난 뒤, 흑장군의 딸은 한 무리의 군중이 왁자지껄 떠드는 틈을 타 옆길로 살그머니 빠져 나왔다.

성의 서쪽에 자리잡은 사원의 지붕 위엔 별 하나가 마중을 나온 듯 하늘에 떠 있었다. 처녀는 청년의 모습이 보이자 달려갔다. 청년은 그녀의 손을 잡고 급히 절 뒤로 사라졌다. 같이 도망가자고 그는 애원했다. 처녀는 안타까운 듯이 머리를 내저었다.

그녀는 울먹이며 말했다.

"우리 가족은 모두 이 성에서 죽을 거야. 결코 나 혼자만 빠져 나갈 순 없어."

청년은 다시 설득하기 시작했다. 더 이상 견딜 수 없었던지, 처녀는 휙 돌아서서 왔던 길로 정신없이 내달았다. 청년은 급히 뒤쫓아갔다. 그의 손이 처녀를 뒤에서 붙잡는 순간, 그녀는 와락 청년한테 안기더니 울음을 터뜨렸다.

청년은 점점 초조해졌다. 시간이 자꾸만 흘러서 흑장군이 뭔가를 눈치채고 두 사람을 찾게 되면 끝장이기 때문이었다.

청년은 그녀를 들쳐업고 뛰었다. 그녀는 마구 발버둥치다 잠잠해졌다. 청년은 철통 같은 경비를 뚫고 고양이처럼 성벽을 넘어 사라졌다.

다음날, 성안이 발칵 뒤집혔다. 이슬람 상인은 안절부절못했다. 아들이 흑장군의 딸을 사랑한다는 것은 눈치채고 있었지만, 이렇게 도망까지 칠 줄은 꿈에도 몰랐다. 기껏해야 마지막으로 한 번 보고서 작별 인사나 나누려고 자기를 이 흑성에 막무가내로 끌고 들어온 것으로 생각했다. 그래서 그도 흑장군과 술자리를 만들어 일부러 아들에게 기회를 준 것이었다. 성은 바늘도 못 빠져 나갈 만큼 검문 검색이 삼엄했다.

흑장군은 부인에게 호통을 치다 말고 굳게 입을 다물었다. 그는 체념한 듯 눈을 감았다. 아내가 몰랐을 리 없었다. 어미의 심정이 가슴에 저며 왔다. 사실 그의 마음도 다를 바 없었다. 피붙이 하나라도 이세상에 살아남아서 가정을 이루고 행복하게 살아 주면 그지없이 감사한 일이었다.

흑장군과 칭기스 칸의 대결

그는 방을 나와서 뚜벅뚜벅 집무실로 걸어 들어갔다. 창 밖을 내려다보았다. 사막을 가로질러 성안으로 흐르는 흑수. 이 강은 흑성이 존재할 수 있게 해주는 유일한 생명수였다. 몽골군은 전투에 앞서 성안으로 흘러들어가는 물줄기를 끊어 다른 방향으로 돌리는 전술을 쓰는 것으로 유명했다. 어제 술자리에서 알 아미드도 실크로드에 있는 많은 나라들이 그렇게 해서 무너졌다고 말하지 않았는가.

흑장군은 오래전부터 성안의 여기저기를 파보았지만 물의 양이 너무나 적었다. 그의 눈길은 창 너머로 우물을 파고 있는 공사 현장을 힘없이 바라보고 있었다. 기적이 일어나지 않는 한 희망이 없었다.

등뒤에서 막료의 긴장된 목소리가 들려왔다.

"장군님, 지금 몽골군이 고비알타이 산을 넘었다고 합니다."

그는 막료의 보고를 받은 후, 문을 닫아 걸고 혼자 깊은 생각에 잠겼다. 집무실 밖에서는 막료가 초조히 그의 명령을 기다리고 있었다. 그러나 흑장군은 하루 해를 다 보내고 날이 어둑어둑해질 무렵에야 비로소 문을 열었다. 그는 부하 장수들을 들어오게 해서 자신이 지금 군사들을 데리고 나갈 것이니 출동 준비를 하라고 명령했다. 전혀 예상치 못한 명령에 장수들은 어리둥절해서 한동안 그 자리에 붙박혀 있었다.

날이 흐린 탓인지 땅거미가 일찍 내려앉았다. 흑장군은 군사들을 데리고 우회하는 길을 택해 성에서 열 마장 가량 떨어진 동쪽 산으로 올라갔다. 그는 자신이 돌아오지 못할 경우에 대비해 성을 지킬 장수에게 뒷일을 부탁했다.

흑장군의 계략은 몽골군의 첩자가 정보를 보내도 이미 늦을 정도로 마지막까지 집무실에서 기다렸다가 전광석화처럼 움직이는 것이었다.

칭기스 칸의 대군이 흑성에서 얼마 떨어지지 않은 바다처럼 큰 호수에 당도했을 때, 흑장군은 벌써 쥐도 새도 모르게 칭기스 칸의 옆구리를 찌를 수 있는 언덕에 올라가 있었다.

흑장군은 칭기스 칸의 오르도*를 급습했다. 오르도 주위로 횃불을 대낮처럼 밝혀 놓았기 때문에 어둠을 타고 공격하는 흑장군의 부대

---

* 유목 군주의 거대한 천막 궁전을 말한다. 중국에서는 이동 궁전이라는 의미로 행궁(行宮)이라고 했다.

는 더할 나위 없는 기회를 맞은 것이었다.

막 무장을 푼 몽골군이 우왕좌왕하면서 방어 태세에 돌입하는 동안, 흑장군은 군사를 이끌고 질풍노도처럼 쳐들어갔다. 워낙 갑작스러운 일이어서 몽골군은 칭기스 칸의 오르도를 에워쌀 겨를도 없었다. 격렬한 전투가 벌어졌다. 흑장군의 검에서 무지갯빛 섬광이 춤을 추었다. 드디어 흑장군은 칭기스 칸과 맞닥뜨렸다.

사막에서 칼을 겨누고 있는 말 위의 두 사람. 말발굽이 일으킨 검은 먼지 속에서 서로를 뚫어지게 바라보고 있었다. 그런데 이 두 사람은 커다란 차이가 있었다. 한 사람은 자신의 생명을 정복의 수단으로 삼은 데 반해, 다른 한 사람은 자신의 성(城)과 조국을 위해 기꺼이 생명을 내던지려 하고 있었다.

흑장군은 실오리만한 정신까지도 칼끝에 모았다. 흑장군의 검은 매가 머리 위를 맴돌고 있었다. 칭기스 칸은 마치 존재하는 것 자체라는 듯 태산 같은 자세를 하고 있었다. 유와 무의 대결이라 할 수 있지 않을까. 칭기스 칸은 잿빛 푸른 이리였다. 휘두르는 그의 칼은 희미한 달빛 아래서 정말로 이리처럼 사나웠다. 그가 일으킨 칼바람은 바위를 무 자르듯 할 정도로 무시무시했다. 하지만 흑장군은 공격하지 않고 피하기만 하였다. 검은 매와 잿빛 푸른 이리의 격전은 조용하고 무겁게 진행되었다.

흑장군에겐 조국의 운명을 가름하는 시간이었다. 그는 죽음을 초월해 평생 닦아 온 검에 몸을 완전히 맡겼다. 어찌 된 일인지 뒤얽혀 싸우던 두 장수의 동작이 갑자기 멈추었다. 차 한 잔 마실 시간이 지나고 있었다. 다시 번쩍하면서 두 개의 검이 불을 뿜었고, 그 길로 검은 매는 암흑 속으로 자취를 감췄다. 잿빛 푸른 이리는 그를 쫓아가지 않았다. 밤하늘을 가르며 길고 날카로운 매의 울음소리가 들려왔다. 이를 신호로 약속이나 한 듯 흑장군의 군사들이 삽시간에 사라져버렸다.

오르도로 돌아온 칭기스 칸은 카돈(칸의 부인)뿐 아니라 그림자와도 같은 시종들까지 모두 물리치고 혼자 앉아 있었다. 그는 자신이 치명상을 입은 사실을 철저히 숨겼다. 목숨을 앗아갈지도 모를 상처보다도 수치심이 치밀어올라 견딜 수가 없었다. 분노를 삼키지 못하고 있는데 갑자기 어떤 생각이 머릿속을 헤집고 들었다.

다음날 이른 아침, 칭기스 칸은 지휘관들을 불러 흑성으로 흘러들어가는 강물을 틀어막고 물줄기를 다른 쪽으로 돌리는 공사를 시작하라고 명령했다. 그런 뒤 그는 여유 있게 사냥길에 나섰다. 황갈색 점박이 잿빛 말을 타고 숲 속으로 들어갔다. 흑성의 북쪽 지대는 자갈과 모래와 진흙으로 이루어진 고비 사막이 끝없이 펼쳐져 있고, 동쪽으로 높이 3000미터가 넘는 산맥들이 첩첩이 가로놓여 있는데, 숲으로 덮인 산들의 비탈에는 야생마와 사향노루가 뛰어다녔다.

몰이꾼에 쫓긴 야생마들이 갑자기 칭기스 칸이 타고 있는 말에 달려드는 바람에 그는 그만 말에서 떨어지고 말았다. 실은 그렇게 가장했다. 어젯밤 떠오른 생각대로 흑장군의 칼에 맞은 치명상을 이 사건으로 위장하기로 한 것이다.

밤이 되자 그의 온몸이 불덩이처럼 뜨거워졌다. 의사가 밤새 돌보았으나 열은 쉽게 가라앉지 않았다.

이튿날 아침, 카돈이 아들과 지휘관 그리고 왕공 들을 모아 놓고 말했다.

"칸* 께서 살이 뜨거운 채로 밤을 새우셨습니다."

일진일퇴의 공방

이들은 일단 몽골로 돌아갔다가 건강이 회복되면 다시 오자고 칭기스 칸에게 간곡히 건의했다. 그러나 칭기스 칸은 만일 이대로 물러난다면 용기가 없어서 돌아갔다고 할 것이니, 사신을 보내 보르칸**의 답변을 들어 본 다음에 돌아가도 늦지 않다며 물리쳤다. 그렇게 해서 사신이 대하의 황실로 갔다.

거대한 부대가 움직였기 때문에, 채 열흘이 안 걸려 몽골군의 병사들이 쌓은 모래 자루가 흑수의 흐름을 바꾸어 놓았다. 흑장군은 샘을 파는 일을 그만두게 했다. 최후의 결전을 앞두고 초조히 샘을 파면서 군기를 흐트리느니 결사항전의 태세로 정신을 무장하는 게 더 중요하다고 판단했기 때문이다.

칭기스 칸의 사신이 그 사이에 답변을 가지고 왔다.
"하늘처럼 높으신 대칸의 분부를 전하였사옵니다. 작년에 오른팔이 되어 지원군을 보내기로 한 약속을 왜 지키지 않았느냐고 대칸께서 준엄히 꾸짖으셨노라 말씀드렸나이다. 보르칸은 그게 아니라고 애써 변명하는데, 아사 감부라는 대신이 나서서 자기가 지원군을 보내지 말자고 했다는 것입니다. 그자는 무례하게도 싸울 테면 싸우자, 내가 있는 곳으로 오라, 원하는 게 무엇이냐, 금·은·피륙·재화가

* 옛날 유목민들이 자신들의 군주를 부를 때 쓰는 칭호.
** 몽골어 보르칸은 부처님이란 뜻인데, 대하가 불교 국가였기 때문에 그들의 군주를 가리킬 때도 이 칭호를 사용했다.

필요하면 얼마든지 큰 도시들을 공격하라, 너희를 혼내 주겠다고 날 뛰었나이다. 폐하."

이 말을 들은 칭기스 칸은 대노해서 명령했다.

"당장 그 흰소리를 짓밟고 탕구트 놈들을 약탈하고 도륙해라, 탕구트족의 씨를 말려라, 병사들은 탕구트들을 잡는 대로 찾는 대로 모조리 가져라."

이튿날부터 몽골군의 공격이 시작되었다. 흑성의 군사들은 성곽 위에서 화살을 비오듯이 퍼부었다. 몽골 군대는 투석기를 사용해 성 안으로 돌을 쏘아 올렸다. 흑성의 군사들은 모두 방공호로 대피했다. 천지가 모래뿐인 사막에서 적군이 던질 수 있는 돌은 한정돼 있기 때문에 흑장군은 투석이 끝나기를 기다렸다. 성곽의 일부가 부서지고 건물들이 대부분 파괴되었다. 마침내 몽골군이 투석을 멈추자 사위가 쥐죽은 듯이 조용해졌다.

대신인 아사 감부가 흑장군에게 증원군을 보내 주겠다는 전갈을 해왔다. 그러나 흑장군은 적들이 강물을 끊어 놓았기 때문에 도움이 안 된다며 사양하고서, 이번 전투에서 아마도 칭기스 칸이 치명상을 입은 게 틀림없으니 수도를 지키는 대신께서 오래 버텨 주면 수도를 구할 수 있을 것이라는 답신을 검은 매의 발톱에 묶어서 보냈다.

항복하지 않으면 전멸시키겠다는 몽골군 적장의 고함 소리가 성벽을 타고 들려왔다. 그러나 흑성은 개미 새끼 한 마리도 없는 듯 정적에 휩싸여 있었다. 적들이 사다리를 들고 성을 향해 돌진해 왔다. 하지만 몽골군의 지휘는 어딘가 모르게 허점이 있었다. 다른 전투 때와 다르게 서두르는 기색이 역력했다. 몽골군이 으레 오아시스를 공격할 때 그랬듯, 물줄기를 돌려 놓았으면 성의 군사가 스스로 견디지 못하고 성문을 열고 나올 때까지 일단은 기다리는 전술을 썼다. 그러나 지금 그들은 기다리지 않았다.

흑장군은 성벽을 타고 올라오는 몽골군을 향해 돌덩이를 투척하라고 명령했다. 흑장군은 이미 주민들에게 부엌에서 쓰는 절구까지도 깨서 돌덩이로 만들어 놓으라고 지시해 놓은 터였다. 기마전에는 이름난 무적의 몽골군이지만 공성전에서는 상대적으로 약했기 때문에 많은 희생을 냈다. 성 위에서 흑장군의 군사가 투척하는 돌의 위력은 대단했다.

적들이 흙벽을 무너뜨리기 위해 어마어마한 통나무를 들고 달려오는 것을 투석전으로 막아냈다. 그리고 몽골군이 사다리를 성벽에 걸쳐 놓기가 무섭게 바윗덩이들을 굴러 부수어 버렸다. 돌덩이가 떨어지자 또다시 화살을 쏘고 창을 던지고 칼을 휘두르며 장렬하게 막아냈다. 이렇게 여러 날을 싸웠다.

두 영웅의 최후

깊은 밤 흑장군은 탁자 위의 찻잔을 바라보고 있었다. 아내가 마지막 물로 끓였다며 들여온 차였다. 성안의 물은 말라 버린 지 오래였고, 이제는 방어에 사용할 돌쪼가리도 없었다. 내일이면 적들은 성벽을 타고 쳐들어올 것이다. 흑장군은 무장으로 살아온 자신의 일생을 더듬어 보았다. 그만 하면 잘 산 것 같았다.

비록 이번 전쟁은 불가항력이지만, 지금까지 어떤 전투에서도 패한 적이 없어서 성안은 언제나 평온하였다. 또 실크로드 무역상들이 자유롭게 교역할 수 있어서 도시가 번성했으며, 백성들은 굶주린 사람 없이 모두 안심하고 생업에 종사했기 때문에 흑장군에 대한 칭송이 끊이질 않았다.

다만 흑성이 무너져 백척간두에 선 조국을 구하지 못하는 것이 한스러울 뿐이었다. 그러나 희망을 잃진 않았다. 칭기스 칸이 치명상을 입었다는 것을 확신했기 때문이다. 그의 손은 느꼈다. 급소를 찔린 잿빛 푸른 이리의 전율을. 지상에서 가장 무서운 정복자가 자신의 칼을 맞고 죽음을 기다리고 있다는 것을 의심하지 않았다. 이것은 결코 빗나갈 수 없는 것이었다. 마치 낚시꾼이 손에 전해지는 떨림으로 고기가 물린 것을 알 수 있는 것처럼 말이다. 흑장군, 그는 당대 최고의 검객이 아니던가. 잘만 하면 수도 함락을 막을 수도 있다. 오직 시간만 벌 수 있다면. 칭기스 칸이 죽어서 몽골군이 퇴각하기까지 버틸 시간만 벌 수 있다면.

공교롭게도 같은 시각, 칭기스 칸 역시 죽음을 생각하고 있었다. 일생에 걸쳐 자신이 정복한 땅과 나라들을 물려줄 후계자 문제가 걱정되었다. 초원의 유목 제국이 무너지는 것은 대부분 후계자의 상속을 둘러싼 내분 때문이었다. 형제간에 서로 군주가 되려고 싸우면 반드시 망한다는 사실을 그는 누구보다도 잘 알고 있었다.

칭기스 칸은 두 아들을 불러들였다.

"하나의 머리를 가진 뱀과 여러 개의 머리를 가진 뱀의 이야기를 아느냐?"

아들 중 한 명이 대답했다.

"천 개의 머리와 하나의 꼬리를 가진 뱀은 천 개의 머리가 제각기 다른 방향으로 나아가려 하기 때문에 수레에 밟혀 죽지만, 하나의 머리와 천 개의 꼬리를 가진 뱀은 천 개의 꼬리가 일사불란하게 뒤를 따르기 때문에 살 수 있다는 이야기입니다."

칭기스 칸이 말했다.

"너희 할머니께서 우리 다섯 형제가 다투고 있을 때 각자에게 화살을 주시면서 꺾어 보라고 하셨다. 우리는 지체없이 꺾어 버렸다. 그랬더니 다시 다섯 대를 묶은 화살을 주시면서 꺾어 보라고 하셨다. 우리는 아무도 꺾을 수 없었다. 무슨 말인지 알겠느냐?"

그는 힘겹게 숨을 몰아쉬면서 말을 이었다.

"내 병은 치료할 수 없을 정도로 위독하니 너희 중 한 명이 지금 칸의 지위를 물려받아야겠다. 너희는 힘을 합해, 내가 이룬 이 제국의 기초 위에 해가 뜨는 곳에서 해가 지는 곳까지 몽골의 깃발을 꽂도록 하여라."

칭기스 칸은 후계자로 형 우구데이를 지명했다. 칸은 자신이 지켜보는 앞에서 이를 문서로 기록하고 선서하게 했다.

아들들을 내보낸 뒤, 칭기스 칸은 회한에 잠겼다.

'…… 내 자손들은 금빛 찬란한 옷을 입고 맛있는 음식을 먹고 멋진 준마를 타고 아름다운 여자를 팔에 껴안고서도 이 모든 것이 누구의 덕택인 줄 알기나 할까? …… 나는 죽으면 저승에 무엇을 가지고 갈까?'

사랑하는 남자를 따라 멀리 도망간 딸아이가 이 하늘 아래 어딘가에 살아 있다는 것이 흑장군한테는 말할 수 없이 위안이 되었다. 흑장군은 가족을 생각하고 있었다. 무장인 그는 싸움터에서 죽는 영광을 누릴 수 있지만, 문제는 가족이었다. 이들이 적의 손에서 치욕을 당하게 할 수는 없었다. 부인은 뭔가를 예감하였는지 가족을 위해 정말로 최소한의 목욕물을 준비해 놓았다. 그날 밤, 부인은 딸들을 목욕시키고 자신도 몸을 깨끗이 씻었다.

자정이 되었을 때, 흑장군은 자식들을 불러모았다.

"아버지는 너희들에게 굴욕과 명예 중에서 하나를 선택해야 할 순간이 왔음을 말하지 않을 수 없구나."

흑장군은 자식들을 보며, 내일이면 나는 전쟁터에서 무장의 일생을 마칠 것인데 너희들이 걱정이라며 힘들게 말을 끄집어냈다.

아들 둘은 자기도 아버지를 따라 적과 싸우다가 죽겠다는 결의를 밝히고, 딸 셋은 아버지 칼에 먼저 가게 해달라고 애원했다.

장군이 부인을 돌아보자 그녀는 슬프게 빙긋이 웃었다.

"부인, 당신은 내 뜻을 이미 알고 있었구려."

그는 긴 침묵 끝에 결연히 말했다.

"그래, 너희들 차라리 내 칼을 받거라."

이틀 후 흑성은 검은 불길에 휩싸였다.

이를 시작으로 대하의 영내에 있는 오아시스들은 몽골군에게 차례로 점령되었다.

얼마 뒤 대하는 망했고 칭기스 칸도 곧이어 죽음을 맞이했다.

칭기스 칸은 대하 사람(탕구트인)들에게 원한에 사무쳐 다음과 같은 유언을 남겼다.

"내 죽음을 철저히 숨겨 반드시 적을 섬멸하라. 탕구트 사람들의 어머니, 아버지의 자손들을 둥근 것, 흰 것이 없이 만들어라.* 음식을 먹을 때도 이들을 죽여 절멸시켰다는 말을 하거라."

전설과 사실(史實)의 행간

흑장군의 전설은 이렇게 끝납니다. 그런데 이 지역의 몽골인들 사이에서 대대로 전해 내려온 흑장군의 전설은 지금까지 우리가 본 것과는 다릅니다. 중국 황제가 대군을 파견해 흑성에 쳐들어오자 흑장군이 군대를 이끌고 장렬하게 싸우다가 전멸하고 흑성은 적군의 손에 넘어가 망하게 되는데, 성안으로 몰려들어간 중국군들이 어딘가 숨겨 놓았다는 엄청난 보물을 찾아 온 성안을 뒤졌지만 흑장군이 그 장소에 주문을 걸어 놓았기 때문에 결국 찾을 수 없었다는 이야기입니다.

역사적 사실을 보면, 전설 속의 중국 군대는 실제로는 몽골 군대입니다. 몽골이 대하를 정복한 이래 오늘날까지 흑성 지역에 몽골인들이 거주해 왔으므로 전설이 많이 몽골화한 것입니다.[2]

우리가 읽은 이 장의 이야기는 이 전설을 소재로 하여 몽골화된 부분은 제거하고 역사적 사실에 맞게 재구성한 것입니다.

흑성은 대하(1038~1227)의 요새로 당시에는 흑수진 연감군사(黑水鎭 燕監軍司)라 칭했습니다. 대하는 몽골군의 침략을 여러 차례 물리쳤습니다. 그러자 1226년 여름 칭기스 칸은 최후의 공격을 가해 왔습니다. 탕구트인들은 끈질기게 저항했으나 '결정적 전투'에서 패배함

＊ 철저하게 죽여 없애라는 뜻. 『몽골 비사』(유원수 역주, 2004)에서 인용.

칭기스 칸의 대하 진군로

금

하

하

황

하

황

금

금

얄라해성

금이문

흥경부

서평부(영주)

은주

하

대

하

서량부(양주)

감주

숙주

기 련 산 맥

토 번

사주

1205년 3월 진군로
1207년 가을 진군로
1209년 3~12월 진군로
1217년 겨울 진군로
1224년 5~9월 진군로
1226년 2월~1227년 6월 진군로

으로써 몽골군이 대하의 수도를 칠 수 있게 됐습니다.[5]

나는 이 '결정적 전투'를 흑성의 전투로 보고, 예로부터 내려온 흑장군의 전설을 여기에 접목시켰습니다.

칭기스 칸은 흑성의 전투가 있은 이듬해인 1227년 8월 대하와 접경 지역인 감숙성의 어느 산 속에서 병사했습니다. 그의 사인(死因)에 대해서는 여러 기록이 전해 오고 있는데, 그 중에서 『몽골 비사』의 내용을 채택했습니다. 여기에 잠시 소개합니다.

새로이 병력을 헤아려 개해(1226)의 가을에는 칭기스 칸이 탕구트 사람들에게 출정했다. 카돈들 가운데 예수이 카돈을 데리고 갔다. 가는 도중에 겨울이 되었다. 아르보카에 이르러 그곳의 수많은 들말을 사냥하게 되었다. 칭기스 칸은 황갈색 점박이 잿빛 말을 타고 있었다. 들말들이 닥쳐오자 칸의 말이 놀라는 바람에 칭기스 칸이 말에서 떨어졌다. 살이 몹시 아파서 초오르카드에서 야영했다.[4]

한편 보조 사료로는 대하가 멸망한 지 약 50년 뒤에 이 지역을 여행한 『마르코 폴로의 동방견문록』을 이용했습니다. 당시 그가 몽골인에게 들은 바는 "칭기스 칸이 어느 도시를 포위하고 있을 때 무릎에 화살을 맞아 그 상처로 죽고 말았다"는 내용이었습니다. 물론 이것은 이 책을 번역한 역자의 주처럼 사실과 다르다고 할지라도,[5] 정복지에 있는 현지 몽골인의 전언이라는 점에서 무시할 수 없는 정보임에 틀림없습니다.

궁중 사가인 라시드 앗 딘의 『집사』나 원나라의 공식 역사서 『원사」는 모두 그가 병사했다는 일반적인 언급만을 하고 있습니다. 마르코 폴로가 들은 전문은, 이 기록들이 몽골 제국의 창시자가 적군한테 입은 상처로 죽었다는 불미스러운 사실을 감추기 위해서 단순히 병사로만 처리했을 것이라는 추측을 가능하게 해줍니다.

적어도 나의 식견으로는 만일 적에게 입은 치명상을 은폐하기 위한 것이라면 『몽골 비사』가 말하는 사인이 가장 구체적이고 합당한 것으로 보여서, 이 두 사료(『몽골 비사』와 『마르코 폴로의 동방견문록』)를 결합해 위의 이야기를 만들었습니다.

전쟁의 산물, 실크로드

실크로드 이야기는 이렇게 시작됩니다. 그런데 왜 전쟁 이야기부터 하는 걸까요? 실크로드는 교역의 산물이 아니라 전쟁의 산물이라는 것을 강조하기 위해서입니다.

아마도 전쟁을 하는 이유 중에서 가장 큰 것은 경제적 이유일 겁니다. 지난 세기의 제국주의 전쟁을 비롯해서 최근의 중동 전쟁을 보면 식민지 시장 분할이라든가 석유 자원이라든가……

실크로드의 경우도 강대국들이 서로 차지하기 위해서 전쟁을 벌였습니다. 발생론적으로 보면 오히려 서로 이익을 다투어 전쟁을 하다 보니까 실크로드가 생긴 것입니다. 이것은 앞으로 계속 설명할 것입니다.

실크로드에서 전쟁이 없는 날은 거의 하루도 없었습니다. 실크로드는 오아시스의 소왕국들로 연결돼 있었는데, 이들은 살아남기 위해 강대국 틈새에서 복잡한 줄다리기를 해야 했습니다.

　동아시아로 한정해서 보면, 실크로드를 놓고 싸우는 강대국이란 북쪽의 유목 제국과 남쪽의 정주 제국인 중국을 가리킵니다. 전자는 승냥이(야만)에, 후자는 양(문명)의 탈을 쓴 늑대(야만)에 비유할 수 있지 않을까 합니다.* 이들 사이에 끼여서 실크로드의 약소 국가들은 존망의 슬픈 역사를 되풀이해 왔습니다.

　흔히 이런 점은 보지 못하고, 오아시스 국가들을 단순히 동과 서의 교역을 중계하는 도시쯤으로 생각하는 경향이 있습니다. 이들 소왕국은 평화롭고 풍요롭게 살고 싶었는데, 끊임없이 전쟁의 소용돌이에 휘말리고 늑대나 승냥이한테 생명과 재산을 빼앗겼으니 얼마나 고통스러웠겠습니까.

　진짜 양은 오아시스의 국가들입니다. 온순한 양들은 푸른 초지에서 평화롭게 풀을 뜯기를 원합니다. 그들이야말로 평화를 사랑하는 민족일 수밖에 없는 조건 속에 있었습니다.

　사막의 바다에 점점이 박혀 있는 섬들. 이 오아시스들을 지상의 파라다이스라고 말합니다. 낙타라는 배가 이 섬들 사이를 운항합니다. 그곳에서 쉬면서 먹고 마시고 휴식과 여흥도 즐기고, 또 배에 기름도 채워 가지고 갑니다. 그래야 저 멀리 서쪽의 로마나 동쪽의 장안까지 갈 수 있었겠지요.

---

* 예컨대 1·2차 세계대전이 파시즘 진영과 민주 진영의 전쟁으로 보이지만, 본질은 제국주의 전쟁이란 사실을 상기하면 쉽게 이해할 수 있을 것이다. 물론 유목 제국을 파시즘과 비교되는 야만으로 보는 것은 아니다.

오아시스는 풍요로운 농경지입니다. 그러니 굶주린 승냥이들한테는 얼마나 좋은 먹잇감이었겠습니까? 그래서 북쪽의 초원에서 말을 타고 내려와 약탈을 일삼은 것입니다(물론 양의 탈을 쓴 늑대가 쳐놓은 울타리를 넘어서). 이들 세력이 비약적으로 커지면 실크로드를 정복해서 오아시스 국가들한테 정기적으로 공납을 받고, 대상들에게 비싼 통행세를 부과하고, 이들 상인의 중계 무역을 통해 많은 이득을 챙겼습니다.

이렇게 되면, 당연히 (양의 탈을 쓴 늑대인) 중국은 그동안 자기들이 챙긴 수입을 유목 제국한테 빼앗기니까 국가 경제에 비상이 걸립니다. 사적으로도 황실이나 귀족들은 그동안 애용했던 사치품들의 값이 천정부지로 치솟아 애를 태우게 됩니다.

이런 현상을 타개하기 위해서는 자연히 전쟁이 일어날 수밖에 없습니다. 힘센 나라들의 싸움에서 누가 이기느냐에 따라 실크로드의 주인이 결정되니까 만리장성과 같은 것이 필요할 수밖에 없습니다. 파미르 이동(以東)의 세계만 놓고 보면, 결국은 유목 제국과 중국이 벌이는 전쟁이 되고 마는 것입니다. 어쨌든 실크로드를 확보하기 위해 유목 제국은 중국과 무조건 싸워야 했으니까요.

인류 사회가 만들어 낸 기적의 방어벽인 만리장성은 이렇게 해서 존속해 온 것입니다. 만리장성은 중국 대륙을 놓고 벌인 유목 제국과 정주 제국 사이의 기나긴 대립과 투쟁의 상징물입니다.

만리장성. 아래의 사진은 옥문관으로 실크로드를 왕래할 때 반드시 통과해야만 하는 만리장성의 마지막 관문. 옥문관은 1907년 스타인이 발견했다.

실크로드의 약자들을 위하여

여러 차례 실크로드를 다니면서 마음속에 자리잡은 생각이 있습니다.

"약함은 생명의 온상이요, 상처 속에 우주가 있다."

피라미드 형태로 되어 있는 먹이 사슬의 가장 밑에는 풀이 있습니다. 풀은 제일 약하지만 그것이 없으면 피라미드 위에 층층이 존재하는 뭇 생명이 결코 살 수 없습니다. 실크로드의 소왕국들은 국제 정치상에서 먹이 피라미드의 최하층에 있는 존재들이었습니다.

상처를 입고 아픔을 겪어 본 사람만이 타인의 고통에 대해서 마음의 문을 열 수 있다고 합니다. 실크로드의 아픈 역사도 한 사회나 개인이 상처를 가지고 있을 때, 그리고 그 상처에 대해서 애정을 가지고 있을 때 비로소 자신의 진정한 모습을 보여 줄 것입니다.

예컨대 만리장성 또한 어떤 처지에서 보느냐에 따라 제국이 남긴 문명의 유산과 만나는 표지가 될 수도 있고, 약소 민족의 아픔과 만날 수 있는 표지가 될 수도 있습니다.

이 책의 실크로드 여행은 어느 표지를 따라가는 것이겠습니까?

02 실크로드란?

사막의 나그네, 카라반

카라반은 뜨거운 태양을 피해 늦은 오후에 출발합니다. 선두의 낙타를 따라 일렬로 모래 사막을 건넙니다. 앞선 여행자가 남긴 백골만이 달빛 아래서 하얗게 반짝입니다. 카라반 중에서 졸다가 대열에서 이탈한 자는 뒤에 오는 여행자를 위해 이번에는 자신이 백골이 되어 이정표 역할을 하게 되는 것입니다.*

지평선 위로 동이 터옵니다. 짐을 푼 낙타는 이슬 머금은 풀을 맛있게 뜯습니다. 카라반에서는 타부(낙타를 끄는 인부) 한 명이 낙타 20두를 맡습니다.[1] 대개는 300두가 하나의 카라반을 이룹니다. 2인 1조

---

* 서기 400년경 불경을 구하러 인도로 간 법현(法顯)은 돈황을 떠나 사막으로 들어가면서 이렇게 썼습니다. "사막에는 원귀와 열풍이 심하여 이를 만나면 모두 죽고 한 사람도 살아남지 못한다. 위로는 나는 새도 없고 아래로는 달리는 짐승도 없다. 아무리 둘러보아도 망망하여 가야 할 길을 찾으려 하지만 어디로 가야 할지 알 수가 없다. 언제 이 길을 가다 죽었는지는 모르지만, 오직 죽은 사람의 말라비틀어진 백골만이 길을 가리키는 표지가 되어 준다."

박트리아(현 아프가니스탄)의 산중을 왕래하는 카라반

가 된 타부들은 번갈아 낙타를 감시합니다. 모든 낙타들은 위치가 정해져 있어서 배를 채운 뒤엔 안장과 짐을 풀어놓은 자기 자리로 돌아가 일렬로 쭈그리고 앉아서 휴식을 취합니다.

낙타는 겁이 많기로 유명한 동물입니다. 발밑으로 토끼 한 마리가 뛰어가도 대열의 낙타 전체가 소동을 일으켜 카라반은 대혼란에 빠집니다. 낙타는 생각과 달리 여름엔 노역을 견디지 못하고 오히려 겨울에 잘 견딥니다. 실크로드에서는 겨울철에 더 빈번히 딸랑딸랑 낙타 방울 소리가 들립니다.

휴식을 끝낸 카라반이 다시 길을 떠납니다. "사막의 누런 모래 언덕들이 굳어 버린 바다의 파도처럼 먼 지평선까지 셀 수 없이 솟아 있습니다. 그 중에 유난히 커다란 모래 산이 여기저기 눈에 들어옵니다. 이것들은 예나 다름없이 여행자들을 삼켜 버리겠다고 침묵 속에서 소리치는 것처럼 보입니다."[2]

타림 분지에 누워 있는 거대한 사막은 죽음의 사막이란 뜻을 가진 타클라마칸 사막입니다. 우리가 상상하는 가장 실크로드다운 실크로드가 바로 이 사막의 둘레로 난 길입니다. 타클라마칸 사막의 내부를 횡단하는 것은 감히 생각지도 못하고, 가장자리에 박혀 있는 오아시스와 오아시스 사이를 조심스럽게 건너가는 여행일지라도 위험은 늘 도사리고 있습니다.

타클라마칸 사막에서 만나는 것 중 가장 무서운 것은 카라부란, 즉 검은 모래 폭풍입니다. 이것이 한번 불면 사막의 모래 언덕들마저 이동한다고 합니다. 그래서 이 사막을 '움직이는 사막'이란 뜻의 유사(流砂)라고도 부릅니다.

현장 법사는 카라부란에 대해서 1400여 년 전에 『대당서역기』에 다음과 같이 썼습니다.

바람이 불기 시작하면 사람이고 짐승이고 모두 제정신을 잃고 망연자실해진다. 때로는 노랫소리가 들리고 때로는 울부짖는 소리가 들려온다. 그 소리를 따라가면 사람들은 어디로 가야 할지 모르게 된다. 이렇게 해서 수도 없이 많은 사람들이 여행 도중 죽음을 당했다. 이것은 모두 악마와 요괴들의 짓이다.

또 20세기 초 이곳을 탐험한 독일의 폰 르콕은 카라부란에 대해 이렇게 회고했습니다.

죽음의 사막이라고 불리는 타클라마칸 사막

순식간에 하늘이 어두워지고 …… 잠시 후 폭풍이 무서운 힘으로 대상
(大商)들 위에 휘몰아치기 시작하였다. 엄청난 양의 모래가 자갈과 뒤섞
여 공중으로 올라가 소용돌이치면서 사람과 동물 위로 덮쳤다. 더욱 어
두워지면서 무엇인가 꽝 하고 부딪치는 소리가 폭풍의 으르렁거리는
포효 소리와 뒤엉켰다. …… 모든 게 마치 지옥 한가운데서 일어나는
것 같았다. …… 이런 폭풍의 습격을 받은 여행자는 아무리 푹푹 쪄도
털담요를 뒤집어쓰고서 머리 위로 미친 듯이 쏟아지는 돌에 부상을 입
지 않도록 해야 했다. 사람과 말은 몸을 엎드린 채 폭풍의 분노를 참아
내는 수밖에 없었고, 이는 때로 몇 시간씩 계속되었다.[3]

카라반사라이의 풍경

카라반은 며칠의 여행 끝에 다음 오아시스에 무사히 당도할 수 있었습니다. 카라반 대장은 신의 가호에 마음속 깊이 감사했습니다. 그래서 석굴 안에 있는 마니교 사원에 들러 푸짐하게 시주했습니다. 대장은 마니교 신도였습니다.

일행은 오아시스 성내의 카라반사라이(카라반의 숙소)에서 여장을 풀었습니다. 바야흐로 대지를 이글이글 달구는 태양의 노여움을 피해 낮잠을 즐기는 시간입니다. 실크로드의 대표적 악기인 도타르의 선율을 타고 한 여행객의 낭랑한 목소리가 카라반사라이의 이층 난간에서 뜨거운 대기 속으로 퍼져 나갑니다.

꽃을 보지 못한 새
봄의 아름다움 모르듯
사랑의 불꽃을 간직하지 않은 사람
밤하늘의 별들 보지 못하네
가슴속에 간직한 사랑의 보석은
먹구름 사이로 반짝이는 별과 같은 걸
아름다운 그대여
수줍은 너의 예쁜 얼굴은
은빛 햇살 빛나는 저 산꼭대기에 숨어
시간은 흘러가건만
놀란 사슴 눈을 하고 다가오지 않는구나
난 영원한 당신의 것

오아시스의 대표적 현악기 도타르. 두 줄로 되어 있다. 세 줄 현악기는 세타르라고 한다.

난 영원한 당신의 연인[i]

이들 대상이 머무는 카라반사라이. 이곳에서는 세상에 없는 진기한 물건들도 구할 수 있고, 이국 여인과의 애틋한 사랑 이야기나 죽었다 살아난 모험담이 끊이질 않으며, 술과 쾌락의 밤이 넘실대고, 음유 시인·구법승·화공·악사 들 주위로 사람들이 몰려들고, 모든 나라에 관한 정보들이 쉴 사이 없이 흘러 다닙니다.

(카라반이 실크로드를 건너고 잠시 카라반사라이에서 휴식을 취하는) 이러한 광경은 흔히 주위에서 접할 수 있는 지식들을 가지고 재구성해 본 실크로드의 그림입니다. 이 그림은 아마도 실크로드의 전형적 이미지일 것입니다. 그러나 실크로드에는 이런 모습만 있는 것은 아닙니다. 더 본질적인 모습이 있습니다. 앞 장에서도 이야기했듯이 이 책은 바로 그 본질적인 모습을 그려보고자 합니다. 다만 이 장에서는

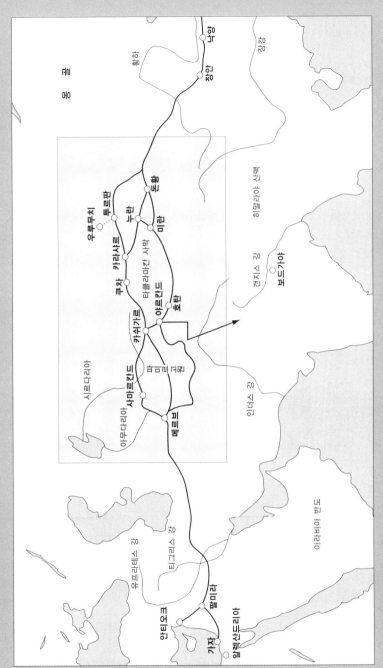

고대 동서 무역로, 네모 안의 것은 라히트훗페이 처음 얼굴은 실크로드

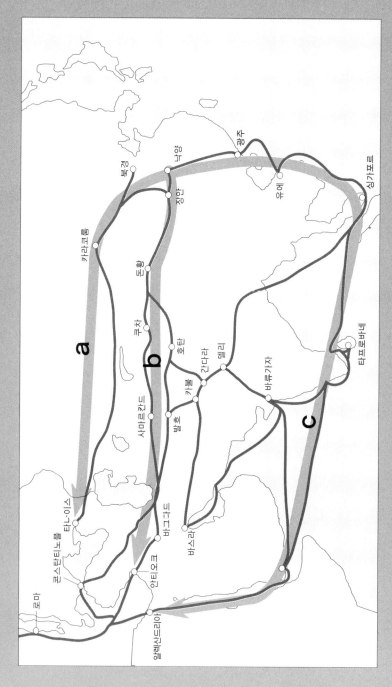

a : 초원 실크로드, b : 오아시스 실크로드, c : 바다 실크로드(출처 『東西文化의 交流』).

실크로드에 대한 사전(辭典)적 지식을 간략히 훑어본 다음, 실크로드의 주체는 누구이며 실크로드를 움직이는 힘이 무엇인지에 대해 결론적인 언급을 하는 것으로 그치겠습니다.

'실크로드'의 탄생

실크로드를 우리말로 옮기면 비단길입니다. 중국의 장안에서 로마까지 낙타 떼가 등에 비단을 짊어지고 지나가는 모랫길을 의미합니다. 실크로드란 용어는 1877년 독일의 지리학자 리히트호펜이 처음 사용했습니다(51쪽 지도 참조).

그런데 대상들이 낙타 등에 비단만 싣고 다녔던 건 아닙니다. 도자기·옥·보석·향료·모피·차·포도·호두·석류·타조·코끼리·말·매·소금·약물·유리·안료·금과 은 따위를 싣고 다녔습니다. 여기에 목록을 다 적자면 책 한 권으로도 부족할 지경입니다.

실크로드를 통해 오고 간 것은 물품들만이 아니었습니다. 악사와 가수, 춤추는 무희, 입에서 불을 뿜어내는 마술사, 화가와 조각가, 건축가, 여러 종교의 선교사와 순례자, 그리고 군인들······. 이렇게 보면 실크로드는 아시아와 유럽을 잇는 거대한 교역의 통로이자 동서 간 문명 교류의 대동맥입니다.

사실 리히트호펜은 실크로드를 중앙아시아에 한정해서 사용했습니다. 즉 타림 분지(타클라마칸 사막)를 경유해 서북 인도로 가는 길과 소그디아나˚로 가는 길을 가리켰습니다. 바로 이 길은 실크로드의 노른자위라고 할 수 있는데, 전 세계의 여행자들이 오늘날 여행사의 안

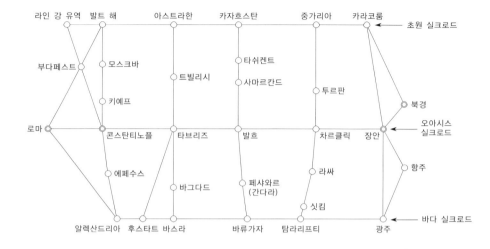

라인 강 유역　발트 해　　아스트라한　　카자흐스탄　　중가리아　카라코룸　　　◀─ 초원 실크로드

부다페스트　모스크바　　트빌리시　　타쉬켄트
　　　　　키예프　　　　　　사마르칸드　　투르판
로마　　콘스탄티노플　타브리즈　　발흐　　차르클릭　장안　　◀─ 오아시스 실크로드
　　　에페수스　　　　　　페샤와르　　라싸　　　　　　항주
　　　　　　　바그다드　　(간다라)
　　　　　　　　　　　　　　　　　싯킴
알렉산드리아 후스타트 바스라　　바류가자　탐라리프티　광주　　◀─ 바다 실크로드

북경

연구가 거듭되면서 실크로드가 망상의 교통 조직이란 사실이 밝혀졌다(출처: 『東西文化의 交流』).

내로 모두 이 길을 지나다닙니다. 이 오아시스 실크로드가 가장 오래
된 실크로드의 지리적 개념이자 가장 협의의 실크로드입니다.

　20세기 들어 학계의 연구에 의해 리히트호펜이 말한 실크로드는
로마까지 연장되고, 사막뿐 아니라 초원과 바다에도 실크로드가 존
재했다는 사실이 밝혀진 데 이어, 실크로드의 거점 도시들을 남북으
로 잇는 남북로가 새롭게 추가되면서 실크로드는 거대한 망상(網狀)
의 교통 조직이란 사실이 밝혀졌습니다.

──────────────

＊소그디아나는 오늘날 우즈베키스탄의 아무다리아와 시르다리아 사이의 땅을 말하는데, 이 책의 8장 '소
　그드 상인'에서 자세히 설명하고 있다.

말의 길, 낙타의 길

동서의 실크로드를 교역의 길이라 한다면, 남북의 실크로드를 전쟁의 길이라고 할 수 있습니다. 그만큼 남의 정주 세계와 북의 유목 세계는 실크로드의 전 역사를 통해 대립과 상쟁으로 점철돼 있습니다. 그래서 동서 실크로드는 낙타의 길, 남북 실크로드는 말의 길이라 부르기도 합니다.

기존의 실크로드 연구는 낙타의 길에 초점을 맞추었습니다. 로마·페르시아·인도·중국 등 정주 제국들을 중심으로 보았기 때문입니다. 그래서 연구 주제도 대부분 무엇이 어디를 거쳐 어떻게 전파되었느냐 하는 전파론에 중심을 두는 경향이 강했습니다. 그러면 그 사이에 존재하는 수많은 오아시스들은 비단을 수송하기 위한 중계 도시에 불과하게 됩니다.

예를 들어 간다라 미술은 인도 북서부의 간다라에서 실크로드를 타고 중국 등지로 들어간 불교 미술을 말하는데, 일반적으로 그리스–로마의 조각 양식이 동양으로 전파되었다는 사실을 밝히는 데 주안점이 있었습니다. 그러다 보니 간다라 미술이 불상을 만들고 불상에 기도를 올렸던 오아시스 사회의 반영물이란 측면은 주목받지 못했습니다(이 책의 10장 '문물2_ 불교와 불상' 참조).

문화전파론이 만들어 낸 대표적 폐해의 예를 하나 들어 보겠습니다. 중국 민족과 중국 문명이 서방에서 기원했다는 학설입니다. 이것은 20세기 전반에 서양의 학자들뿐만 아니라 중국의 많은 지식인들이 심취했던 이론입니다. 대표 주자는 북경원인과 앙소 유적을 발견한 스웨덴 학자 안데르손이었습니다.

오아시스란?

오아시스 실크로드의 키워드인 오아시스는 과연 어떤 것일까요? 오아시스에는 샘 오아시스, 하천 오아시스, 산록 오아시스 등이 있습니다.

샘 오아시스는 사막 안에 있는 낮은 웅덩이에 지하수가 용수천(湧水泉)으로 솟아 나와서 물이 괸 것으로, 넓이가 다양합니다. 사하라 사막에서 아라비아 사막에 걸쳐 많이 분포돼 있습니다.

하천 오아시스는 강수량이 풍부한 지역의 대하천이 사막을 관류하는 중에 물의 양이 현저히 감소하긴 하나 없어지지 않고 바다나 호수로 흘러들어가는데, 이 강의 양 기슭에 형성되는 녹지대를 말합니다. 나일 · 메소포타미아 · 인더스 등 고대 문명의 발상지가 여기서 생겼습니다.

산록 오아시스는 높은 산들 위의 만년설이 녹아서 흘러내린 하천이 내륙 평지의 사막으로 흘러들면서 산기슭에 형성하는 오아시스입니다. 타림 분지의 오아시스들이 대표적인 예입니다. 이곳을 옛날에는 서역*이라고 불렀습니다.

오아시스는 물이 귀하기 때문에 자연에만 의존할 수 없어 예로부터 관개 시설을 만들어 사용했습니다. 실크로드의 오아시스에서는 카레즈라는 인공 수로가 발달했는데, 오른쪽 아래 그림과 같은 구조로 돼 있습니다.

---

* 서역이란 용어는 다음 장에서 살펴볼 장건(?~BC 114)의 여행 이후에 생겼다. 『한서』 「서역전」에 따르면 서역은 한나라 서쪽에 있는 나라를 뜻한다. 한대에는 타림 분지의 오아시스 나라들만을 가리켰으나, 당대에 오면서 인도와 서아시아까지도 포함하였다.

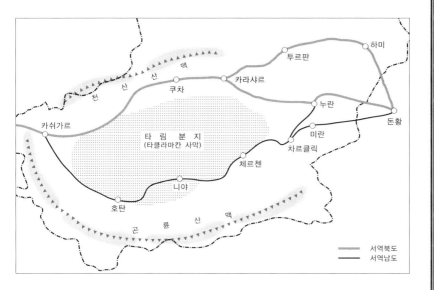

타림 분지
(타클라마칸 사막)

천 산 산 맥

쿠차

카라샤르

투르판

하미

카쉬가르

누란

미란

돈황

차르클릭

체르첸

니야

호탄

곤 륜 산 맥

서역북도
서역남도

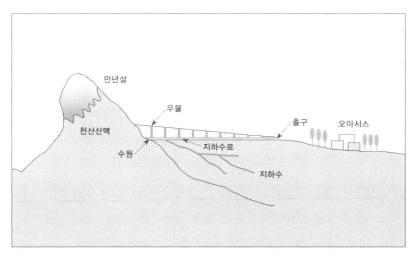

만년설

우물

출구

오아시스

천산산맥

수원

지하수로

지하수

타림 분지의 오아시스들(위). 이 오아시스들을 연결한 길이 우리에게 가장 친숙한 실크로드이다.
카레즈의 단면도(아래). 만년설이 녹아서 흐르는 물이 사막에서 증발하지 않도록 지하수로를 뚫어 이용한 특수 관개 시설이다.

중국이 자랑하는 고대 청동기 기술, 한자의 기원인 갑골문, 천문 역법, 심지어 정치 제도까지 서아시아의 바빌론 문명에서 전파된 것이라고 주장한 것입니다. 이쯤 되면 중국 자체로 기원을 갖는 것이라곤 아무 것도 남지 않습니다. 동아시아에서 가장 역사와 문화가 깊다는 중국이 이런 식으로 거덜이 나면 그 밖의 나라들은 말해 무엇하겠습니까?

실크로드를 발견하고 탐험하고 연구한 19세기 후반과 20세기 전반은 제국주의 시대로서, 유럽 문화의 우위를 입증하고 싶은 열망에 사로잡혀 있었습니다. 서에서 동으로 문화가 전파되는 것을 보여 주는 실크로드는 당시 서세동점(西勢東漸)의 현실을 정당화시켜 주고도 남는 것이었습니다.

문제는 누가 주인인가 하는 것입니다. 실크로드의 주인은 로마도 아니고 중국도 아니고 칭기스 칸의 몽골 제국도 아닌, 오아시스의 현지 주민입니다. 실크로드는 오아시스와 오아시스를 연결한 길로, 그곳 주민이 실크로드를 장악한 강자들의 틈바구니에서 실제로 실크로드를 살려 왔기 때문입니다. 앞 장에서 보았던 흑장군의 전설을 상기하면 현지인의 아픔이 어느 정도 가슴에 와 닿을지 모르겠습니다.

만약 그렇다면 그건 무엇을 의미할까요? 초점을 오아시스에 맞출 때 비로소 역사의 아픔이 감지된다는 뜻입니다. 강자의 이익을 대변하는 것이 역사가 아닌 한, 주인임에도 불구하고 약자이기 때문에 당할 수밖에 없는 아픔을 역사 속에서 느낀다면 실크로드가 제 모습으로 떠오를 것입니다. 실제로 실크로드의 탄생은 낙타가 아니라 말에 의해 생겨났습니다. 중국식 표현대로 '서역을 착공했던' 장건의 이야기를 보면 말의 길이 어떻게 낙타의 길을 탄생시켰는지 알 수 있을 것입니다.

03 장건과 東의 실크로드

이 장의 주인공 장건은 흉노 제국의 압박에 시달려 온 한(漢) 제국 황제의 밀사입니다. 그는 흉노의 땅에 포로로 붙잡혀 있다가 간신히 탈출하여 밀명을 수행할 목적으로 파미르 서쪽의 여러 나라들을 다닙니다. 장건이 이때 알아온 정보와 지식이 실크로드를 뚫는 가이드가 됩니다.

지금부터 실크로드의 개척자라고 불리는 기원전의 한 사나이, 일생이 모험으로 가득 차서 그 자체가 실크로드라고 할 수 있는 '장건'의 이야기 속으로 들어가 보겠습니다.*

---

* 이 이야기는 『사기』의 「대원열전」과 「흉노열전」, 그리고 『한서』 「서역전」을 토대로 하였다. 생생하고 재미있게 하기 위해 이야기식으로 꾸며 봤는데, 픽션 부분은 예를 들면 장건이 탈출하는 장면 등 문헌 기록의 행간에 해당하는 부분이어서 독자들이 픽션과 사실을 구별하는 게 결코 어렵지 않을 것이다.

10년 만의 탈출

희부연 어둠 속을 한 사나이가 살같이 빠른 속도로 움직였다. 그 사나이는 횃불들이 불야성을 이룬 강을 뒤로하고 동산을 넘어 질주했다.

강가는 온통 축제 분위기에 휩싸여 있었다. 해마다 치르는 제천 의식을 위해서 흉노의 각 씨족들이 모였다. 더욱이 이날은 흉노의 칸*이 잔치를 베푸는 날이었다. 이들은 초원의 족속들답게 "도랑이 갈비뼈까지 패이도록, 흙먼지가 무릎까지 피어오르도록" 뛰고 놀았다.

왁자한 환성이 차츰 멀어지면서, 괴괴한 정적을 뚫고 들짐승들의 울음소리가 지척에서처럼 들려왔다. 키를 풀 높이로 바싹 낮춘 시커먼 몸뚱이가 언덕 위에 담상담상 모여 있는 유르트(유목민의 천막 가옥)들을 검은 바람처럼 지나쳤다.

한참 후 물 흐르는 소리가 들렸다. 냇가에 도착한 장건은 손을 입에 모으고 발정한 암이리의 울음소리를 냈다. 그러자 풀숲에서 한 사내가 마치 암내에 이끌린 숫이리처럼 쏜살같이 달려나왔다. 그의 부하 감보였다.

장건은 감보를 따라 풀숲으로 들어갔다. 부하 일곱 명이 그를 기다리고 있었다. 이들은 밤새도록 말을 달렸다. 보름달이 휘영청 떠서 초원이 대낮처럼 환했기 때문에, 마음이 더욱 초조한 이들은 말들이

---

* 흉노 군주의 칭호는 정확히 말해 선우(單于)이다. 그러나 칸과 완전히 동일한 의미로 쓰이므로 혼돈을 피하기 위해 여기서는 칸으로 한다. 선우에 대한 『한서』의 설명은 아래와 같다.
"그 나라에서는 군주를 칭하여 '당리고도선우(撐犁孤塗單于)'라고 하였다. 흉노는 하늘을 일러 당리(원음은 탱그리)라 하고, 아들을 가리켜 고도라 한다. '선우'란 광대한 모습을 가리키니, 그것이 하늘을 닮았다고 하여 '선우 같다'라고 말하는 것이다"(김호동, 「북아시아 유목 국가의 군주권」에서 재인용).

이동 천막을 치고 있는 천산의 유목민들. 이를 투르크에서는 유르트, 몽골에서는 게르라고 한다.

기진맥진해서 더는 못 달릴 때까지 달렸다.

다음날도 장건이 없어진 줄을 몰랐다. 이틀이 지난 날 아침, 흉노의 칸이 장건을 찾았을 때야 비로소 그가 도망친 것을 알았다. 잡혀 온 지 10년이 되도록 말썽 한번 없이 잘 지냈기 때문에 아무도 그를 의심하지 않은 것이다.

처음 장건이 포로로 잡혀왔을 때, 흉노의 칸은 그의 충성심에 감동해서 자신의 심복으로 삼기로 마음먹었다. 칸은 훌륭한 흉노 가문의 처녀를 그의 아내로 맞게 해주었다. 10년이 지난 지금 그가 자식까지 여럿 두었기 때문에 이제는 누구나 그를 흉노 사람으로 생각하였다.

장건의 아내를 심문했지만 아무 것도 알아내지 못했다는 보고를 받은 칸은 그녀를 데려오게 해서 직접 물었다.

"네 남편이 부러진 단도를 어디에 두고 다녔느냐?"

"늘 품에 간직하였나이다."

칸은 이 말을 듣고 장건이 자신의 임무를 완수하기 위해 월지(月氏)로 갔음을 확신했다.

10년 전 포로로 잡혀온 장건의 몸에서 부러진 단도가 나왔을 때, 칸은 단번에 그것이 부절*임을 알았다. 흑옥으로 만든 단도에는 부러져 나간 용의 머리가 금색으로 아름답게 새겨져 있었다. 중국에서는 황제 말고는 어느 누구도 용을 징표로 사용할 수 없기 때문에, 이 단도는 그가 황제의 특명을 띤 자라는 부정할 수 없는 증거였다.

흉노와 중국이 전쟁을 하고 있는 전시 상태였는지라, 장건이 죽음을 면할 길은 더더욱 없었다.

"너의 임무는 무엇이냐?"

칸은 흥미롭다는 듯이 장건과 부러진 단도를 번갈아 보며 물었다.

"내 소원을 하나 들어주면 말씀드리겠소."

"과연 네 목숨이 붙어 있을 것으로 생각해서 하는 소리냐?"

"아니오. 주군과의 약속을 황천에 가서나마 지키려고 하는 뜻이오."

순간 칸의 눈에 번쩍 하는 빛이 스치고 지나갔다. 칸은 희미한 신음을 흘리며 말했다.

"소원이 무엇이냐?"

---

* 어떤 물건을 두 조각 내어 서로 나누어 가진 뒤, 나중에 그것을 맞추어 봄으로써 약속한 일의 증거로 삼는 것. 「대원열전」에는 "장건이 10여 년 동안 억류되었고 결혼하여 자식까지 낳았으나, 한나라 사신으로서 끝까지 부절을 지니고 잃지 않았다"고 하였다.

"단도를 돌려주십시오."

"좋다. 돌려줄 것을 약속하겠다."

"그럼 말씀드리겠나이다."

장건의 언행이 어느새 정중해졌다. 그는 흉노를 치기 위한 동맹을 월지와 맺기 위해 사신으로 파견되어 가는 길이라고 말했다.

칸은 대노했다.

"월지는 우리의 북쪽에 있다. 한나라가 어찌 사신을 보낼 수 있느냐. 내가 월(越)나라로 사신을 보내고자 한다면 한나라는 허락하겠느냐 말이다."

버럭 소리를 지르고 나서 좀 진정된 듯 칸은 거친 숨을 내쉬며 물었다.

"좋다. 너라면 붙잡은 사신을 어떻게 처리하겠느냐?"

당시 월은 중국 동남부에 근거하면서 한나라와 대립하고 있었다.

"황공하오나 일단 사신이 심지가 굳은 자면 단칼에 베고, 약한 자면 월에 보내어 월의 의중을 탐지해 오게 하겠습니다."

"아니다. 그 반대다. 어찌 심지가 굳지 않은 자의 말을 믿을 수 있겠느냐."

칸은 계속했다.

"너의 심지가 굳음을 가상히 여기는 것이니 만일 이 나라에서 살기를 원한다면 허락하겠노라."

칸은 장건이 쓸모가 있었고 장건은 후일을 기약할 수가 있었기 때문에, 이날 이후로 장건의 흉노 생활이 시작되었다.

칸은 병사들을 서쪽으로 보냈다. 장건이 잡혀올 당시에는 북쪽에 있었던 월지가 이미 서쪽으로 이동했기 때문이었다. 그러나 장건은 잡히지 않았다. 벌써 10년이 넘는 흉노 생활로 초원에 익숙해져 있었다. 게다가 애초에 들짐승 떼 같은 적들이 호시탐탐 노리고 있는 험지를 뚫고 가야 하는 황제의 사신으로 뽑힌 인물이었으니…….

열흘 넘게 정말로 쉬지 않고 말을 달렸다. 드디어 장건 일행은 세계의 지붕이라 불리는 파미르 고원에 이르렀다. 하얀 만년설을 머리에 인 태산준령들이 끝없이 솟아 있어서, 마치 산들의 바다 속에 들어온 듯했다. 산등성이 위의 드넓은 평지에는 노란 원추리 꽃과 붉은 산이스랏이 수를 놓은 듯 아름답게 피어 있었다. 풀들 사이로 작은 파*가 숨어 있었다. 신령한 땅에서 자란 파여서인지 뜯어먹으니 지친 몸에 금세 기운이 돌았다.

발만 한번 삐끗하면 천길 낭떠러지로 떨어지는 협곡들을 지났다. 실제로 장건은 부하를 두 명이나 잃었다. 산 위에서는 계속 빙설 녹은 물이 쏟아져 흘렀고, 음력 오월인데도 이제사 언 흙이 풀리면서 토사가 바위와 함께 비처럼 쏟아졌다. 아무리 위급해도 소리를 쳐서는 안 되었다. 메아리와 함께 사방의 산들이 바로 사태를 일으키기 때문이었다. 그래서 추락한 부하 두 명은 남은 사람들을 위해 비명조차 지르지 못하고 황천길로 떠나갔다.

심지어 소리가 공명하는 것을 막기 위해 식수를 담은 물 자루까지 비웠다. 그리고 이곳의 난폭한 용이 붉은색을 보면 진노한다고 해서 말머리에 단 붉은 술까지 떼어 버렸다.

---

* 파미르 고원의 파는 유명해서 옛날엔 이 고원을 총령이라 불렀다. 이때의 '총(葱)'은 파를 뜻한다. 석가모니가 여기서 도를 닦았다고 해서 불교를 총령교라고도 한다.

파미르의 서쪽 나라들

장건 일행이 파미르의 산들을 넘자 눈앞에 낙원이 펼쳐졌다. 붉은 흙집과 밭에 심어진 푸른 채소, 넝쿨 진 포도밭, 하늘로 뛰어오를 듯한 준마, 이상한 옷차림을 한 사람들이 눈에 들어왔다.

산맥에 둘러싸여 자궁처럼 생긴 이곳이 바로 대원(大宛)이란 나라였다.

장건은 대원 왕을 만났다. 한나라 사신으로 황제의 명을 받들어 월지로 가는 도중에 흉노 땅에 붙잡혀 있다가 도망쳐 나온 길이라고 말했다.

천산산맥과 파미르 고원으로 마치 자궁처럼 둘러싸여 있는 이곳이 페르가나 계곡이다. 여기서 한혈마가 나왔다.
장건이 살던 시대에 이곳을 대원이라고 불렀다.

왕은 한나라에 물자가 풍부하다는 풍문을 듣고 서로 왕래하고 싶었으나 그러지 못하고 있던 터라, 장건을 보고 기뻐하며 물었다.

"당신을 도와주면 당신은 나를 위해 무엇을 해주겠소?"

"제가 월지에 도착한 다음 다시 한나라로 돌아가게 된다면, 한나라는 왕께 헤아릴 수 없이 많은 재물을 선사할 것입니다."

대원 왕은 이 말을 믿고 장건에게 안내인과 통역원을 딸려 보내 주겠다고 했다.

"먼저 강거(康居)로 가시오. 강거에서 큰 강을 하나 건너면 그곳에 월지가 살고 있소."

장건은 강거로 갔다. 강거의 왕은 그를 환대해 맞은 뒤, 월지로 보내 주었다.

드디어 장건은 월지의 왕을 만났다. 그는 왕에게 자기가 여기까지 오게 된 자초지종을 이야기했다.

장건이 서쪽으로 간 까닭

한나라는 건국 이래 100여 년 동안 흉노에게 괴롭힘을 당하고 있어 젊고 패기에 찬 5대 황제 무제(武帝)는 자나깨나 이를 무찌르고자 했다. 그러던 중 흉노에서 투항해 온 자들마다 한결같이 이런 말을 하는 것이었다.

"흉노가 월지를 격파해 그 왕의 두개골로 술잔을 만들었습니다. 월지는 쫓겨간 뒤로 항상 원한을 품고 있으나 함께 흉노를 칠 나라가 없어 한을 풀지 못하고 있습니다."

장건의 1차 서역 원정로

한

태원

장안

옥산 선우정

여서

무위

청해

연년산 농우수 (10년간 구류)

고비 사막

바단지린 사막

돈황

누란

쿤룬 산맥

천산산맥

타클라마칸 사막

알타이 산맥

수십 일 서북으로 이동

오손

대원

월지

대하

안식

인도

티베트 고원

서쪽으로 가는 길
돌아오는 길

무제는 이 말을 듣고서 절호의 기회라 생각하고 월지와 연락하기 위해 사신으로 갈 사람을 모집했다. 수많은 응모자 중에서 장건이 뽑혔는데, 그는 흉노의 사정을 잘 아는 흉노 사람 감보를 데리고 떠나게 되었다.

장건의 이야기를 다 들은 월지 왕이 조용히 물었다.

"한나라에서 여기까지 거리가 얼마나 된다고 보시오?"

"만 리가 넘을 것입니다."

왕은 머리를 저었다.

"불가하겠소."

그는 흉노에게 죽임을 당한 왕의 태자였음에도 불구하고 복수할 생각이 전혀 없었다. 월지족은 대하라는 나라를 밀어내고 그 땅에 살면서 아무다리아('다리아'는 '강'이란 뜻) 아래로(지금의 아프가니스탄 지방으로) 쫓겨난 대하를 종속시키고 있었는데, 땅은 비옥하고 침략자들도 거의 없어 안락한 나날을 보내고 있었다. 더구나 한나라는 아주 멀리 떨어져 있어 자신들이 흉노의 공격을 받게 될 경우 도움이 되지 않는다는 전략적 판단을 하고 있었다. 그래서 장건의 말이 먹혀들지 않았던 것이다.

장건은 이만저만 실망한 것이 아니었다. 며칠 후 대하로 간 그는 그곳에서도 열심히 설득했으나 실패했다. 하지만 그는 대하에 남아 있으면서, 주변 여러 나라들의 지리와 정세, 물산 따위에 관한 정보를 많이 수집하였다. 그렇게 하기를 1년여. 장건은 이들이 흉노를 무서워하기 때문에 한나라와 손잡고 싸울 의사는 없지만, 지대물박(地大物博)한 한나라와 교역하는 데는 비상한 관심을 가지고 있음을 알게 되었다.

장건의 '서방견문록'

흉노의 세력은 실로 막강했다. 『사기』 「대원열전」은 이렇게 전하고
있다.

오손(흉노의 서쪽 국경에 인접한 나라)의 서쪽에서 안식(이란)에 이르기까
지는 흉노와 모두 가까웠다. 흉노가 월지를 격파하고 난 뒤부터는 흉노
의 사신이 칸의 편지를 한 장 가지고 있으면, 도중의 여러 나라들은 식
량을 준비하여 보내 주고 그의 길을 결코 방해하지 않았다. 그러나 한
나라 사신은 돈을 내지 않으면 식량도 얻지 못하며 말을 구해 탈 수도
없었다.…… 이들이 멀리 있는 한나라보다 가까이 있는 흉노를 훨씬 더
두려워하기 때문이었다.

장건은 비록 동맹국을 구하지는 못했지만, 자신이 취합한 정보를
황제에게 하루빨리 보고하는 일이 중요하다고 판단했다. 서방의 여
러 나라들과 관계를 맺는 게 긴요하다는 결론을 내렸던 것이다.

장건은 흉노에게 잡히지 않고 귀국할 수 있는 길을 궁리했다. 그러
나 중국으로 들어가는 길은 온통 흉노의 세력 하*에 있어, 어느 길로
가든 그들의 감시망을 피한다는 것은 거의 불가능했다. 그래도 조금

---

* 당시 흉노는 서역에 동복도위(僮僕都尉)를 두어 서역의 36개국을 지배하고 있었다.

은 용이할 것으로 생각되는 타림 분지 남쪽의 오아시스 실크로드(서역남도)를 통과해 귀국하기로 했다.

그러나 장건은 또다시 흉노에게 붙잡히고 말았다. 이번에야말로 살아남을 수 없다고 생각한 그는 서쪽 나라들에 대해 알게 된 모든 지식을 황제에게 보고하지 못하고 죽는 게 너무나 원통할 따름이었다.

하지만 장건은 행운의 사나이였다. 그가 붙잡힌 지 얼마 안 되어 흉노는 위기에 빠졌다. 칸이 한나라와의 전쟁 도중 부상을 입고 철수하는 바람에 전략적으로 대단히 중요한 요새를 잃었을 뿐만 아니라, 칸의 병세가 점점 위독해져 왕위 계승을 두고 내란이 일어난 것이다.

기회는 한발 한발 다가오고 있었다. 마침내 칸이 죽고 그의 아우가 태자를 격파하고는 칸의 자리에 오르자, 나라 안이 몹시 혼란스러워졌다. 이때를 놓치지 않고 장건은 아내와 감보를 데리고 또다시 탈출을 감행했다. 그리하여 장건은 장안을 떠난 지 13년 만에 살아서 돌아왔다. 처음 길을 떠날 때는 100여 명이었으나, 돌아온 사람은 겨우 둘뿐이었다.

장건은 보고 들은 것을 황제에게 상세히 보고했다. 그는 어느 나라가 성곽을 갖고 정착 생활을 하며 또 어떤 나라가 흉노처럼 유목 생활을 하는지를 비롯해 페르시아와 인도, 아라비아, 그리고 로마의 지리까지 모두 아뢰었다. 예를 들어 아라비아에 관한 보고를 보면 다음과 같다.

조지(아라비아)는 안식(이란)의 서쪽 몇천 리 되는 곳에 있으며, 서해에 임해 있습니다. 날씨는 덥고 습기가 많으며, 밭갈이하여 벼를 심습니다. 타조라는 큰 새가 있는데, 알의 크기가 항아리만 합니다. 인구는 대

전한 시대의 기마병용(騎馬兵俑). 높이 54~68센티미터. 섬서성 함양시 양가만 한묘 출토.
오른쪽 사진은 날아가는 제비를 딛고 달리는 천마의 모습. 한혈마를 조각한 것으로 보인다. 후한.
높이 34.5센티미터, 길이 45센티미터. 감숙성 무위시 출토.

단히 많으며 대개는 소군장이 있는데, 이란은 이 나라를 정복하여 통치
하며 속국으로 삼고 있습니다. 이 나라 사람들은 마술에 뛰어납니다.
이란의 노인들은 아라비아에 약수*와 서왕모**가 있다고 전해 듣기는
하였으나 아직 한 번도 본 일은 없다고 합니다.[1]

원래의 목적은 성취하지 못했지만, 장건의 보고는 야심에 찬 무제
의 마음에 불을 붙였다. 특히 무제는 온몸에 피땀을 흘리며 단숨에

---

*새털조차 가라앉는다고 하는 중국 전설의 강.
**중국 고대 신화에 나오는 불사의 약을 가진 선녀.

천리를 달리는 한혈마가 서쪽 나라에 있다는 얘기를 듣고 흥분을 감추지 못했다. 무제는 그 말의 생김새에 대해 자세히 물었다.

"머리가 높고, 다리는 길며, 갈기는 엷고 부드러우며 가늘고, 얼굴은 가죽을 벗긴 토끼 얼굴 같고, 눈은 늘어뜨린 방울 같으며, 귀는 깎은 대쪽 같습니다. 그리고 볼때기는 넓되 볼의 뼈는 높고, 코는 넓으면서 크고, 윗입술은 네모나며 아랫입술은 뚜렷하고, 목은 길면서 활처럼 굽어 있는데, 그 무엇보다도 눈에 총기가 번득입니다."[2]

무제는 외마디를 질렀다.

"옳지옳지."

그는 역대로 흉노에게 꼼짝없이 당한 것이 바로 말을 사용한 그들의 가공할 기마 전술 때문이라고 생각했다. 그는 말 콤플렉스에 걸려 있었다. 그래서 한혈마와 같은 천하 제일의 명마가 필요했던 것이다.

장건, 또다시 서쪽으로

장건이 들려준 여러 가지 보고 중에서도 한혈마 이야기는 꿈에도 나타나 무제를 괴롭혔다. 왕조가 창건된 이래 흉노에게 당한 수모를 생각하면, 무제는 한혈마를 타고 흉노를 정벌하는 자신의 모습이 눈앞에서 떠나지를 않았다. 문제는 흉노의 방해를 받지 않고 어떻게 서쪽 나라로 가느냐였다. 장건은 이렇게 보고했다.

신이 대하에 있을 때, 공죽장(사천에서 산출되는 죽장)과 촉(사천)의 옷감을 보고 어디서 이것을 얻었냐고 물었습니다. 그들은 우리(대하)의 상인들이 멀리 신독(인도)에 가서 사온 것이라고 말했습니다. …… 신이 짐작건대 대하는 한나라에서 1만 2000리 떨어진, 한의 서북쪽에 위치해 있는 것 같습니다. 신독은 대하에서 동남쪽으로 몇천 리 떨어졌는데 촉의 물건들이 있는 것으로 보아, 촉에서 그리 멀지는 않은 것 같습니다. 지금 대하로 사신을 보낸다면 강족(티베트족)의 영토를 지나가는 게 최선의 방법이겠지만 지세가 험한 데다 그들이 방해할 것이며, 그렇다고 조금 북쪽으로 해서 가면 흉노에게 붙들리게 될 것입니다. 그러나 촉에서 가면 길도 가깝고 도둑도 없을 것입니다.[3]

그러나 장건의 2차 여행은 인도차이나 반도 서쪽에 있는 미얀마와 샨족의 방해를 받아 더 이상 진행되지 못하고 실패로 끝났다.

그 뒤로 장건은 두 번의 전쟁에 나가서 한번은 공을 세워 박망후(博望侯)라는 영예스러운 봉호를 얻었고, 한번은 잘못을 범해 참형을 당하게 됐으나 돈으로 속죄하고 평민이 되었다.

이즈음 한나라의 군사는 내분에 휩싸인 흉노를 중국 북방의 초원에서 몽골 초원으로 쫓아 버렸다. 무제는 평민이 된 장건을 여러 차례 불러 서역에 대해 물었다. 하루는 장건이 오손과의 동맹을 역설했다.

신이 흉노에 억류되어 있을 때 들은 바로는 오손의 왕을 곤모라고 불렀는데, 곤모의 아버지는 흉노의 서쪽 국경에 있는 작은 나라를 다스렸다고 합니다. 흉노는 그의 아버지를 공격하여 죽였고, 곤모는 태어나자마자 들에 버려졌습니다. 그러자 까마귀가 고기를 물고 와서 그 위를 날고, 늑대가 와서 그에게 젖을 먹였습니다. 칸은 이상하다고 느끼고 그를 신이라 여겨 거두어 길렀습니다. 장년이 된 다음 군대를 거느리게 하였더니 그는 여러 차례 공을 세웠습니다. 칸은 그의 아버지의 백성을 다시 곤모에게 주고 장기간 서쪽 국경 지대를 지키게 하였습니다. 곤모는 그의 백성을 잘 거두어 보살피고 가까운 소읍들을 공격하였는데, 활을 쏘는 병사가 수만 명에 이르렀으며 모두 잘 싸웠습니다. 흉노의 칸이 죽자, 곤모는 그의 무리들을 이끌고 먼 곳으로 옮겨가 독립하여 흉노에게 복종하지 않았습니다. 흉노는 기습병을 보내 습격하였으나 이길 수 없자, 신이라 여기고 그를 멀리하며 그저 견제하기만 하고 별로 공격하지 않았습니다. 지금 흉노의 칸은 새로이 한나라로부터 고통을 겪었고, 또 원래 혼야왕(하서주랑의 한 지역을 지배한 흉노의 씨족장)의 땅이던 곳은 텅 비어 사람이 살고 있지 않습니다. 오랑캐들은 비단과 같은 한나라의 재물을 탐내는 것이 습관처럼 되어 있으니, 만약 지금 이때에 후한 물건을 오손에게 보내 주고, 동쪽으로 점점 더 가까이 불러들여 옛 혼야왕의 땅에 살게 해서 한나라와 형제의 의를 맺게 하면, 오손은 형편상 한나라를 따르게 될 것입니다. 이렇게만 된다면, 흉노의 오른팔을 끊는 셈이 됩니다. 오손과의 연합이 성립되면, 그 서쪽의 대하 등을 모두 끌어들여 속국으로 만들 수 있을 것입니다.[4]

장건은 곧 중랑장에 임명돼, 정사로서 많은 부사들을 데리고 오손으로 갔다. 이것이 장건의 3차 여행이다. 군사 300명을 거느리고 말은 군사 한 명당 두 마리씩, 소와 양은 수만 마리, 그리고 수백만에 달하는 금과 비단을 수레에 싣고 길을 떠났다.

그는 오손 왕을 만나서 자신이 오게 된 이유를 말했다.

"오손이 동쪽으로 옮겨와 혼야왕의 옛 땅에 살게 되면, 한나라는

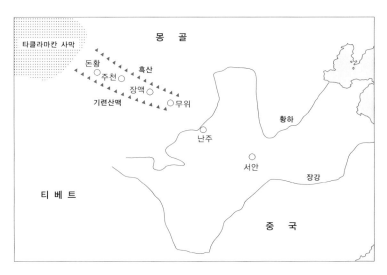

하서 4군이 설치된 돈황·주천·장액·무위. 이 오아시스 도시들이 있는 하서주랑은 황하의 서쪽(하서)에 있는 흑산과 기련 산맥 사이의 길게 난 복도란 뜻으로 동과 서, 남과 북을 연결하는 문명의 십자로였다.

옹주를 보내 왕의 부인으로 삼게 할 것입니다.”

오손 왕은 한나라의 물자에는 욕심이 많았지만 흉노가 두려웠기 때문에 겁이 났다. 그들은 본래 흉노에게 오래도록 복속해 있었고, 지리적으로 흉노의 국경에 인접해 있었으므로 옮겨가 살기를 원하지 않았다.

우선 양국 사절이 왕래부터 하기로 하였다. 장건은 부사들을 대원, 강거, 월지, 대하, 페르시아, 인도, 우전, 그리고 인근 여러 나라에 사신으로 보냈다. 자신은 오손 왕이 한나라로 보내는 사신 수십 명과 함께 귀국했는데, 오손 왕은 답례의 표시로 한나라 황제에게 말 수십 필을 보냈다.

이 말들 역시 천하의 명마였다. 일찍이 오손의 말을 천마라 했으나

한나라 초기의 한·흉노 외교 기록

1. 한나라를 세운 고조가 백등산(白登山) 전투에서 묵특 칸의 흉노 군대에게 포위되었다. 이때 고조는 묵특 부인에게 몰래 뇌물을 주고 풀려났다. 그 후에도 흉노가 자주 변경에 내려와 약탈을 하자, 고조가 묵특에게 "공주를 부인으로 주고, 해마다 비단과 곡물 등의 물자를 공납하고, 형제가 되기로 약속"한 연후에야 흉노의 침략이 중지되었다.

2. 고조가 죽고 미망인이 된 태후가 정치를 하던 때, 묵특 칸은 태후에게 이런 편지를 보냈다.

"나 외로운 군주는 늪과 못이 있는 곳에서 태어나 소와 말이 가득한 들판에서 컸으니, 자주 변경에 이르러 중국에서 노닐고 싶었소. 폐하도 홀로 되었고 독수공방 외로우니 두 군주가 모두 즐겁지 않은 것 같소. 즐거움을 서로 찾아봄이 좋을 것 같은데, 우리가 서로 갖고 있는 것을 바꾸어 보면 어떻겠소?"

이에 대해 태후는 다음과 같은 답장을 보냈다.

"칸께서 저희 나라를 잊지 않고 글을 내려 주시니 우리는 그저 두렵기만 할 뿐입니다. 물러가 가만히 생각해 보니 저는 늙고 기력도 쇠하였으므로 이빨과 머리가 모두 빠졌고 보행도 주체할 수 없습니다. 칸께서는 과히 허물치 마시고, 제게 그같이 힘든 일을 요구하지 말아 주시기 바랍니다. 대신 황제가 타고 다니는 수레 두 대와 말 두 짝을 보내 드리니 타고 다닐 때 사용하시기 바랍니다."

3. 묵특 칸이 한나라의 3대 황제인 문제에게 만약 한의 국경 지대에 흉노가 접근하는 것을 원치 않는다면, 수비대와 주민들에게 영을 내려 국경에서 멀리 떨어져 살게 하라는 편지와 함께 낙타 한 마리와 기마 두 필, 수레를 끄는 말 두 조(한 조에 네 마리)를 보냈다.

문제는 이에 대해, 한나라는 흉노와 형제가 되는 약속을 맺었으므로 칸에게 매우 후한 선물을 보내 주고 있었으나 약속을 배반하고 형제로서 사랑하는 정을 벌어지게 한 것은 언제나 흉노 쪽이라고 강조하면서, 꽃을 수놓은 비단으로 겉옷을 만들고, 꽃무늬를 짜 넣은 비단으로 안감을 댄 겹옷 외 여러 종류의 비단옷들과, 금으로 만든 아름다운 빗, 황금으로 만든 허리띠와 고리, 수놓은 비단 10필, 무늬 있는 비단 30필, 붉은 비단과 푸른 비단 각 40필을 보냈다.

4. 4대 황제인 경제는 두 나라 간의 전쟁을 중지시키기 위해 다시 흉노와 화친할 것을 확인하고, 본래의 약속대로 관문에서 교역을 하며, 흉노에게 물자를 보내 주고, 공주도 시집보냈다.

5. 5대인 무제 역시 황제에 즉위하면서 역대 황제들처럼 흉노와 화친의 약속을 명확히 하였다. 그러나 전쟁은 끊이지 않고 일어났다.

대원의 한혈마가 한 수 높아 천마라 부르게 되니, 오손의 말은 별칭을 바꾸어 서극(西極)이라 했다. 서극이라 함은 서쪽 끝이란 뜻인데, 명마가 서쪽에서 나오므로 서쪽 끝이란 비유를 써서 최고의 명마란 의미를 부여한 것이다.

결국 오손을 혼야왕의 옛 땅으로 옮겨와 살게 하는 계획이 실패하자, 무제는 그 땅에 하서 4군을 설치했다.

장건 이후 문전성시를 이룬 실크로드

장건은 돌아와 1년 뒤에 죽었다.* 그러나 그가 파견한 부사들이 대부분 그 나라 사람들과 함께 돌아오니, 이때부터 서북쪽의 각 나라들이 비로소 한나라와 통교하기 시작했다. 이는 장건이 개척한 길이므로, 그 후에 사신으로 나가는 사람들은 모두 그의 관직명을 따라 '박망후'(외국에 대한 지식이 해박하고 안목이 넓다는 뜻)라고 칭했다. 이것은 다름 아닌 장건을 앞세워야만 외국에서 신의를 얻을 수 있기 때문이었다.

＊ 다음은 실크로드 개척에 관련된 장건의 약전이다.
　기원전 139년 무제의 밀명을 받고 장안에서 출발.
　이후 10년간 흉노 땅에 붙잡혀 있음.
　기원전 127년 탈출에 성공하여 월지 도착.
　기원전 126년 장안 도착. 13년 걸린 1차 여행을 마침.
　연대 미상. 미얀마 쪽으로 해서 가려는 2차 여행 실패.
　기원전 119년 오손에 파견됨. 3차 여행.
　기원전 115년 귀국.
　기원전 114년 생애를 마감.
　(雪犁 主編,『中國絲綢之路辭典』에 근거함).

서역으로 출발하는 장건. 돈황 323굴의 벽화.

한나라는 이란·아라비아·로마·인도 등지로 사절들을 파견하였다. 100여 명에서 수백 명에 이르는 사절단을, 한 해 동안 많으면 10여 차례, 적으면 5~6차례 보냈다. 먼 곳으로 간 사람은 8~9년, 가까운 곳으로 간 사람도 몇 해가 지나서야 돌아왔다.

서방의 상인들도 계속 한나라의 수도 장안으로 들어왔다. 무제는 이들에게 성대한 연회를 베풀어 먼 여행의 노고를 위로하고, 창고에 쌓인 진귀한 물품들을 보여 주어 외국 상인들의 눈을 휘둥그렇게 만들었다. 그들은 상아·산호·호박·석면·향료·유리·양탄자 따위를 중국으로 가져오고, 중국에서 비단·도자기·철·칠·계피·대황 그리고 혁대 고리나 거울 등의 청동 제품을 가져다가 서방에 팔았다.

이렇게 해서 뚫린 동서의 길, 이것이 바로 장건이 개척한 실크로드입니다. 새로 길을 뚫어 낸다는 뜻의 '착공(鑿空)'을 써서, 중국 역사책에는 이를 '장건의 착공'이라고 기록하고 있습니다.

이처럼 실크로드는 처음부터 무역과 문화 교류를 목적으로 해서 개척된 길이 아니라, 흉노와의 항쟁 속에서 협공할 파트너인 월지를 찾아 떠난 결과 뚫린 길임을 알 수 있습니다. 그래서 실크로드 형성의 축은 정주 제국들 사이의 교역이 아니라 유목 제국과 정주 제국의 대립이라고 할 수 있습니다.

그 대립의 틈바구니에서 강대국의 각축장이 된 대표적인 오아시스 왕국이 있습니다. 바로 누란 왕국입니다. 신비로 가득 찬 오아시스 왕국 누란의 유적을 발견했을 때, 즉 20세기 초 실크로드 탐험에 나섰던 유럽의 학자들은 서양 미술이 동양으로 전파된 결정적 증거를 발견했다고 기뻐했습니다. 실크로드 때문에 오히려 나라의 운명이 수없이 곤두박질쳤던 누란의 애환 따위는 그들에게 아무런 문제도 아니었습니다.

흉노가 일으킨 세계사의 대변동

서양에서는 흉노를 훈이라 불렀습니다. 로마 제국을 멸망시킨 게르만 민족의 대이동은 바로 훈족의 침입이 일으킨 도미노 현상입니다. 이 사건이 유라시아 대륙의 서쪽 절반에서 일어난 일이라고 한다면, 반대편 동쪽 절반에서는 그보다 수세기 전에 월지의 패주(敗走)로 인해 대규모의 민족 이동이 일어났습니다. 시대의 차이가 있긴 하지만, 이것은 모두 흉노가 일으킨 세계사의 대변동입니다. 게르만족의 이동이 유럽의 형성에 기여했다면, 월지의 이동은 중앙아시아와 동아시아의 불교 문화에 기여했습니다.

월지는 아프가니스탄 지방을 점령한 뒤, 다시 인도 서북부로 내려가서 찬란한 쿠샨 왕조를 세웠는데, 바로 이 월지인들이 불상을 탄생시켜 우리 나라의 절에서도 모실 수 있게 된 것입니다(이 책의 10장 '문물2_ 불교와 불상' 참조).

04 신비의 누란 왕국

중국 변경에서 발견된 로마 화가의 그림

100여 년 전(1907) 영국의 탐험가 스타인은 롭 사막의 가장자리에서 신비한 미술품들을 발견했습니다. 날개 달린 천사의 그림, 부처와 승려들의 그림, 아름다운 꽃을 배경으로 한 귀족의 초상화 등이 그것입니다. 그런데 부처님의 전생을 그린 어떤 그림에 '티타'라는 화가의 서명이 있었습니다.

이 미술품들을 발견한 순간 까무러칠 뻔했다고 스타인은 회고했습니다. 티타는 로마 이름으로는 '티투스'입니다. 로마의 화가가 중국 변경의 오아시스까지 와서 그림을 그렸다니 도무지 믿어지지 않았던 것입니다. 게다가 발견한 그림들이 모두 그리스–로마풍이었으니 얼마나 놀랐겠습니까?

스타인은 작업 일지에 이렇게 썼습니다.

2인의 예배상. 미란 출토, 3세기, 최장 길이 20.3센티미터.

그 후 며칠간 내가 지금 중국 변경의 어느 사원에 서 있는 것이 아니라, 시리아 등 로마 제국에 속한 동방 지역의 어느 저택에 와 있는 것이 아닌가 하는 착각에 빠지곤 했다.[1]

이것이야말로 유럽 학자들을 흥분시킨, 서방의 문화가 동방으로 전파된 명백한 증거였습니다. 아니, 전파라기보다는 로마의 화가가 직접 와서 그린 것이니까 아예 이식한 것입니다. 학자들은 이 시기를 대략 3~4세기로 봅니다.

그런데 문제가 하나 있습니다. 그림의 서명이 로마어가 아니라 고대 인도어(프라크리트어)로 되어 있다는 것입니다. 그러면 왜 이런 일이 벌어지게 된 걸까요?

티타는 로마계 인도 사람이었던 것 같습니다. 티타가 그린 그림들이 인도 서북부의 간다라 지방에서도 나오는 사실에서 두 가지 예측이 가능합니다. 그가 일찍이 로마에서 간다라로 건너와 활동을 했거나, 아니면 선조 때부터 건너온 이민자였을 수 있다는 것입니다.

티타의 그림은 간다라 미술에 속합니다. 티타는 월지가 세운 쿠샨 제국 내의 간다라 지방에서 살았는데, 누란 왕국에서 그림을 그려 달라는 요청을 받고 실크로드를 따라 이 사원(그림이 발견된 곳)에 갔던 것입니다. 티타의 서명 아래에 3000밤마카의 돈을 받고 그렸다고 적혀 있는데, 그게 얼마나 큰돈인지는 모르지만 아마도 굉장한 대우였을 것입니다.

누란 왕국의 역사

누란 왕국이 역사 속에 처음 알려진 것은 기원전 176년 흉노의 묵특 칸이 한나라 3대 황제인 문제에게 보낸 편지 속에서입니다.

> 하늘의 가호로 단련된 정예 병사와 강건한 말로써 월지를 처부수어 이를 모조리 죽이거나 항복시키고 누란·오손·호계 등 인접한 스물여섯 나라를 평정하여 이들을 모두 흉노에 병합하였소.[2]

이때 누란은 처음으로 흉노의 속국이 되었습니다. 그 전까지 누란은 평화로운 나라였습니다. 갈대 사이를 헤치고 강줄기를 따라 들어가면 모래 위에 비단처럼 호수가 펼쳐집니다. 바로 롭 호수입니다. 수평선이 아득히 보이는 이 호수는 바다처럼 넓어 중국 사서에 포창해(蒲昌海)로 나옵니다.

누란 왕국은 롭 호수를 내려다보는 언덕에 자리잡고 있었습니다. 여행자들은 언덕 아래로 난 길을 통과해야 했기 때문에 그들의 눈을 비켜갈 수 없었습니다. 서역에서 한나라로 들어가려고 하든 한나라에서 서역으로 나가려고 하든 반드시 누란을 지나가야 했습니다.

실크로드가 뚫리기 전에 이미 흉노는 교통의 요지인 이곳을 점령했습니다. 당시 서역은 흉노에게는 중요했지만 중국한테는 그렇지 않았습니다. 흔히 동서 교역로인 실크로드를 장악하기 위해 흉노와 한이 싸운 것으로 알고 있는데, 이는 사실과 다릅니다. 흉노는 초원의 열악한 환경에서 살아남기 위해 부족한 물자를 서역의 오아시스 왕국들에서 조달해야만 했습니다. 반면 무제의 언명에서 나타나듯이, 흉노에게 서역은 오른팔*이기 때문에 한나라로서는 흉노의 팽창을 저지하기 위해 둘 사이를 차단하는 것이 긴요한 전략이었습니다.

이처럼 한나라의 서역 경영은 처음에는 정치·군사적 목적에서 출발했지만, 차츰 실크로드를 통한 이익이 증대하면서 교역의 비중이 커진 것입니다. 그러나 흉노는 이와 달리 (생존 전략의 일환인) 경제적 이유에서 출발했고, 그 목적을 관철시키기 위해 군사적 지배를 강화해 나간 것입니다. 흉노의 서역 전략은 기본적으로 약탈 경제를 주축으로 하는데, 유목 경제의 조건상 실크로드가 발달함에 따라 교역의 비중이 한나라에 비해 커지게 됩니다.

결국 유목 제국과 정주 제국의 정치·군사·경제 등 여러 요구들이 뒤섞여 실크로드가 가동되긴 하지만, 두 제국의 서역에 대한 이해

---

* 흉노는 지리적으로 북방에 있으면서 남쪽을 내려다보고 있기 때문에 서역은 그들의 오른팔에 해당한다.

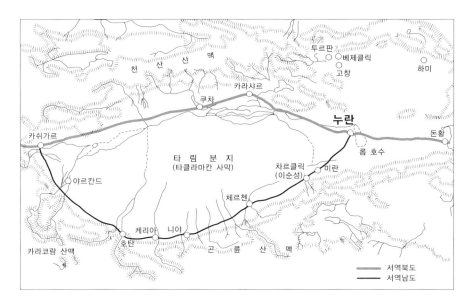

서역 속의 누란

는 이처럼 달랐습니다. 그럼에도 불구하고 양자가 공히 실크로드*에 기대하는 교역의 비중은 이차적인 것이었습니다.

　무제 이후 한나라의 힘은 강성해진 반면 흉노 세력은 내분으로 약화되면서 과거 흉노의 절대적 우위는 사라지고 서로 각축전을 벌이게 되는데, 이때부터 서역의 여러 나라들은 두 강국의 틈바구니에서 한번은 한나라, 한번은 흉노에게 번갈아 복속되는 고통을 겪습니다.

　기원전 108년 초겨울 어느 날이었습니다. 무제가 보낸 군사가 흉노를 물리치고 누란으로 쳐들어와서 누란성을 함락시켰습니다. 누란

──────────

* 이때의 실크로드는 서역 혹은 중앙아시아를 가리키는데, 교통로의 의미보다는 지역의 의미가 크다.

왕은 한나라 장수 앞으로 끌려가서, 앞으로는 흉노를 섬기지 않고 한나라에 귀순하겠다고 맹세했습니다. 맹세의 표시로 왕은 장남을 한나라 조정에 인질로 보내야 했습니다. 한나라 군사들은 누란 북쪽에 있는 또 다른 오아시스 국가로, 당시 흉노의 지배를 받고 있던 고사(姑師)를 공략한 후, 이듬해 봄 군대를 거두어 돌아갔습니다.

한나라 군대가 떠나자 이번에는 흉노가 다시 누란으로 쳐들어왔습니다. 누란 왕은 비참하게도 다시금 흉노에게 충성을 맹세하고 차남을 인질로 보냈습니다.

이 사건이 있은 지 얼마 안 돼 무제가 장건의 보고를 듣고 꿈에도 그리던 한혈마를 구하러 대원에 이광리 장군을 보냈습니다. 자그마치 병사 6만여 명에 소 10만 마리, 말 3만여 필, 나귀와 낙타 수만 마리를 거느린 대부대였습니다. 흉노는 누란 왕에게 출병하여 한나라 군대의 후방을 교란하라는 명을 내렸습니다. 불행하게도 누란 왕은 한나라와 치른 전투에서 패해 포로가 되어 수도 장안으로 압송되었습니다. 그는 무제에게 이렇게 아뢰었습니다.

누란은 작은 나라입니다. 한나라와 흉노 두 대국 사이에 끼여서 백성들은 완전히 지쳐 있습니다. 한나라와 흉노에 동시에 속하지 않으면 나라를 지탱할 수 없는데, 그것이 어찌 가능하겠습니까. 만약 누란을 한나라에서 지배하려고 한다면, 거기에는 한 가지 방법밖에 없는 줄 압니다. 바라옵건대 누란 사람이 모두 한나라 땅으로 옮겨와 살도록 허락해 주십시오.

이것이 누란과 같은 작은 오아시스 나라들이 겪은 비애의 역사의 한 단면입니다.

오아시스 국가의 비애

그로부터 수십 년 후 새로 왕위에 오른 누란 왕 안귀는 흉노의 한 팔이 되어 실크로드에서 한나라로 드나드는 사신이나 상인 등을 습격했습니다. 이 왕은 선대에 이어 흉노에 인질로 간 왕자였습니다.

한 무제가 죽고 소제의 시대가 된 기원전 77년 가을, 한나라의 대장군 곽광은 살인청부업자인 부개자를 누란으로 보냈습니다. 누란의 왕 안귀는 사신으로 온 부개자를 맞아 주연을 베풀었는데, 연회가 한창 무르익을 무렵 부개자는 왕에게 속삭이는 척하다가 별안간 칼을 뽑아 단숨에 찔렀습니다. 살인자는 왕을 살해하고도 현장에서 도망치기는커녕, 도리어 누란 왕의 급소에 꽂힌 칼을 뽑아 들고 왕족과 중신들을 노려보며 큰 소리로 질타했습니다.

"당신들의 왕이 한나라를 배신한 결과를 잘 보시오. 황제께서 배신자를 친히 치신 것으로 아시오. 지금 한나라에 있는 울도기 왕자가 곧 군사들의 호위를 받으며 새 왕으로 올 것이니 동요하지 말고 기다리시오. 흉노와 손잡고 반역을 공모하는 일 따위를 저질러 나라를 망하게 하지 마시오."

울도기는 살해당한 왕 안귀의 동생입니다. 그는 오랫동안 장안에 인질로 잡혀 있었습니다. 형의 피살 소식을 전해 들은 그는 자신의 목숨도 안전하지 못하다고 느꼈습니다.

한나라는 그를 새 왕으로 세우고 인수(印綬)*를 주어 누란에 보내기로 했습니다. 그러나 울도기는 신변의 안전을 위해 황제에게 다음과 같은 내용을 주청했습니다.

"흉노와 누란국의 흉노파가 신의 목숨을 노려 언제 살해당할지 알 수 없나이다. 하오니 한나라의 군대를 누란성 남쪽에 있는 지역(이순성(伊循城))에 주둔시켜 주길 바라옵니다. 그곳은 강물(체르첸 강)이 풍부히 흐르고 땅도 비옥합니다. 신이 한의 군대에 의지하지 않고서는 흉노의 세력을 벗어나 나라를 다스릴 재간이 없나이다."

울도기의 주청이 일리가 있다고 판단한 소제는 사마 한 명과 이사 40명을 군대와 함께 파견하기로 했습니다. 한편 이참에 누란의 수도를 아예 주둔지 근처로 옮겨서 흉노의 영향력을 차단해 버리기로 작정했습니다. 그러나 천도 결정은 비밀에 부쳤다가 울도기가 누란에 돌아가 왕위에 오른 뒤 실행하기로 했습니다.

울도기가 사하(沙河)**를 건너고 백룡퇴를 지나 누란에 도착했습니다. 성문에 나와 있던 누란인들은 한나라 병사들이 마치 점령군처럼 입성하는 것을 보고 슬픔과 분노를 느꼈습니다. 백성들의 눈에는 그들에 둘러싸여 들어오는 새 왕이 한나라의 꼭두각시로밖에 비치지 않았습니다.

울도기가 즉위한 지 얼마 되지 않은 어느 날이었습니다. 한나라의 대장군 곽광이 찾아와서 누란 왕국의 수도를 옮기고 국호도 바꾸라고 했습니다. 왕은 난감하기 그지없었습니다. 왕은 왕족과 중신, 원로들을 모아서 누란 왕국이 처한 중대 사태를 설명했습니다.

하지만 삼척동자가 봐도 굴욕스런 일이라 설령 친한파라도 내놓고 찬성하기 어려운 데다, 친흉파가 많아서 의견을 모으지 못했습니다.

---

* 중국에서 쓰이던 관인(官印)의 끈. 관인이란 천자(天子) 이하 여러 관리의 관직이나 작위를 표시하는 인(印)이며, 수(綬)는 그 인의 고리에 맨 30센티미터 정도의 끈이다. 관직에 취임하면 그에 해당하는 관인과 끈이 주어지는데, 그것을 항상 몸에 지니고 있었기 때문에 '인수를 허리에 찬다'는 말은 임관한다는 뜻이다('네이버 백과사전'에서 인용).
** 2장에서 법현이 죽은 사람의 백골만이 이정표가 되어 준다고 묘사한 바로 그 사막이다.

그러자 곽광은 왕에게 한나라 군대의 보호를 받을 것인지 말 것인지를 결정하라고 윽박질렀습니다. 이는 곧 생사를 선택하라는 말과도 같은 것이었습니다.

울도기는 조정 회의에서 천도를 강행할 것이라고 천명했습니다. 한나라 군사력의 우산 아래에 있어야만 흉노의 침략에서 벗어나 나라가 생존할 수 있다는 명분이었습니다. 당시는 흉노의 힘이 약해진 터라 친흉파도 흉노에게 구원을 청할 수 없었습니다.

왕궁에서 밤낮없이 의논했지만 한나라 군대가 성을 장악하고 있으니 탁상공론에 불과했습니다. 누란성 백성들의 거센 반대에도 불구하고 천도는 강행되었습니다. 국명도 선선(鄯善)*으로 바꾸었습니다. 누란인들 가운데 새로운 정착지로 옮겨가는 것이라고 믿는 사람은 아무도 없었습니다. 모두 다 낯선 땅으로 강제 추방당하는 것으로 생각했습니다. 기나긴 행렬이 침통하게 이어졌습니다.

새 도읍지는 다름 아닌 스타인이 사막의 모래 속에서 (서두에 이야기한) 놀라운 미술품들을 발견한 미란 지방이었습니다. 문헌에 새 도읍지의 이름은 우니성으로 나옵니다.

선선국은 원래 누란국이라 불렀다. 왕은 우니성(迂泥城)에서 다스리고 있다. …… 장안에서 6100리의 지점에 있다. …… 가구 수는 1570호, 인구는 1만 4100명이며, 군대의 수는 2916명이다. 토지는 사막이고 염호가 많으며 밭이 적기 때문에 이웃나라의 토지를 빌려 경작하며, 곡물도 인근 나라에서 수입하고 있다. 선선은 옥이 생산되며, 식물로는 갈대

---

* 체르첸 강의 음역(音譯)이라는 설이 있다.

누란의 상세 지도

〔葭葦〕·능수버들〔檉柳〕·호동(胡桐)·백초(白草)가 있다. 인민은 목축을 하고 수초를 따라 거주하고 있다. 당나귀를 사육하며 낙타가 많다. 전투에 교묘한 것은 착강(婼羌, 티베트족)과 같다.[3]

왕은 새 성에 도착해서 방문을 붙였습니다. 이제 안전한 땅으로 왔으니 안심하고 생업에 종사하라는 내용이었습니다. 그러나 왕의 신뢰는 이미 땅에 떨어졌습니다. 백성들이 나라의 주권*이 있는지 없는지도 구별하지 못하는 것은 아니었습니다. 이들은 하는 수 없이 한나라의 지배를 받아들였습니다.

---

*당시는 고대 사회였기 때문에 물론 오늘날과 같은 주권의 개념과는 다르다.

한나라의 주둔군 장군은 총독이나 다름없었습니다. 그는 흉노와 전쟁할 때 누란의 군사를 동원했습니다. 그가 선선국의 군사 지휘권을 가지고 있기 때문에, 왕은 허수아비나 마찬가지였습니다.

누란 병사들의 백골이 사막에 수도 없이 나뒹굴었습니다. 주인 잃은 말의 비명 소리가 하늘을 찌르고, 날아가는 까마귀와 솔개가 병사의 창자를 쪼아내어 고목 가지 위에 걸어 놓았습니다. 아침이 되면 또다시 누가 사막의 주인이 될지 아무도 몰랐습니다.

떠나온 옛 누란성은 한나라의 군사 기지가 됐습니다. 누란성은 교통의 요충지였기 때문에 군사와 무역에서 모두 중요했습니다. 그러나 당시의 실크로드는 교역로보다는 군사로의 비중이 훨씬 컸습니다.

누란성은 실크로드의 관문*이었던 것 이상으로 서역 지배의 관문이었습니다. 따라서 누란을 놓고 흉노와 한 사이에 치열한 쟁탈전이 계속되었습니다.

한나라가 서역을 지배한 것은 흉노 세력이 약화된 데에 힘입은 바 컸는데, 그것은 칸의 자리를 서로 차지하려는 흉노의 내분에 원인이 있었습니다. 그 때문에 흉노는 동서로 분열되었고(BC 56), 서쪽으로 쫓겨간 흉노가 앞서 언급한 게르만족의 대이동을 일으킨 것입니다. 서양에서 훈이라 부른 야만족은 바로 서흉노**였습니다.

---

* 후한대에 오면 누란성의 남북으로 이미 새로운 길이 나서 누란을 통과하는 길은 차츰 사용하지 않게 된다.
** 서흉노의 자취는 기원전 35년부터 보이지 않는다. 이들의 후예가 4세기 말(약 370~375) 볼가 강과 돈 강을 건너서 유럽을 공격할 때야 비로소 역사에 다시 기록된다. 5세기 초 아틸라가 서흉노(훈족)의 세 개 집단을 통일해 헝가리 초원을 중심으로 아틸라 제국을 세웠다. 441년 동로마 제국과 전쟁을 치른 끝에, 448년 도나우 강 남쪽 지대를 동로마 황제로부터 할양받았다. 또 아틸라는 451년 1월과 2월에 헝가리 평원에 병력을 모으고 그에게 복속한 게르만 부족들을 라인 강 우안(右岸)에 집결시켜 갈리아(프랑스)를 공격하였다. 이듬해 봄에는 이탈리아로 쳐들어가 밀라노와 파비아를 점령했는데, 뒤이어 로마로 진군하기 직전에 로마의 대주교 성 레오의 설득을 받아들여 공물과 황제의 딸을 얻어서 돌아갔다. 여기서 보면 훈족의 침략 행태는 정복 전쟁이라기보다는 약탈 전쟁의 성격을 띠고 있다.

그럼에도 불구하고 또다시 옛 누란성은 흉노의 주둔지가 됐습니다. 하지만 흉노는 이미 지난날의 위력을 잃어버렸습니다. 흉노의 내분은 그 뒤로도 계속돼 승자인 동흉노마저 남북으로 분열해 버린 것입니다(AD 48).

흉노의 분열에 이어 한나라도 궁정 정치의 부패로 급격히 약화됩니다. 한 왕조가 왕망*에게 황제의 자리까지 빼앗긴 이후, 서역의 오아시스 왕국들은 모처럼 독자적으로 발전할 기회를 갖습니다. 중국이 다시 후한(25~220)을 세워 국력을 추스르기는 했지만 예전 같지는 못했습니다.

후한의 서역 경영은 반초(73~102)가 맹활약상을 보인 겨우 20여 년간에 지나지 않았습니다. 왕망의 난 때 흉노에 가까웠던 선선국은 다시 반초에게 항복하나, 후한이 서역에서 도호와 병사들을 철수시키자(107) 독립하여 예전에 없던 전성기를 맞이합니다.

이 시기 서역의 여러 나라들**은 강대국의 간섭이 사라진 것을 계기로 서로간에 정복전을 펼쳐 네 개의 대국을 형성하는데, 선선은 그 중 하나로 근방의 소원 · 정절 · 융려 · 차말 등 여러 오아시스를 합병하여 세력을 과시했습니다.

중국은 후한에 이어 위진남북조 시대(3~6세기)라는 혼란기에 들어갔고, 남북으로 분열된 이후 남흉노는 후한에 투항해 중국의 북방을 지키는 용병으로 전락했습니다. 5호16국 시기에 부흥의 조짐을 보인

---

* 왕망은 전한을 무너뜨리고 서기 8~24년 사이에 신(新)을 세워 지배한다.
** 무제 때 36개국이었으나 1세기 초에는 55개국으로 늘어난다. 이에 대해 나가사와 가즈도시는 증가 원인을 기존의 오아시스 국가가 세분화된 것이 아니고 인구 증가와 각국의 경제적 발전에 따라 타림 분지 안에 새로운 오아시스가 개척된 것으로 본다.

적도 있지만, 결국 중국화된 남흉노는 역사 속으로 사라졌습니다. 몽골 고원으로 쫓겨간 북흉노도 선비·오환 등 주변 유목민의 공격과 후한·남흉노의 연합 공격으로 와해되고 맙니다.

신(新)누란 왕국의 비밀

두 강대국이 약화되면서 힘의 공백이 생긴 이런 기회는 다시 없었습니다. 글머리에서 얘기한 티타가 누란에 와서 그림을 그린 것도 바로 이때입니다. 장의 제목을 '신비의 누란 왕국'이라고 한 것은 이 시기의 매혹적인 문화 때문입니다. 지금부터 그 얘기를 해볼까요?

1901년. 900킬로미터나 떨어져 있는 이 왕국의 동쪽 끝과 서쪽 끝에서 국적이 다른 두 탐험가, 스웨덴의 헤딘과 영국의 스타인이 이상한 문서를 동시에 발견했습니다. 모양도 기괴해서 한눈에 심상치 않은 발견임을 그들은 직감했습니다. 그것은 다름 아닌 카로슈티 문서입니다.

카로슈티 문자란 고대 인도의 일상 회화어인 프라크리트어(한 예로 로마어 티투스를 티타로 읽는 것)를 표기할 때 쓰는 문자입니다.* 그런데 흉노와 한나라의 각축전 속에서 살아온 누란 왕국에서 웬 인도어를 사용했다는 걸까요? 만일 한문으로 기록되었다면 당연한 일이

---

*이에 비해 산스크리트어는 회화에는 사용하지 않고 종교·철학·문학 등에서 문장을 쓸 때만 사용한 문자이다.

㉮

㉯

㉰

㉱

스타인 탐험대가 니야 유적에서 발굴한, 카로슈티 문자가 씌어진 목독(木牘). ㉰는 편지지 ㉯는 봉투에 해당하며, ㉰와 ㉯를 합하여 ㉮와 같이 중앙부를 3조의 끈으로 묶고 묶은 매듭에 점토를 대고 발신자의 봉인을 강하게 눌러서 서신으로 사용하였다. 이 봉인된 점토를 봉니라 하는데, 이를 파괴한 뒤 끈을 절단하지 않으면 개봉할 수 없도록 되어 있다. 봉니에는 그리스의 신상이나 왕의 초상을 새긴 것도 있고, 한자를 모방한 문양을 새긴 것도 있어서 그것 자체로 동서 문화의 교류를 나타내고 있다. ㉱는 이것의 한 예이다.

어서 문서의 내용에만 관심을 가졌겠지요.

여기서 중요한 것은 이 문서가 나온 시기가 대략 서기 150년에서 350년 사이, 즉 '흉노로 대표되는 북방 유목 제국'과 '한으로 대표되는 남방 정주 제국'의 힘이 미치지 않게 되어 누란이 다른 오아시스 왕국들과 마찬가지로 독자적 발전을 한 때라는 것입니다.

카로슈티 문자의 쓰임을 보면,* 공과 사 모든 부분에서 사용했기 때문에 어느 날 갑자기 누란 사람들이 인도어를 익혀서 일시에 썼다고 볼 수는 없습니다. 상식적으로 볼 때 그렇지 않은가요? 고대 사회에서 문자를 사용한 사람들은 일반 백성과 구별되는 지배층입니다. 그렇다면 적어도 카로슈티 문서를 사용한 누란의 지배층은 고대 인도어를 능숙하게 구사했다는 얘기가 됩니다. 흉노어나 중국어를 쓰던 사람들은 일단 지배층에서 밀려났다고 볼 수밖에 없습니다. 도대체 무슨 일이 일어난 걸까요?

우선 발굴된 수많은 카로슈티 문서들을 분석한 결과, 그들의 수도가 선선국의 새 도읍지에서 옛 누란성으로 또다시 옮겨갔음이 밝혀졌습니다. 그리고 그들이 사용한 문자가 월지족이 세운 쿠샨 왕조의 그것과 같다는 사실도 밝혀졌습니다. 이는 매우 중요한 사실입니다.

---

* 카로슈티 문서들은 보이어(A. M. Boyer)와 랩슨(E. J. Rapson) 등의 협력으로 해독되어 세 권의 문서집으로 엮어져 있다. 문서의 내용은 풍부하여
  1. 왕의 명령이나 통달(훈령 · 판결 등)
  2. 고급 관료에 대한 각종 보고
  3. 매매 · 토지 · 노예 · 양자 · 대차 등의 계약 문서
  4. 각종 재판의 판결서
  5. 개인 간의 편지
  6. 각종 리스트(징세표 · 인명표 기타)
  등이다(長澤和俊 지음, 민병훈 옮김, 『東西文化의 交流』에서 인용).

쿠샨 왕조는 카로슈티 문자를 공용 문자로 사용했는데, 이 문자가 누란에 들어간 것입니다. 일례로 두 나라 모두 대왕을 '마하라야'라고 기록했습니다.

공문서에서 왕을 표기하는 양식도 '대왕, 왕 중의 왕, 위대하며 전승자이고 덕이 많으며 정법에 사는 국왕 폐하, 천자 누구누구'라고 누란 왕을 표현한 것과, 쿠샨 왕을 '대왕, 왕 중의 왕, 온 세계의 군주, 대군주, 누구누구, 구세자'라고 한 표현을 비교해 보면, 양자의 유사성은 금방 눈에 들어옵니다.

학자들의 결론은 이 시기의 일정 기간 동안 누란이 쿠샨 제국의 관할 하에 있었다는 것입니다.* 그러면 말이 앞뒤가 맞지 않는 게 아니냐고 반문할 수 있습니다. 앞서 누란이 이 시기에 독자적으로 발전했다고 했는데, 그게 아니라 쿠샨 제국의 관할 하에 있었다면 흉노나 한나라에 속한 것과 무엇이 다르겠느냐고 말입니다.

그러나 쿠샨 제국이 누란에 대해서 정치적 지배를 하거나 세금을 거두거나 군대를 동원한 기록이 문서에 조금도 보이지 않습니다. 카로슈티 문서들에 나타난 행정 제도 등을 보아도 간섭한 흔적이 전혀 없습니다. 그래서 완전한 독립 국가는 아니었다 하더라도, 비교적 평화로운 상태**에서 독자적으로 왕국을 운영한 것만은 틀림없다는 결론을 내린 것입니다.

---

* 브로(J. Brough)는 2~4세기의 이 나라를 세 시기로 나눈다. 1기는 2세기 후반에 시작해 쿠샨의 관할 하에 있던 시기이고, 2기는 3세기 전반으로 쿠샨이 사산 페르시아에게 멸망해 잠시 독립한 시기이다. 그리고 3기는 서진(西晉)의 진출로 중국의 종주권을 인정한 시기이다.

** 카로슈티 문서에 특히 "한·흉노 등 주변 민족들과의 외교나 교전에 관한 기록이 전혀 없는"(나가사와 가즈도시 지음, 이재성 옮김, 『실크로드의 역사와 문화』에서 인용) 점이 주목된다. 또한 "외적의 침입을 받은 기록이 거의 없으며, 유일한 것은 뒷산에서 온 수피족(Supi, 蘇毗) 100여 명에 관한 것"(같은 책에서 인용)뿐이라는 사실은 당시 오아시스 왕국들이 외세의 침략 없이 평화를 누리고 있었음을 시사해 준다.

신누란 왕국의 초빙 화가

정말로 실크로드의 역사는 기상천외하지 않습니까? 흉노에게 쫓겨간 월지가 인도의 서북부까지 이동해 쿠샨 왕조를 세우더니, 다시 파미르 고개를 넘어서 옛날 자기 고향과 국경을 맞대고 있던 누란을 관할하였으니 말입니다.

쿠샨 왕국은 실크로드 상에서 불교 전파의 진원지 역할을 했습니다. 그래서 누란 왕국도 불교 국가가 되었고, 티투스(티타)가 거기까지 가서 그리스-로마풍의 불화를 그린 것입니다.

그런데 서양 학자들이 누란에서 발견된 이 그림들을 보고 특히 깜짝 놀란 것은 서역의 오아시스들 중 가장 동쪽에 있는 누란국에서 그리스-로마풍이 왜 맨 먼저 나타나느냐 하는 점이었습니다. 그러니까 서에서 동으로 전파돼 가야 한다는 상식을 뒤엎고, 누란보다 더 서쪽에 있는 오아시스들에서 그리스-로마풍이 누란에서보다 더 늦게 나타나는 이 역현상을 어떻게 설명해야 할까요? 역사의 전모를 알기 전에는 불가사의한 일입니다. 누란이 쿠샨의 관할 하에 있었다는 사실로 어느 정도 그 이유를 설명할 수 있습니다.* 그러나 누란은 여전히 많은 부분을 침묵하고 있습니다.

이 나라는 동서 900킬로미터에 달하는 유례없이 넓은 영토를 가지고 있었으며, 법현이 방문했을 때(399)는 승려가 4000명 있었습니다. 각 오아시스마다 승려 집단인 상가(saṃga)가 있었는데, 누란성(카로

---

* 쿠샨의 지배 아래 있던 호탄보다 상대적으로 독립국인 신누란에서, 그것도 지리적으로 훨씬 동쪽에 있었음에도 불구하고 그리스-로마풍이 먼저 나타난 사실은 필자의 설명을 어렵게 만드는 요인이다.

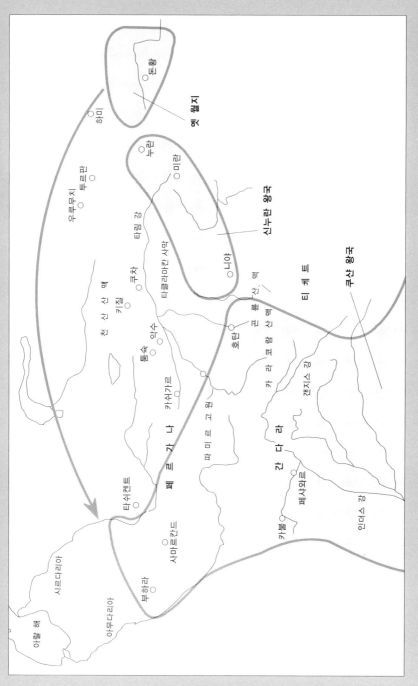

신누란 왕국, 쿠샨 왕국, 옛 월지의 영역을 간략히 표기한 지도

슈티 문서에는 '크로라이나'로 나옴)에 있는 상가가 이들을 통제했습니다. 이들 사원에서 나온 아름다운 다수의 미술품—실크로드 미술품—들은 당시 사회⁹의 윤택함을 보여 줍니다.

이러한 번영도 잠시, 누란 왕국은 마침내 사막 속에 묻혀 버렸습니다. 언제 어떻게 해서 사라졌는지 사료는 침묵하고 있습니다. 학자들은 자연 재해 때문이라고도 하고 정치적 이유 때문이라고도 합니다.

세기의 지리학 논쟁

헤딘 박사의 이론은 누란 왕국이 왜 사라졌는지를 밝히는 실마리를 제공해 주고 있습니다. 바로 롭 호수의 위치에 관한 그의 이론과 관련된 것인데, 이 이론은 실크로드학에 크게 공헌한 기념비적 학술 성과인 세계적 지리학 논쟁 속에서 나왔습니다.*

헤딘은 실크로드라는 이름을 만들어 낸 독일 학자 리히트호펜의

---

* 롭 호수에 대한 논쟁의 역사를 요약하면 아래와 같다.
  1. 러시아의 프르제발스키가 현지를 조사한 뒤, 롭 호수는 카라코슌으로서 강희제의 〈황여전람도〉에 나온 지점보다 1° 남쪽에 있는 담수호라고 주장.
  2. 리히트호펜이 반론을 제기. 중국의 고문헌을 지지하면서, 롭 호수는 카라코슌과 별개이며 함수호라고 주장.
  3. 1900년 리히트호펜의 제자 헤딘이 롭 호수 조사에 착수했으나 발견하지 못함. 이 조사 때 누란 유지를 발견했는데, 여기서 출토된 문서들의 기년(紀年)이 300년을 넘지 않은 것에 착안해 호수가 1600년 주기로 남북으로 이동한다고 가정함. 결국 롭 호수는 카라코슌 동북쪽의 원래 자리(당시는 호수의 흔적만 남아 있었음)로 복귀할 것이라고 추측.
  4. 프르제발스키의 제자 코즐로프가 1889~1909년에 걸친 네 차례의 중앙아시아 탐사 중에 여러 차례 현지 조사를 실시해서 카라코슌과 롭 호수가 같음을 재확인하고 헤딘설을 비판함.
  5. 헤딘은 1934년의 현지 조사 때 그의 예언이 적중했음을 실증함. 1930년에 파커 씨 첸과 헬너가 현지민들의 이야기(1921년부터 타림 강의 하류가 동류해 이 지방에 새로이 롭 호수가 생겨나고 있다는 내용)를 따라 실제로 신(新) 롭 호수 주변의 지도를 제작하였는데, 헤딘은 이를 기초로 탐험함(나가사와 가즈토시 지음, 이재성 옮김, 『실크로드의 역사와 문화』, 183~184쪽 참고).

제자였는데, 리히트호펜과 러시아 학자 프르제발스키 사이에 롭 호수의 위치를 두고 논쟁이 벌어졌습니다. 리히트호펜은 롭 호수가 중국 역사서에 적혀 있는 위치에 있다고 주장하였고, 프르제발스키는 그보다 위도가 1° 남쪽에 있는 다른 호수(카라코슌 호수)라고 주장했습니다. 헤딘은 이를 밝히기 위해 낙타를 타고 사막을 헤맸습니다. 그런데 그가 모래 폭풍을 헤치고 겨우겨우 찾아간 곳에는 롭 호수가 없었습니다.

그러나 실망한 헤딘의 눈에 모래 언덕 위로 삐죽이 솟은 나무 기둥들이 보였습니다. 순간 그는 이곳에 고대 도시가 있었음을 직감적으로 알았습니다. 폐허가 된 고대 가옥들을 차례로 발굴 조사해 가는 도중에 옛 중국의 동전, 철제 도끼, 사람의 형상을 조각한 목각, 만(卍)자가 수놓인 융단 따위가 나왔습니다. 무엇보다도 그를 흥분시킨 것은 카로슈티 문서와 한문 문서 들이었는데, 그 문서들에는 결정적으로 연대가 적혀 있었습니다.

하지만 문서 해독이 자유롭지 못한 그로서는 그곳이 누란의 유적지라는 확신을 하기에는 아직 일렀습니다. 무엇보다도 가장 강력한 증거인 롭 호수를 찾지 못한 것입니다. 그는 땅바닥에서 소금 덩어리를 캐내 호수의 흔적을 발견했지만, 그토록 거대한 호수가 눈앞에 보이지 않은 것에 실망하지 않을 수 없었습니다. 제주도보다 열 배나 넓은 호수를 한번 상상해 보세요. 그게 말라 없어지다니요! 러시아 학자가 위도 1°(약 100킬로미터) 가량 남쪽에 있는 호수를 롭 호수라고 주장하는 것은 당연해 보였습니다.

그러나 헤딘은 다른 추측을 했습니다. 롭 호수가 1600년을 주기로 남북으로 이동한다는 것이었습니다. 헤딘은 30여 년 뒤에 자신의 가

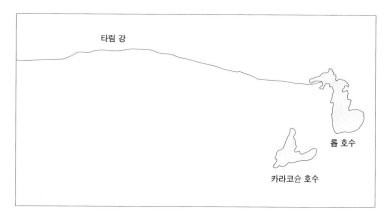

타림 강

롭 호수

카라코슌 호수

롭 호수와 카라코슌 호수는 위도 1° 차이가 있다.

설을 입증해 보이기 위해서 중국 학자들과 함께 다시 롭 호수를 찾았습니다.

그는 탐험기에서 "과거에 낙타를 타고 가던 길을 이번에는 카누를 타고 간다"고 썼습니다. 사막을 가로지르는 콘체다리아에 여섯 척의 배를 띄웠습니다. 마침내 그의 눈앞에 기적이 펼쳐졌습니다. 롭 호수가 물결을 찰랑거리고 있다니! 30여 년 전에 염분이 하얗게 드러난 바닥에서 소금 덩이만 손으로 만졌던 기억이 새삼스러웠습니다. 햇살이 쏟아지는 수면 위에서 댕기머리를 한 물새가 먹이를 찾는지 곤두박질을 치고 있는 것이었습니다. 전 생애를 바친 탐험이 개가를 올리는 찰나였습니다. 그의 스승과 러시아 학자 사이에서 시작한 롭 호수의 위치에 대한 오랜 논쟁에 종지부를 찍는 순간이었습니다.

헤딘은 롭 호수를 '방황하는 호수'라고 불렀습니다. 생명이 살지 않는 사막 한가운데 있는, 아름답기 그지없는 오아시스 왕국 하나를 지탱해 준 어떤 호수가 1600년을 주기로 남북으로 이동한다는 사실.

카누를 타고 콘체다리야(공작하)를 헤치고 가는 헤딘

그것도 제주도의 열 배가 넘는 바다 같은 호수. 이것이 어떻게 가능할까요? 헤딘의 설명은 이렇습니다.

서기 300년경에 롭 호수는 고대 누란성에서 남쪽으로 이동했다. 그가 처음 발을 들여놓은 1900년경에 호수는 다시 북상을 시작했는데, 2차 탐험을 한 1934년 무렵에 호수는 원상 복귀했다. 따라서 호수는 약 1600년을 주기로 남북으로 이동한다.

300년경에 호수가 남쪽으로 이동했다는 근거는 누란*에서 발견된 모든 문서가 300년이란 연대를 넘지 않은 것으로 설명할 수 있다. 이때 롭

---

* 여기서 말하는 누란은 누란 왕국 전체를 가리키는 것이 아니라 옛 누란성, 즉 크로라이나를 가리킨다. 카로슈티 문서에는 선선이란 국명이 보이지 않는다.

호수가 남하함에 따라 누란도 생명의 물이 고갈됨으로써 폐허가 된 것이다.

호수의 물줄기가 남하한 원인은 모래 때문에 호수 바닥이 점점 높아진 반면 땅은 바람의 작용으로 깎이어 호수의 물이 자연히 낮은 곳으로 흐르게 되었기 때문이다. 그 결과 롭 호수는 북쪽에서 남쪽으로 이동하게 되었다.

흥미로운 이론이지 않습니까? 지금은 북쪽이든 남쪽이든 롭 호수는 사라져 버리고 어디에도 없습니다. 반세기 만에 강물이 모두 말라 버린 것입니다. 경제 개발 계획에 따라 사막을 농지로 개간하면서 강물을 무리하게 끌어다 써서 그렇게 된 것이라고 합니다.

누란 왕국은 실크로드에서 약소한 오아시스 국가가 겪은 기구한 운명을 가장 잘 보여 주고 있습니다. 아직도 베일에 싸여 진면목을 드러내고 있지 않아 더 구체적인 모습은 알 수 없지만 나타난 사실만으로도 실크로드가 이들에게 무엇이었는가를 파악할 수 있습니다. 하지만 누란 왕국의 신비를 마저 밝히는 데까지는 그저 필자의 역량이 미치지 못함을 절감할 뿐입니다.

05 스키타이

파미르 동쪽 세계에서 흉노와 한으로 대표되는 유목 제국과 정주 제국의 각축이 있었다면, 파미르 서쪽 세계에서는 유목 세력인 스키타이족이 서방의 정주 세력과 상쟁하면서 힘의 각축을 벌였습니다. 그리스에서 '스키타이'라고 부른 이들을 이란인은 '사카', 인도인은 '샤카', 중국인은 '새(塞)'라고 불렀습니다.

이번 장에서는 서방의 정주 제국인 페르시아가 서방의 유목 제국인 스키타이와 어떻게 힘을 겨루었는지 스키타이를 중심으로 살펴보도록 하겠습니다.[1]

스키타이의 기원

신들이 하늘과 땅을 지배하던 까마득히 먼 옛날. 자연과 인간이 하나처럼 움직이던 시절, 끝없이 펼쳐진 초원 위에 스키타이란 종족이 살고 있었습니다. 역사가 인류 최초의 유목민으로 기록한 이 종족 사이에 전해 내려온 신화가 있습니다. 천지 창조 후 처음 이 땅에 오신 분은 타르기타오스라는 남자입니다. 그는 신들 중의 신이신 파파이오스*가 보리스테네스 강(현재의 드네프르 강)의 딸과 결혼해 낳은 분입니다.

타르기타오스한테는 아들이 셋 있었습니다. 큰아들 리폭사이스, 둘째 아르폭사이스, 막내 콜락사이스입니다. 이 세 아들이 초원을 지배하고 있을 때였습니다. 어느 날 하늘에서 황금으로 만든 신성한 물건이 네 개 떨어졌습니다. 쟁기와 멍에와 전투용 도끼와 술잔이었습니다. 큰아들이 제일 먼저 성물을 발견하고 가까이 다가갔지만, 갑자기 성물 주위로 불길이 일어나 가져올 수 없었습니다. 둘째도 실패했습니다. 그러나 막내가 다가가자 불길이 사그라들어 성물을 가져올 수 있었습니다. 두 형은 하늘의 뜻을 헤아리고 왕권을 막내에게 양도했습니다. 이후로 스키타이 왕들은 황금의 성물을 무엇보다 소중히 간직했습니다.

스키타이 시조 신화는 고구려의 시조 신화를 연상시킵니다. 주몽은 천제의 아들 해모수와 물의 신 하백의 딸 사이에서 태어난 분입니다. 세계의 건국 신화를 보면 이런 구도가 많습니다. 한 부족이 다른 부족을 통합해 강한 쪽이 하늘의 자손으로, 약한 쪽이 물의 자손으로 되는 구도입니다. 일반적으로 전자는 전쟁과 방위의 역할을 맡는 남

---

* 헤로도토스에 따르면 제우스에 해당한다.

스키타이족의 젖줄 보리스테네스 강
(현 드네프르 강)

보리스테네스 강은 가장 질 좋고 풍부한 초지를 형성하고 있을 뿐 아니라, 더할 나위 없이 맛좋은 물고기가 어느 강보다도 많이 잡히고 식수용으로도 가장 적합하다. 부근의 다른 하천들이 탁한 데 반해서 이 강의 물은 맑고 깨끗하며 강변 일대는 기름져 곡물 재배에 안성맞춤이다. 또 하구에서는 소금이 자연적으로 결정(結晶)되고, 그 밖에 소금에 절여 가공하기 좋은 안타카이오이라는 무척추 대어(大魚) 등 여러 가지 놀랄 만한 것들이 많이 산출되고 있다. — 헤로도토스, 「역사」

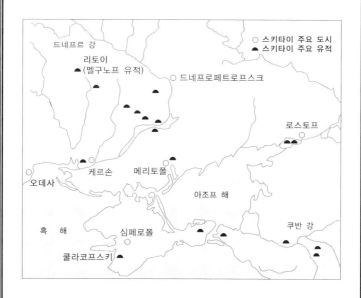

스키타이의 활동 무대인 흑해 연안의 주요 고분 분포도. 스키타이는 기원전 700~550년까지는 쿠반 강 유역을 중심으로 활동했으나, 이후에는 무대를 옮겨 기원전 550~3세기까지 드네프르 강 유역에서 활약했다.

성 신의 후손으로, 후자는 생산과 풍요의 역할을 맡는 여성 신의 후손으로 분담됩니다.

이처럼 스키타이의 발생 신화에는 부족의 통합과 팽창에 따른 분파의 과정이 녹아 있습니다. 헤로도토스에 따르면 스키타이는 아시아 유목민으로서 같은 스키타이 계통인 마사게타이인의 공격을 받고 (스키타이 미술품이 다수 출토된) 흑해 연변의 초원으로 쫓겨왔다고 합니다. 현대의 학자들은 스키타이의 원래 고향을 천산산맥 북록의 오손이 살던 거주지에서부터 아랄 해의 동남 해변*에 이르는 광대한 초원 지대 어디일 것으로 추정합니다. 그곳은 바로 장건의 여행 목적지였던 오손·대하·월지 등 —이들 역시 스키타이의 일파— 유목민들의 초원입니다.

흉노의 경우도 마찬가지지만, 스키타이는 결코 정주 사회와 같은 국가를 형성한 적이 없습니다. 이것은 몽골 제국이 등장하기 전의 초원 유목민에게서 볼 수 있는 공통된 현상입니다. 예컨대 6세기의 투르크 제국을 봐도 이를 국가라기보다는 투르크란 이름 아래 모인 유목 부족(혹은 씨족)의 연맹체로 보는 것이 합당할 것입니다. 그래서 불같이 일어나면 금세 제국이 되었다가 불길이 사그라들면 곧바로 부족으로 돌아가는 것입니다.

유목 제국은 전통적으로 늘 영토를 삼분하여 다스립니다. 우두머리는 중앙을, 서열 2위는 좌익을, 3위는 우익을 맡습니다. 전쟁할 때도 마찬가지입니다. 그러나 이 삼분법은 초원 제국이 구심력을 상실

---

* 그러나 護雅夫와 長澤和俊은 츄 강 유역의 초원으로 비정하고 있다(113쪽 지도 참조). 이 지역은 이 책의 8장 '소그드 상인' 171쪽 지도에도 상세히 나온다.

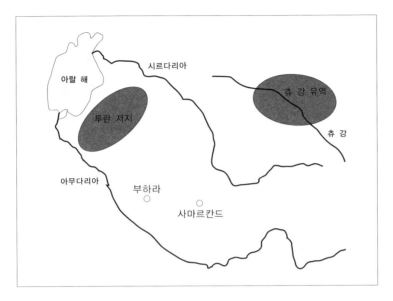

스키타이를 몰아낸 마사게타이의 땅으로 추정되는 지역. 투란 저지와 츄 강 유역.

할 때는 영토가 분할되는 구도로 작용합니다.

왕령 스키타이의 영토도 마찬가지로 세 개로 분할되어 있었습니다. 헤로도토스에 따르면 세 명의 왕이 다스렸는데, 이들 사이의 서열 관계는 언급이 없어 지금은 알 수가 없습니다.

스키타이의 통치 구조를 알기 위해서는 신화 속의 네 가지 성물이 갖는 상징성을 살펴볼 필요가 있습니다. 술잔은 왕령 스키타이를, 전투용 도끼는 유목 스키타이를, 쟁기는 농경 스키타이를, 멍에는 농민 스키타이를 가리킵니다. 이는 인도의 카스트 제도에 대응하는 신분 구조이며 스키타이가 인도 아리안족이라는 유력한 증거가 됩니다. 왕령 스키타이는 나머지 세 신분이 거주하는 영토와 소속민들까지 지배 하에 두고 있었습니다.

스키타이의 전쟁 풍습

"스키타이를 공격하는 자는 한 사람도 살아 돌아갈 수 없고, 스키타이가 충돌을 피하려 들면 어느 누구도 그들을 사로잡을 수 없는 것이 스키타이의 삶의 방식"이라고 헤로도토스는 『역사』에 기록하였습니다.

특히 등자를 발명한 스키타이인들은 고대 사회의 가장 뛰어난 전투 군단이었습니다. 등자를 사용함으로써 비로소 말 위에서 두 손을 자유롭게 놀릴 수 있었고 몸을 백팔십도 돌릴 수 있게 되었습니다. 등자가 없는 정주민의 기마대와는 비교가 되지 않는 전투력을 갖췄던 것입니다.

스키타이인들은 포로의 머리 가죽을 손수건처럼 만들어 말에 달고 다녔습니다. 두피로 만든 손수건에 대한 헤로도토스의 증언을 여기에 소개합니다.

스키타이인은 최초로 쓰러뜨린 적의 피를 마신다. 전투에서 살해한 적병의 머리는 모두 잘라 왕 앞에 가져온다. 수급을 가져오면 전리품의 분배에 참여할 수 있지만, 그것이 없으면 참여할 수 없기 때문이다. 스키타이인이 수급의 가죽을 벗겨 내는 방법은, 양쪽 귀를 중심으로 둥글게 자른 다음 수급을 잡고 흔들어 두개골에서 두피를 떼어 내는 식이다. 그런 다음 소의 늑골을 사용해 가죽에서 살점을 떼어 내고 손으로 주물러 부드럽게 하면 일종의 손수건이 만들어진다. 이것을 자신의 말 굴레에 달아 놓고 과시한다. 이런 손수건을 제일 많이 소유하고 있는 자가 가장 훌륭한 용사로 간주된다.

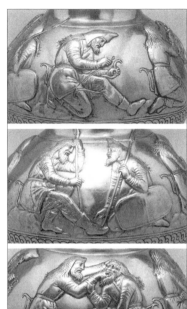

스키타이 전사의 그림이 새겨진 병(왼쪽). 기원전 4세기. 금
재료. 쿨 오바 고분 출토.
오른쪽은 세부 그림.

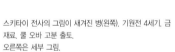

   헤로도토스에 따르면 두피 외에도 인피로 웃옷을 만들거나 화살통
을 입히거나 또는 그것을 말안장 위의 깔개로 사용했다고 합니다. 특
별히 증오하는 적의 두개골로는 술잔을 만들었습니다. 눈썹 아래 부
분은 톱으로 잘라 내고 나머지 부분을 깨끗이 닦은 후 바깥쪽으로 쇠
가죽을 입혔습니다. 가난한 자는 이로써 만족했지만, 부자는 다시 두
개골 안쪽에 금을 입힌 다음 술잔으로 사용했습니다.

   흉노도 월지 왕의 두개골을 이런 식으로 가공하여 술잔으로 사용
했습니다. 한 무제가 장건을 보낸 것도 월지족이 이 일을 놓고 복수

의 칼을 갈고 있다는 이야기를 들었기 때문인 것 기억나지요? 서방과 동방의 유목 민족은 놀라우리만큼 흡사한 문화를 가지고 있습니다. 이 점은 다음 장에서 다시 설명하기로 하고 스키타이의 풍습 한 가지만 더 살펴보겠습니다.

스키타이인들은 일 년에 한 번씩 전쟁의 신 아레스에게 제사를 올렸습니다. 아레스 신의 성소는 장작더미를 거대하게 쌓아 올려서 만들었습니다. 가로 세로가 각각 3스타디온(약 550미터)이나 되고 높이는 이보다 조금 낮으며, 맨 위에 사각의 대(臺)를 설치했습니다. 층계가 한쪽으로만 나 있어서 다른 세 방향은 모두 깎아지른 듯한 절벽이었습니다.

장작더미의 꼭대기에는 낡은 철제 단검을 꽂았습니다. 이 단검이 아레스 신의 상징입니다. 제물로는 희생 가축을 바쳤는데, 특히 말을 바치는 경우가 많았습니다. 하지만 승전을 기념하는 특별한 날은 포로 중에서 100명당 한 명씩을 골라 희생 제물로 바쳤습니다.

성소 아래에 희생물이 될 포로들을 죽 둘러앉히고, 둥둥 북소리가 울려 퍼지면 샤먼의 보조원들이 희생 포로들의 머리 위에 술을 붓습니다. 샤먼이 어떤 격렬한 동작을 하면 보조원들은 곧 칼을 빼들어 희생물의 목을 따고 황금 잔에 피를 받습니다. 최초의 잔이 샤먼에게 인도되고 보조원들이 그를 따라서 각자의 황금 잔을 가지고 장작더미 위로 올라갑니다.

눈부신 태양 아래 황금 잔에 담긴 선홍색 피가 넘실거립니다. 샤먼이 먼저 자신의 잔을 기울여 단검 위에 부은 뒤 보조원들한테서 차례차례 잔을 받아 붉은 피를 붓습니다.

무섭게 빨라지는 북소리에 격해진 군인들이 죽은 포로들의 오른손과 오른팔을 잘라서 공중으로 집어던집니다. 이들 가운데에는 전쟁에서 아버지를 잃은 소년도 있고, 여자들도 있습니다. 스키타이에서는 처녀들도 군사 활동에 의무적으로 참여해야 했으며, 적을 죽이지 않고는 결혼도 할 수 없었습니다.

스키타이와 페르시아의 전쟁

페르시아인들에게 유목민은 악 중의 악이었습니다. 조로아스터*는 그의 교리에 유목민을 악인으로 명확히 규정했습니다.

농부가 아닌 사람은, 오 아후라 마즈다(최고신)여, 아무리 성실하다 해도 이 좋은 종교에 참여할 자리가 없나이다.[2]

여기서 농부는 단순히 신분이나 직업을 가리키는 것이 아니라 유목민에 대립되는 개념의 농민으로 사용한 것입니다. 떠돌아다니는 유목민을 악 중에서도 최악을 대변하는 존재로 본 조로아스터는 유목민의 침략으로 자신이 집무하던 불의 제단에서 최후를 마쳤습니다.

조로아스터교는 우주를 선과 악, 빛과 어둠으로 나눈 이원론의 종교인데, 이 구분법은 당시의 농경 사회와 유목 사회에 대한 페르시아인의 깊은 감정이 작용한 것으로 보입니다. 이 종교 사상은 문명과

＊ 조로아스터는 기원전 630년경에 태어나 30세쯤에 종교를 창시하고 77세에 죽었다.

야만에 대한 모든 정주민의 유구한 관념을 가장 잘 대변해 준다고 할 수 있습니다.

현실적으로 이들의 대립을 가장 생생하게 전달해 주는 기록을 헤로도토스가 남겼습니다. 헤로도토스는 페르시아의 다리우스 대왕이 스키타이의 본토를 침범해 들어갔다가 패하고 돌아간 1차 원정을 상세히 기록했습니다. 이제부터 이 전쟁의 전말에 대해 설명하겠습니다.

헤로도토스(BC 484~425)는 다리우스가 전쟁을 일으킨 이유를 스키타이가 먼저 침략하여 아시아를 정복했기 때문에 복수하기 위한 것이었다고 말합니다. 헤로도토스가 말하는 스키타이의 침략은 오늘날의 역사 지식으로 보면 다음과 같은 사실을 가리킵니다.

기원전 6세기의 스키타이는 그들의 역사상 최고의 전성기를 구가하던 때였습니다.* 이미 이들은 흑해 북변의 우크라이나 지대에 근거지를 두고서 남유럽 쪽으로는 도나우 강 하류의 그리스 북부와 불가리아, 동유럽 쪽으로는 헝가리 · 슬로바키아 · 폴란드 남부, 아시아 쪽으로는 터키 · 시리아 · 이라크 · 이란까지 진출하여 세력을 부식하고 있었습니다.

이스라엘의 예언자들이 알 정도의 반향을 남긴 이 엄청난 소용돌이는 북방의 초원 유목민들이 남쪽에 있는 구문명에 대해 가한 역사상 최초의 난입이었고, 이것은 향후 거의 20세기 동안 계속될 모습이기도 했습니다.[5]

---

* 스키타이가 아시리아와 손잡고 당시 아시아의 최대 실력자인 메디아를 정복한 것은 여기서 말한 기원전 6세기보다 조금 이른 기원전 628년경이다. 이때의 아시아는 파미르 고원의 서쪽을 넘지 않는다.

다리우스 대왕은 과거에 대한 복수를 내세우며 당시 국경을 자주 침범하는 스키타이를 응징하기 위해 대규모의 군사를 거느리고 원정에 나섰습니다. 이 원정을 위해 다리우스는 사방에 있는 각 속국에 사절을 보내서 부대를 차출하고 함선을 공출하였습니다. 수군을 제외한 군대의 총수가 기병대를 포함해 70만을 헤아렸고, 집결한 배의 수는 600척에 이르렀습니다.

함대를 가지고 수군을 이끌고 있는 것은 그리스의 식민도시 이오니아, 아이올리스, 헬레스폰토스 등(앞으로 이들을 총칭할 경우, '이오니아'로 함)이었습니다. 이오니아의 그리스인 만드로클레스는 보스포루스 해협에 아시아와 유럽을 잇는 다리를 놓아서 다리우스 대왕에게 막대한 은상(恩賞)을 받았습니다. 그는 받은 은상의 일부를 사용해서 화가에게 보스포루스 다리의 전모와 다리우스 대왕의 모습, 그리고 왕의 군대가 다리를 건너는 광경을 그리게 한 후, 이 그림과 함께 다음 내용을 새긴 비문을 헤라 신전에 봉납했습니다.

물고기가 풍부한 보스포루스에 다리를 놓은 만드로클레스가
그 다리를 기념하여 헤라 여신께 이것을 바치나이다.
그는 다리우스 왕께서 명하신 대로 일을 마쳐
스스로 영예로운 관을 쓰고 사모스*인의 명예를 높였나이다.

다리우스는 다리를 건너 유럽 땅에 첫발을 내디디면서 트리키아를 정복하고 스키타이의 초원으로 들어갔습니다(여기서의 다리우스 대왕

---

* 사모스 섬은 이오니아에 속했다. 그는 사모스인이었다.

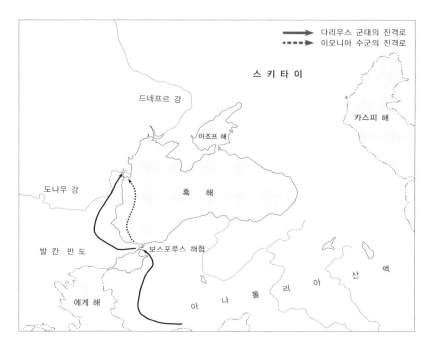

다리우스 군대가 스키타이로 진군하는 초기 상황

은 나중에 알렉산드로스에게 패한 다리우스 3세와 다르다). 그런데 이에
앞서 다리우스는 다리를 건너기 직전에 이오니아인에게 도나우 강까
지 항해해 가서 거기에 또다시 다리를 놓고 자기가 도착하기를 기다
리라고 명령했습니다.* 이오니아 수군은 흑해를 건너 도나우 강의 하
구에 다리를 놓았습니다.

　다리우스 군대는 육로로 도나우 강변에 도착했습니다. 그는 이오
니아의 지휘관들을 소집해 60개의 매듭으로 묶인 긴 혁대를 내주면

---

* 당시에는 전쟁을 위해 놓는 다리는 배들을 서로 연결해 만들었기 때문에 수군이 담당했다.

서 다음과 같이 명령했습니다.

내가 스키타이를 공격하기 위해 떠나
면 그때부터 매듭을 매일 하나씩 풀
도록 하라. 만일 매듭 수만큼의
날이 지나도 내가 돌아오지 않
으면 배를 타고 마음대로 귀국
해도 좋다.

도나우 강을 건너 쳐들
어오는 막강한 다리우스
군대에 대항하기 위해 스키
타이 군대는 작전을 짰습니
다. 먼저 인근 지역의 여러 종
족에게 사자를 보내 동맹군을 구
했습니다. 그러나 그들 중에서 세 종
족의 원조는 약속받았지만, 다섯 종족은
싸움에 휘말리기 싫다며 거절했습니다.

전쟁을 총지휘하는 왕령 스키타이
는 전체 군대를 크게 둘로 나누었습니
다. 왕령 스키타이의 세 분구(分區) 중
한 분구의 왕인 스코파시스가 이끄는
부대(이하 'A부대')에는 인근의 한 종족

보스포루스 해협에 놓은 다리. 상상도. 군사 전문가의 연구에
따르면, 펜테콘티(노가 50개 달린 갤리선)를 사용해서 선수와
선미를 닻으로 고정시켜 놓고 2.7~3.3미터 간격으로 정박하
여 끈으로 연결시켰다. 배와 배 사이를 이은 굵은 밧줄 위에
두꺼운 판자를 놓고 그 위에 밀짚 깔개와 흙을 깔아 통행로를
만들었다(출처: 『古代 그리이스』).

이 가담했고, 나머지 두 분구가 합류하여 구성한 부대(이하 'B부대')에

는 인근의 다른 두 종족이 가담했습니다.

스키타이는 적이 공격하면 맞서 싸우는 것을 피하기로 하고, 두 부대가 차례로 후퇴하면서 길에 보이는 우물과 샘은 모조리 파괴해 묻어 버리고 풀은 짓밟아 버리기로 결정했습니다.

먼저 스키타이의 A부대가 도나우 강을 건너온 페르시아군을 발견하고 동쪽 방향으로 하루 걸리는 거리만큼만 앞선 지점에서 야영을 하며 그 지역 일대를 황폐화시켰습니다. 페르시아군은 스키타이 기병대의 모습을 발견하자 끊임없이 퇴각하는 그들의 뒤를 쫓아 진군했습니다. 여러 날을 뒤쫓은 끝에 페르시아군은 무인 지대에 접어들게 되었습니다. 어떻게 된 일인지 다리우스의 눈앞에서 스키타이 군대가 더 이상 보이지 않고 사라져 버린 것입니다.

A부대는 소기의 작전을 완수하고 북쪽 지역으로 우회하여 스키타이 본국에 돌아와 있었습니다. 다리우스는 이 부대가 스키타이군의 전체라고 보고 그들이 도주했다고 생각되는 서쪽으로 진군했습니다. 다리우스가 전속력으로 군대를 이끌고 스키타이 본토에 도달했을 때 이제 B부대가 나타나 페르시아군을 유인했습니다.

B부대 역시 A부대처럼 하루 걸리는 거리를 사이에 두고 계속 퇴각했습니다. 다리우스가 사정없이 추격해 오자, 스키타이의 B부대는 미리 계획한 대로 앞서 동맹을 거부했던 인근 종족들의 나라들로 도망쳐 들어갔습니다.

이 나라들은 스키타이와 페르시아 양군의 잇단 침입으로 혼란의 소용돌이에 빠져들었습니다. 스키타이군은 동맹을 거부한 인근의 나라들을 이렇게 휘저어 놓은 다음 자국 영토 안으로 페르시아군을 유인했습니다.

사력을 다해 추격했지만 결코 잡을 수 없는 상태가 계속되자, 다리
우스는 기병 한 명을 스키타이 왕에게 보내 이렇게 전했습니다.

그대는 참으로 이상한 인물이다. 우리 군대에 맞서 싸울 자신이 있다면
이리저리 도망쳐 다니지 말고 한곳에서 싸우도록 하라. 만약 힘이 약해
서 그럴 자신이 없으면 더 이상 도주하지 말고 그대의 주군인 내게 땅
과 물을 헌상품으로 들고 알현하러 오도록 하라.

이에 대해서 스키타이 왕은 다음과 같은 답을 보냈습니다.

페르시아 왕이여, 나는 이제까지 누구를 두려워해서 도망쳐 본 적이 없
노라. 그대에 대해서도 마찬가지다. 내가 지금까지 한 일은 평시에도
언제나 하고 있던 일로 무슨 특별한 행동이 아니라는 것을 알기 바란
다. 내가 무엇 때문에 즉시 그대와 싸우지 않는지 이유를 설명해 주겠
다. 우리 나라에는 점령당하거나 황폐화되는 것을 막기 위해 그대들과
서둘러 싸워야만 되는 도시나 과수원이 없다. 그러나 그대가 한시바삐
피를 흘리지 않으면 안 되는 상황이라면 우리를 싸움에 끌어들일 좋은
구실을 하나 가르쳐 주겠다. 그대가 우리 조상의 무덤을 찾아내서 섣부
른 짓을 하면 그때는 우리가 이 무덤을 위해 어떻게 싸우는지를 알게
될 것이다. 내가 주군으로 받드는 분은 우리의 선조이신 파파이오스와
스키타이의 여왕 타비티*(화덕의 여신) 두 분밖에 없다. 땅과 물을 가지
고 와서 알현하라는 그대에게 진정으로 상응하는 것을 곧 보내 주겠다.

---

* 헤로도토스에 따르면 그리스 신 헤스티아에 해당한다. 이 신은 스키타이인이 숭배하는 주신(主神)이다.

감히 그대가 내 주군이라고 한 망언의 대가가 어떤 것인지 몸소 겪어 보기 바란다.

스키타이는 다리우스 군대를 독 안에 든 쥐로 만들기 위해 도나우 강 하구에서 다리우스의 귀환을 기다리고 있는 이오니아군에게 A부대를 보내 교섭하도록 했습니다. 한편 B부대는 다리우스 군대를 유인하는 작전을 중지하고 그들이 식량을 구하러 나올 때마다 공격하기로 결정했습니다. 결과는 대성공이었습니다. 페르시아 기병대는 세계 최강의 스키타이 기마 부대를 만나서 번번이 패해 자기들의 보병 부대로 도망가고, 그러면 보병이 구원하러 달려 나오는 사태가 계속 되풀이됐습니다.

스키타이는 이번 작전으로 페르시아군이 혼란에 빠진 것을 보고, 그들을 될 수 있는 한 오래 묶어 두어서 격심한 식량난에 시달리게 하는 전략을 세웠습니다.

대규모의 병사로 이루어진 페르시아군은 시간이 흐를수록 식량 문제가 걱정되었습니다. 스키타이군은 그러한 적들을 계속 붙잡아 두기 위해 여기저기에 가축을 목동과 함께 조금씩 남겨 두고 다른 곳으로 후퇴했습니다. 페르시아군은 작전에 말려드는지도 모르고 이들을 공격하여 가축들을 손에 넣고는 의기양양했습니다.

이러한 일이 거듭되자 마침내 다리우스는 궁지에 빠져 자신이 어디로 향하는지도 모르게 되었습니다. 사태가 이쯤에 이르자 스키타이의 왕들은 사신을 보내 다리우스에게 일전에 응당한 것을 보내 주기로 약속한 선물을 보냈습니다. 그것은 바로 새, 쥐, 개구리, 그리고 화살 다섯 개였습니다.

다리우스는 이 선물을 받고 신하들에게 스키타이인이 이제는 땅과 물을 바쳐 항복하려는 것 같다고 말했습니다. 쥐는 땅속에 살면서 인간처럼 곡물을 먹고, 개구리는 물속에 살며, 새는 빠르기가 말과 비슷하니 이것들은 항복을 뜻하며, 화살은 무기를 인도하겠다는 의미라는 것입니다.* 그러나 고브리아스라는 신하는 전혀 다른 의미로 해석했습니다.

새가 되어 하늘로 날아가든지, 쥐가 되어 땅속으로 숨든지, 개구리가 되어 호수 속으로 뛰어들든지 하지 않으면 반드시 이 화살이 너희들을 꿰뚫고 말 것이다.

페르시아인이 선물의 의미를 헤아리고 있을 무렵, 스키타이의 A부대가 도나우 강의 다리에 도착해 이오니아 수군과 협상했습니다.

이오니아인 여러분, 우리가 제안한 대로만 행동한다면 자유를 주겠소. 다리우스가 그대들에게 60일간만 다리를 지키고 그때까지 돌아오지 않으면 귀국해도 좋다는 명령을 내린 사실을 우리는 잘 알고 있소. 약속 기일만큼 기다렸으니 돌아가도록 하시오. 그러면 다리우스한테도 책임 추궁을 당하지 않을 것이고, 우리한테도 죄를 문책당하지 않을 것이오. 어떻게 하겠소?

＊ 다리우스는 쥐와 개구리에 대해서는 각각 땅과 물을 의미하는 것이라고 아전인수식으로 해석하고 스키타이가 곧 항복할 것이라 판단했으나, 새와 화살의 의미는 쉽게 간과해 버렸다. 그래서 고브리아스가 이에 대해 적절히 반론을 폈던 것이다.

이오니아인들이 그렇게 하겠다고 약속하였으므로 스키타이인들은 급히 돌아갔습니다. 이오니아인과 협상을 하고 돌아온 A부대가 B부대와 합류하자, 스키타이의 군세는 하늘을 찌를 듯했습니다. 초원에 고립된 다리우스의 군대는 이를 보고 겁을 먹었습니다. 다리우스는 스키타이 왕이 보내온 선물에 대해 고브리아스의 추리가 맞다는 결론을 내리고는 탈출할 계략을 짰습니다.

날이 저물면 평시처럼 불을 피우고 당나귀를 모두 묶어 놓은 다음, 병사 중에서 약졸들만 남겨 둔 채 밤을 도와 도주해 이오니아 수군이 놓은 도나우 강의 다리를 건너서 귀환하기로 한 것입니다.

다리우스 대왕은 스키타이군이 다리를 파괴하기 위해 먼저 강으로 향하지 않았을까, 이오니아인이 그에게 불리한 어떤 일을 벌이지 않았을까 하는 불안에 휩싸였지만, 운명을 하늘에 맡기고 계획을 감행하는 길밖에 달리 방도가 없었습니다.

이윽고 날이 저물자 다리우스는 잃어도 애석하지 않을 병사들을 진영에 남겨 두고 떠나면서, 이들에게 적을 공격하러 가니 진지를 잘 지키라고 거짓으로 말했습니다. 당나귀들도 본래의 장소에 묶어 두어 울음소리가 계속 나도록 해서 퇴각을 위장했습니다. 당나귀들은 본대가 떠난 줄 알고 더 심하게 울어댔습니다.

날이 밝자 페르시아의 약졸 군사는 다리우스에게 배신당한 것을 깨닫고 스키타이에게 투항해서 자초지종을 알려 주었습니다. 사실을 뒤늦게 안 스키타이는 전군을 동원해 페르시아군을 쫓아 도나우 강으로 향했습니다.

페르시아군은 대부분 보병인 데다 이미 스키타이군이 말이 먹을 수 있는 것은 모두 없애고 샘도 묻어 버려서 천신만고 끝에 탈주하는 중이었으므로 도나우 강 하구의 다리에는 스키타이 군대가 먼저 도착했습니다. 스키타이군은 배에 타고 있는 이오니아 부대를 향해 말했습니다.

이오니아인 여러분, 아직 여기에 머무르고 있으니 어찌 된 영문이오? 지금까지는 페르시아인이 두려워서 머물러 있었겠지만 이제는 상황이 바뀌었으니 다리를 파괴하고 즉시 떠나도록 하시오. 그리고 자유의 몸이 된 것을 기뻐하고, 신과 스키타이인의 은혜에 감사하시오. 지금까지 당신들 이오니아인의 주군이었던 자를 우리가 굴복시켜 앞으로 어떤 나라에도 군대를 진격시키지 못하게 만들겠소.

이오니아인들은 배 안에서 토론을 벌였습니다. 다리우스가 무너지면 결국 그들도 지위를 보전하지 못할 것이므로 다리우스의 지배를 계속 받기로 결정했습니다. 그래서 다리의 일부분, 즉 스키타이인의 요구를 들어주는 체하기 위해 스키타이가 쏘는 활의 사정권 안에 있는 부분만을 파괴하기로 작전을 세웠습니다. 그러면서 돌아가겠다고 말하면 그들의 말을 듣는 것처럼 보이고, 한편으로 스키타이군이 강제로 도나우 강을 건너는 것도 막을 수 있기 때문이었습니다. 이오니아군을 대표해서 히스티아이오스란 자가 스키타이인에게 다음과 같이 회답했습니다.

스키타이인 여러분, 보시다시피 우리는 지금 다리를 파괴하고 있는 중이며 자유를 회복하기 위해 노력을 아끼지 않을 생각이오. 그러니 우리가 다리를 파괴하는 동안 그대들은 페르시아군을 찾도록 하시오. 지금

이 절호의 기회이니 그들을 발견하면 우리와 그대들 자신을 위해 그들이 받아야 할 만큼 보복해 주시오.

스키타이인은 또다시 이오니아인의 말을 진실로 믿고 페르시아군을 수색하기 위해 되돌아갔습니다. 그런데 스키타이인들이 회심의 방책으로 썼던 것이 그만 장애가 되었습니다. 자기들이 우물을 막고 풀을 짓뭉개 놓은 길로 페르시아군이 오리라고는 생각지 못하고 말의 먹이와 물이 있는 지방을 선택하여 적을 수색했기 때문에 수색 작전이 완전히 실패하고 만 것입니다.

페르시아군은 처음 그들이 진격했던 길, 곧 스키타이가 엉망으로 만들어 놓은 길을 겨우겨우 더듬어 밤이 되어서야 도착했습니다. 다리우스 대왕을 맞이한 이오니아인은 모든 함선을 동원해 파괴한 다리를 금방 다시 복구했습니다. 그리하여 페르시아군은 마침내 호랑이 굴을 벗어날 수 있었습니다.

이 일이 있은 후 스키타이인은 이오니아인을 가리켜 자유민으로서는 세계에서 유례를 찾아볼 수 없는 비겁하고 미련한 민족이지만, 노예로서는 이들만큼 주인에게 충직하고 전혀 도망치려 하지 않는 족속도 없을 것이라고 말했습니다.

유라시아 대륙에서 북방의 유목 세력과 남방의 정주 세력이 대립한 근 2000년간에 걸친 전쟁 방식이 지금까지 본 이 전쟁에 모두 다 들어 있다는 사실을 반드시 기억할 필요가 있습니다.

무릇 정주 제국이 초원으로 원정을 갈 때는 대규모 보급 부대를 데리고 가는데, 유목 제국 군대는 아슬아슬하게 도망을 가면서 이들이 추격하도록 유인해 놓고는 쫓아오는 본대와 뒤처지는 보급 부대 사이를 적시에 끊어 놓습니다. 그러면 식량난에 빠진 본대는 퇴로를 찾기 바쁜데, 유목 제국 군대는 이때를 놓치지 않고 결정타를 가해 적의 대군을 순식간에 와해시킵니다. 한편 보급 부대의 물자는 그대로 유목 전사의 전리품이 되어 이들의 전투력에 막대한 기여를 합니다.

서방의 정주 제국 군대 가운데 역사적으로 가장 강력했던 알렉산드로스의 군대도 초원을 정복하지는 못했습니다. 그러나 스키타이는 기원전 3세기 중엽 동쪽에서 서진(西進)해 오는 또 다른 유목민인 사르마트에게 본거지를 빼앗기고 급속히 몰락의 길을 걷습니다.

06 스키타이의 교역과 미술

앞에서는 유목 제국과 정주 제국의 전쟁에 대해 이야기했지만, 이들의 관계가 오직 전쟁의 관계만은 아니었습니다. 이번에는 스키타이의 국제 교역에 대해 살펴보겠습니다.

스키타이 교역로의 기점은 '흑해의 어머니'라고 불리는 아조프 해입니다. 그 연안에는 그리스 식민도시가 포진해 있었는데, 주로 이오니아의 식민지였습니다.

우리가 이야기하고 있는 이 시대(이를테면 헤로도토스의 시대)의 스키타이는 세력이 강성했음에도 불구하고 흑해나 아조프 해 연안의 그리스 식민도시들을 공략하지 않고 오히려 이들과 우호 관계를 맺어 통상을 통한 이득을 도모했습니다.

스키타이는 그리스의 여러 세력 중에서 이오니아를 카운터파트너로 택했습니다. 앞서 말한 전쟁에서 본 이오니아인은 소아시아(터키)

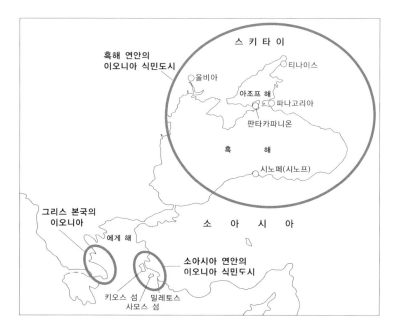

스 키 타 이

흑해 연안의
이오니아 식민도시

울비아

티나이스

아조프 해
파나고리아

판타카파니온

흑   해

시노페(시노프)

그리스 본국의
이오니아

에게 해

소 아 시 아

소아시아 연안의
이오니아 식민도시

키오스 섬 밀레토스
사모스 섬

그리스 본국의 이오니아, 소아시아의 이오니아 식민도시, 흑해 연안의 이오니아 식민도시.

연안의 그리스 식민도시에서 차출돼 온 군인들이기 때문에, 그리스 본토의 이오니아인 혹은 이제 우리가 다루려는 흑해 연안의 이오니아인과는 다릅니다.

이오니아의 막강한 경쟁 세력인 도리아인이 이탈리아 무역을 장악하고 있고 페르시아가 아시아를 정복하고 있는 상황에서, 이오니아인의 활로는 스키타이와의 교역을 위해 흑해 무역을 독점하는 길밖에 없었습니다.

이오니아인은 스키타이 물품을 반드시 아테네로 집하한 다음 여러 동맹국으로 재분배하는 독점 정책을 취했습니다.[1] 식료품의 자급자족이 불가능했던 그리스는 오로지 스키타이로부터 부족한 양을 구입

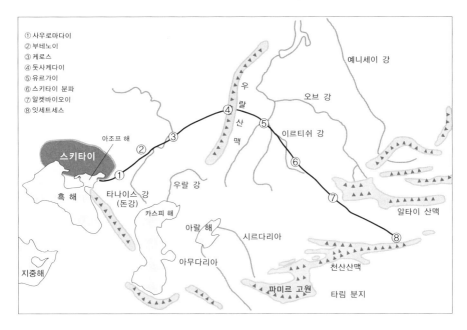

① 사우로마다이
② 부테노이
③ 케로스
④ 둣사케다이
⑤ 유르가이
⑥ 스키타이 분파
⑦ 알켓바이오이
⑧ 잇세트세스

예니세이 강

오브 강

우
랄
산
맥

이르티쉬 강

아조프 해

스키타이

흑 해

타나이스 강
(돈강)

우랄 강

카스피 해

아랄 해

시르다리아

아무다리아

지중해

알타이 산맥

천산산맥

파미르 고원

타림 분지

스키타이 동방 교역로

했는데, 후대의 알렉산드로스 시대에 와서는 아티카 반도(아테네가
포함된, 그리스 반도에 있는 주)의 수입 곡물의 절반이 스키타이에서 생
산된 것이었습니다.[2]

양국 사이에 이루어진 교역품의 내용을 보면, 스키타이는 소맥을
비롯한 곡물류 외에 소금에 절인 생선·가축·소금·우랄산 금·
꿀·북방의 모피(담비 털은 당대 최고의 가치를 지녔다)·보석·노예 등
을 수출했으며, 이오니아는 중계 무역을 통해 구입한 도자기·유리
제품·직물·황금제 장식품·상아 세공품·올리브유·포도주 따위
의 그리스 물품을 수출했습니다.

스키타이도 자신의 동방에 있는 종족들과 중계 무역을 했는데, 스

키타이인은 이들의 여러 지역에서 생산된 것들과 그리스산 수공 제품들을 교환했습니다. 스키타이가 그리스에 수출한 수많은 진기한 물품들은 바로 이런 루트로 동방에서 수입한 것이었습니다. 헤로도토스는 그가 전해 들은 스키타이의 동방 교역로를 소상히 기록했습니다. 이 교역로는 인류가 역사에 기록한, 이른바 최초의 실크로드라고 할 수 있습니다(이는 비단이 실려 간 길로서가 아니라 동서 교역로란 의미에서 그렇다).

한편, 스키타이와 페르시아의 교역은 필자가 과문한 탓이겠지만 거의 알려진 문헌 기록이 없습니다. 그러나 고고학의 연구 성과는 둘 사이의 교역이 상당했음을 시사합니다.

발굴품에 나타난 스키타이 미술 공예의 특징을 보면, 전기(BC 7~5세기)는 아시아(아시리아·페르시아 등)의 영향이 강하고, 후기(BC 4~3세기)는 헬레니즘의 영향이 강합니다. 적어도 알렉산드로스의 동방 원정 이전까지는 그리스에 비해 페르시아가 문화적으로 중심에 있었던 사실이 미술품에 잘 드러납니다.

이 전기의 미술품은 앞서 본 것처럼 스키타이가 그리스와 왕성한 교역을 하던 때의 유물들입니다. 그럼에도 불구하고 페르시아의 영향이 두드러져 보인 것은 페르시아와 교역이 그리스에 비해 훨씬 더 활발했거나,* 아니면 교역의 양에 관계없이 당시 서방 세계의 헤게모니를 쥔 페르시아의 문화적 영향력 때문일 것입니다.

어느 것이든 이 현상이 스키타이와 페르시아의 교역이 단절된 상

---

* 스키타이와 페르시아가 교역했음을 언급한 직접적인 기록은 없으나 기원전 7~6세기 무렵 스키타이가 아시리아와 접촉했고 메디아 등 아시아를 지배한 기간이 있었음을 상기하기 바란다.

태였다면 나타날 수 없었을 것이기 때문에, 스키타이 미술 공예품은 양국의 교역사 연구에도 귀중한 자료가 될 것입니다.

스키타이의 미술 공예

스키타이의 공예품으로는 동물들이 서로 물고 뜯는 투쟁 장면을 투조 기법으로 처리한 동물 의장이 유명합니다. 재료는 주로 황금 등 귀금속을 사용했습니다.

스키타이 공예품의 특색은 시기에 따라 달리 나타나는데, 전기가 자연주의적인 흐름을, 후기가 장식적인 흐름을 보여 줍니다. 부연하면 전기 유물은 사실적 표현을 잃지 않으면서 장식한 데 반해, 후기 유물은 형태를 알아보기 어려울 정도로 양식화하거나 도안화한 것입니다.

전기 유물은 쿠반 강 유역에서 나오는 것이 대부분이며, 후기 유물은 드네프르 강 유역에서 주로 출토되고 있습니다. 이것은 스키타이의 중심 지역이 전기와 후기 사이에 이동했음을 보여 주는 것입니다.

알렉산드로스(재위 BC 356~323)의 원정은 스키타이의 미술 공예품에 지대한 영향을 미칩니다. 이른바 스키타이 문양의 완성형이 알렉산드로스 원정 이후에 창출되는데, 탈그렌에 따르면 기원전 350~250년 사이 스키타이 문화는 절정기를 구가합니다.

그러나 알렉산드로스 이후에 나타난 헬레니즘의 영향을 지나치게 강조하면, 스키타이 미술품의 독자성이 훼손될 수밖에 없습니

1 금제 사슴형 장식. 기원전 7세기. 크라스노달 지구 스트롬스타야 1호분 출토.
2 금제 버클. 말을 습격해 물어뜯고 있는 그리핀. 기원전 4세기, 시베리아 수집품.
3 맹수 조각 머리띠. 기원전 400~200년, 알타이 우코크 평원 출토.
4 금제 버클. 독수리와 호랑이의 투쟁. 기원전 2~1세기, 투르판 출토.
5 동제 버클. 말의 목을 물어뜯고 있는 매. 전한 시대. 서안 출토.

다. 아시리아의 영향이 강한 전기 유물들까지도 심지어 그리스 공예품의 모방으로 보는 학자들이 적지 않습니다. 스키타이 미술품의 기원이 그리스 공예품을 수입해 그것을 모방한 데서 출발했다는 주장입니다.

스키타이의 미술 양식은 거듭 말하지만 일차적으로는 스키타이인의 사회와 이들의 삶 속에서 나온 것입니다. 스키타이인은 정착을 하지 않고 이동 생활을 하기 때문에 정해진 주거지가 없습니다. 따라서 벽화를 그리고 조각을 세우며 부조를 할 고정된 공간이 없습니다. 정주 환경의 공간이 사실적 표현을 요구한다면, 이동하는 삶은 장식을 위해 도안화된 표현을 요구합니다. 유목민이 할 수 있는 사치는 옷의 치장, 개인의 꾸미기, 그리고 장비와 마구 등의 장식이 전부이기 때문입니다.

초원의 끝없는 들판에서는 야생의 동물들이 쫓고 쫓기며 생존을 위해 투쟁합니다. 유목민은 이런 환경 속에서 자신들의 생명을 지켜야 하고 사냥감을 구하며 가축들을 돌봐야 합니다. 유목민은 생산 시스템이 열악하기 때문에, 부족한 식량을 구하기 위해 정주민들을 약탈하는 것이 중요한 생산 활동의 하나가 됩니다. 유목 집단 사이의 전투도 생존 환경이 야수적인 만큼 야생 동물들처럼 격렬해질 수밖에 없습니다.

초원의 장인은 그들의 작품 속에서 서로 죽을 때까지 물어뜯으며 뒤엉켜 있는 동물의 격투 장면을 보여 주고 있다. 마치 그것은 칡덩굴이 얽혀 있는 것과 같은 모습을 띠고 있다. 그들의 예술은 표범·곰·맹금류·그리핀 따위에게 잡힌 말이나 사슴의 찢어진 사지나 완전히 뒤틀

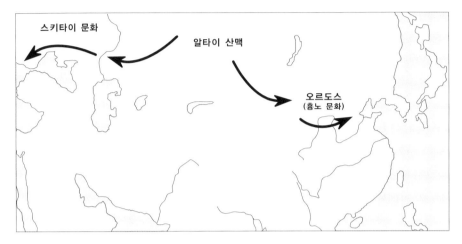

알타이의 미누신스크에서부터 동과 서로 분화된 스키타이와 흉노 문화
(지도 출처 : 이종선, 「오르도스 후기 금속 문화와 한국의 철기 문화」).

린 희생물의 몸뚱이로 표현되는 극적 예술이다. 여기에는 어떤 신속함
이나 어떤 도망침도 없다. 대신 이미 지적한 것처럼 희생자가 가해자를
마치 자신의 죽음으로 같이 끌고 들어가려는 듯한 모습으로 목이 서서
히 오랫동안 갈가리 찢기는 것이 보일 뿐이다.

그러나 이런 '완만함'에도 불구하고 그 살육 장면에서 모든 사실성을
빼앗아갈 정도의 화려한 양식화 — 형태가 얽히며 장식화된 — 속에는
고도의 비극성을 느끼게 해주는 내적 생동감이 존재하고 있다.[3]

르네 그루쎄는 초원 미술을 위와 같이 설명했습니다. 이것은 무엇
을 말하는 걸까요? 초원에서 사는 유목민의 삶이 아니고서는 도저히
불가능한 표현이 아닐까요? 그리스나 페르시아 혹은 중국 같은 정주
세계에서는 이런 삶이 존재하지도 않고, 그래서 이런 표현이 가능하

지도 않습니다.

동물 투쟁 의장으로 대표되는 스키타이 문양은 신기하게 파미르 이동의 동방에서도 똑같이 나타납니다. 서시베리아, 남시베리아, 중앙아시아와 몽골 초원, 그리고 중국의 북방에 동일한 재료와 동일한 문양이 나타나는데, 이 현상을 두고 대부분의 학자들은 스키타이가 초원 루트를 통해 흉노에게 이 양식을 전파한 것으로 봅니다.

한편, 스키타이 의장의 기원에 대한 전혀 새로운 연구가 있습니다. 보로브카(Borovka) 등의 학자들은 알타이 산맥 북쪽의 미누신스크를 주목합니다. 이들은 초원 미술의 발상지를 미누신스크로 보고, 이곳에서 동서로 갈라져 유라시아 대륙의 남서 지역(러시아 남부 초원 등)에서는 아시리아와 페르시아의 양식이 스키타이에 영향을 주고, 남동쪽(중국 북방 초원 등)에서는 중국의 양식이 흉노에 수입되어서* 초원 미술이 더 풍부해졌다는 것입니다.[4]

스키타이 문양의 가장 원시적인 조형이 미누신스크에서 출토된 이래, 이 가설을 입증해 주는 유물들의 분포가 속속 드러나자 기존의 학설은 강력한 도전을 받게 되었습니다. 이 학설에 따르면 스키타이와 흉노는 같은 종족이 됩니다. 스키타이를 이란계 유목민, 흉노를 몽골로이드 유목민으로 보는 기존의 학설과는 정면으로 배치됩니다.

스키타이와 우리 나라의 관계**는 상상을 초월할 정도로 밀접합니

---

* 이와 반대로 초원의 문화가 중원 문화에 미친 영향을 보여 주는 예도 있다. 흉노의 동물 투쟁 의장은 고대 중국의 심장부인 서안에서도 발굴되었는데, 최근 국내 학계의 연구는 중국 본토의 산물인 〈복희여왜도〉나 〈현무도〉 등도 흉노의 동물 투쟁 문양의 영향을 받은 것으로 보고 있다(권영필, 『렌투스 양식의 미술』 참조).
** 이 책의 별장 '신라의 실크로드'에서 자세히 설명하였다.

다. 한반도 동남부(고신라)에 중국이나 일본 등 동아시아의 어느 지역과도 비교가 되지 않을 정도로 풍부한 스키타이 계통의 유산이 현존합니다. 고대 유라시아 유목 민족에 대한 연구가 한국 고대사에서 반드시 필요함을 보여 주는 사안입니다.

07 알렉산드로스 대왕과 西의 실크로드

다윗과 골리앗의 싸움

앞에서 살펴보았듯이 실크로드는 장건의 서역 착공에 의해 만들어 졌습니다. 그런데 약 2세기 전 훗날 알렉산드로스 대왕의 동방 원정 의 여파로 파미르 고원 서쪽에도 실크로드라 이름붙일 수 있는 길이 이미 가동되고 있었습니다. 이 두 길이 연결됨으로써 유라시아 대륙 을 관통하는 명실상부한 실크로드가 형성된 것입니다. 알렉산드로스 대왕의 여정을 좇아 이른바 유라시아 서반부의 실크로드가 어떠한 원리에 의해 형성되고 작동되었는지 살펴보겠습니다.

스무 살의 젊은이 알렉산드로스가 페르시아를 정복하겠다고 자신 의 애마 부케팔로스 위에 올라탔을 때, 그리스인들조차 속으로 알렉 산드로스를 비웃었습니다. 그리스와 페르시아의 싸움은 다윗과 골리 앗의 싸움에 비길 수 있었기 때문입니다.

1 비시툰의 150미터 절벽 면에 새긴 비문과 부조. 기원전 520~519년 제작. 다리우스 1세의 발밑에는 왕위 찬탈자가 깔려 있고, 그의 앞에는 바빌로니아·엘람·아르메니아·메디아·스키타이 등 아홉 명의 왕이 목이 묶인 채로 끌려와 있다.

2 페르시아의 수도 페르세폴리스에 있는 아파다나(알현전) 동쪽 계단의 정면 전경. 매년 춘분 때 행해지는 신년의 의식에 참여하기 위해 30여 개의 속주에서 온 조공자들의 행렬도이다. 이들은 왕 중의 왕이라고 불리는 페르시아의 제왕에게 특산물을 헌상하기 위해 대기하고 있다.

3 페르시아의 국교인 조로아스터교의 최고신 아후라 마즈다의 상.

페르시아는 동서로 이집트에서 인도, 그리고 남북으로 페르시아 만에서 흑해 지방에 걸치는 총면적 500만 평방킬로미터에 달하는 대제국이었습니다. 파미르 고원을 땅의 끝으로 여겼던 당시에 페르시아는 세계의 중심이었습니다. 지중해 동쪽 연안(=터키 서해안)의 그리스 식민도시들은 페르시아의 왕중왕(페르시아에서 대왕을 부르는 호칭)에게 공물을 바치고 있었습니다. 페르시아의 비시툰에 있는 바위산에는 다리우스 1세의 지배 하에 있던 나라들의 이름이 절벽에 새겨져 있습니다.

나는 아후라 마즈다의 의지에 따라 이 나라들의 왕이 된다. 즉 이집트, 바닷가 사람들, 아시리아, 바빌로니아, 아라비아, 박트리아, 간다라, 사카 …… 전부 스물세 나라이다.

이 명문에 보이는 "바닷가 사람들"은 지중해 동쪽 연안의 그리스 식민도시들을 가리킵니다. 당시 그리스 식민도시는 페르시아의 세력 하에 있었습니다. 변방의 군대들을 이끌고 온 알렉산드로스는 먼저 이 도시들을 수중에 넣어야 했습니다.

그러나 페르시아 군대에 편제된 그리스 용병들은 막강했습니다. 이들은 그리스 출신의 명장 멤논의 지휘 아래 그리스 연합군에 맞서 용감하게 싸웠습니다.
오늘날의 상식과 달리, 알렉산드로스의 군대는 그리스 식민도시를 해방시키는 해방군이 아니었습니다. 비록 알렉산드로스의 원정이 페르시아를 향한 성전처럼 보일지라도 오늘날과 같은 의미의 문명의 충돌로는 볼 수 없습니다. 그리스 용병들은 조국을 배신했다던가 하는 근대적 관념과는 아무 상관이 없었습니다.

페르시아의 고속도로, '왕도'

알렉산드로스는 매우 **빠른** 속도로 페르시아 제국을 정복해 나갔습니다. 그것은 역설적으로 페르시아의 교통로가 매우 발달해 있었기 때문에 가능했습니다. 페르시아의 수도 수사에서 에게 해 연안에 있는 사르디스까지의 고속도로를 '왕도(王道)'라고 불렀는데, 총길이가 2500킬로미터에 달했습니다. 왕의 사자는 이 길을 불과 열흘 만에 주파할 수 있었다고 합니다.

헤로도토스에 따르면 왕도의 전 구간에 걸쳐 곳곳에 역과 매우 훌륭한 숙박소가 있었으며, 역은 모두 111개였다고 합니다. 최단거리로 연결된 이 고속도로는 마치 알렉산드로스의 원정을 위해 일부러 만들어 놓기라도 한 것처럼 그의 정복 사업에 절대적인 공헌을 했습니다.

알렉산드로스는 마침내 페르시아 제국의 수도 페르세폴리스*를 점령했습니다. 알렉산드로스는 그곳에서 제국의 건설자인 키루스 대왕의 무덤을 찾아 안으로 들어갔습니다. 무덤 안에는 금을 입힌 관과 고대의 칼·방패·활 따위가 탁자 위에 놓여 있었고, 문에는 다음과

---

* 페르세폴리스는 다리우스 1세 때 건설된 새 수도이고, 전통적인 제국의 행정 중심지는 수사이다.

페르시아의 왕도, 수사에서 사르디스까지

같은 글귀가 새겨져 있었다고 합니다.

여행자에게 내가 페르시아인들의 제국을 창건한 키루스라는 것을 알게
하라. 그러므로 내게 이 세상의 작은 곳을 몸담을 공간으로 허용하는
데 인색하지 말라.[1]

알렉산드로스는 이 명문을 보고 무덤을 존중하는 마음이 일어나 그

알렉산드로스의 원정로와 그의 제국

알렉산드로스의 원정로(BC 334~323)

마케도니아
펠라
에게 해
아테네
카파도키아
비잔티움
흑 해
앙키라
지 중 해
시리아
유프라테스 강
메소포타미아
알렉산드리아
펠피스
시와
이집트
나일 강
테베
홍 해
가자
바빌론
바빌로니아
알렉산드리아
수사
티그리스 강
자그로스 산맥
아르메니아
카스피 해
페르세폴리스
파사르가다에
페르시아
아라비아
페르시아 만
알렉산드리아
마사니
카라치
인 도 양
탁실라
훌루 지점의
알렉산드리아
인도
이오르도노스
아무다리아
부하라
마칸란다
가장 먼 알렉산드리아
소그디아나
아랄 해
시르다리아
박트라
박
트
리
아
힌
두
쿠
시
알렉산드리아 마르기아나
(메르브)

대로 두었습니다. 수도가 유린되고도 적장이 베푼 아량으로 건국자의 무덤이 무사한 것을 보면서, 페르시아인들의 마음은 어떠했을까요?

알렉산드로스, 페르시아인의 영웅이 되다

어느 날 아시아의 풍요로운 땅에 신앙이 없는 사나이가 오리라.
어깨에 자주색 외투를 두른 그는
야만적이고 사나우며 정의를 모르는 자이리라.
천둥이 그를 일깨웠지만 그는 인간에 불과할지니.
전 아시아가 악의 멍에에 시달리고 땅은 온통 피에 젖으리라.
그러나 그가 알지 못하는 사이에 하데스(저승의 신)가 그와 함께 하리라.
종국에는 그가 파멸시키고자 하는 자들에 의해
그와 그의 민족은 파멸하리라.[2]

이 신탁은 조로아스터교도들에 의해 지금까지도 전해지고 있습니다. 반면, 파미르 서쪽의 아시아 대륙 곳곳에 뿌려진 그리스인의 자손들은 2300년이 흐른 지금도 자신들의 선조를 기억하고 있습니다.

영국의 BBC 방송이 알렉산드로스 대왕의 발자취를 따라갔을 때 파미르 산중에 있는, 간다라로 들어가는 입구의 치트랄 계곡에서 그리스인을 자처하는 부족을 만났습니다. 제작진은 거기 사는 만담가에게 이런 이야기를 들었다고 합니다.

옛날 옛적에, 이슬람의 시대가 되기 전에 시칸데르 에 아젬이 인도로

알렉산드로스(출처 : 『古代 그리이스』)

왔습니다. 그는 '두 개의 뿔 가진 자'였는데, 당신네 영국인들은 알렉산
드로스 대왕이라고 부르죠. 그는 세계를 정복한 위인이었으며, 대담무
쌍하고 부하들에게는 관대한 사람이었습니다. 그가 그리스로 돌아갔을
때 일부 부하들은 그를 따라가지 않고 여기서 살고자 했어요. 그 지도

자가 살라카시 장군이었죠. 그는 휘하 병력을 거느리고 이 계곡으로 와서 정착한 다음 이곳의 여자를 취해서 살았어요. 그러니까 우리 칼라시, 즉 힌두쿠시의 검은 카피르족은 그들의 후손이에요. 지금 우리가 쓰는 말에서도 닮은 데가 있고 음악과 춤, 게다가 섬기는 신들도 같아요. 그래서 우리는 그 그리스인들이 우리의 첫 조상이라고 믿는 겁니다.[5]

치트랄 계곡은 당시 그리스인들이 세계의 끝으로 여긴 곳입니다. 이곳을 넘어가면 동방의 세계, 즉 서역과 중국과 한국이 나옵니다. 법현·송운을 비롯한 구법승들이 그 길을 넘어 인도로 여행했습니다. 바로 실크로드이지요.

알렉산드로스는 수천 년 동안 영웅과 악마라는 두 개의 얼굴로 역사 속에 각인됐습니다. 그런데 또 하나의 얼굴도 존재했습니다. 그것은 알렉산드로스가 페르시아의 전설 속으로 녹아들어간 얼굴입니다.

10세기 페르시아의 시성 피르다우시는 민족의 전설과 역사를 담아 노래한 대서사시 『왕들의 책』에서 알렉산드로스를 자기 민족의 영웅으로 찬양했습니다. 오래전에 알렉산드로스는 페르시아화되어 민간 속에 깊이 뿌리를 내린 것입니다.

헬레니즘 문화

알렉산드로스는 자신의 이름을 따서 제국 내 70여 곳에 알렉산드리아라는 도시를 건설했습니다. 서쪽으로는 이집트에서 동쪽으로는 인더스 강까지 하나의 체계를 갖춘 도시망이 형성된 것입니다. 이 도시들을 중심으로 헬레니즘 문화를 꽃피웠습니다.

가장 대표적인 곳이 '이집트의 알렉산드리아'(이하 '알렉산드리아'로 함)였습니다. 이곳은 세계 최대의 항구 도시로 급부상했고 세계의 교차로였으며, 로마보다 일찍이 실크로드의 기점이자 종점이었던 아주 중요한 도시였습니다.* 심지어 출세를 하려면 구두끈을 졸라매고 알렉산드리아로 가라는 말이 나올 정도로 번성했습니다.

헬레니즘 시대의 알렉산드리아는 무역과 경제뿐 아니라 학문과 예술의 중심지이기도 했습니다. 이와 함께 아테네 · 페르가몬 · 안티오크 등도 대표적인 도시였습니다.

문화전파론이 주류를 이루었던 과거에는 헬레니즘을 그리스 고전 문화가 알렉산드로스의 원정을 따라 동방에 전파한 문화, 즉 그리스 문화의 확장으로 보았습니다. 아니면, 세련된 그리스 문화가 조야한 오리엔트 문화를 만나서 퇴폐하게 된 문화로 보는 견해도 꽤 있었습니다.

그러나 오늘날에는 헬레니즘을 그리스 문화와 오리엔트 문화가 서로 영향을 주고받아 질적 융합 반응을 일으킨 새로운 문화로 보고 있습니다. 이런 견해들은 헬레니즘 미술의 대표격인 간다라 미술을 어떻게 보느냐 하는 것과도 직결돼 있습니다(이 책의 10장 '문물2_ 불교와 불상'에서 상술).

---

* 장건의 착공에 의해 실크로드가 공식적으로 가동하기 전에도 실크로드는 이용되고 있었다.

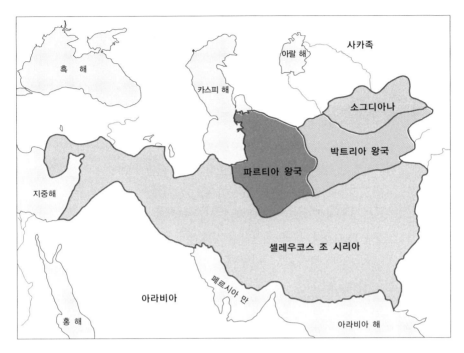

흑 해

카스피 해

아랄 해

사카족

소그디아나

박트리아 왕국

파르티아 왕국

지중해

셀레우코스 조 시리아

페르시아 만

아라비아

홍 해

아라비아 해

알렉산드로스 제국의 분열. 제국의 대부분을 차지한 셀레우코스 조에서 다시 파르티아와 박트리아가 독립한다.

서방 실크로드의 완성

지금까지 살펴본 알렉산드로스 동방 원정의 결과는 페르시아에 의해 계속 추진돼 온 파미르 서쪽 세계의 일체화가 알렉산드로스에 의해 완성된 것이라고 말할 수 있습니다.[4] 이것이 서의 실크로드의 실체입니다.

알렉산드로스는 귀환 도중에 당시 세계의 중심이었던 바빌론에서 서른세 살의 나이로 세상을 떴습니다. 그의 사후 영토는 셋으로 나뉘었는데, 그 중 하나인 셀로우코스 왕조에서 파르티아와 박트리아가

에라토스테네스의 지구 둘레 측정

　기원전 3세기경 알렉산드리아에 에라토스테네스라는 사나이가 살고 있었다. 그는 알렉산드리아 도서관의 관장으로 있던 어느 날 파피루스로 된 책을 읽었는데, 거기에 이런 내용이 나와 있었다.

　나일 강변에 있는 시에나라는 곳에서는 6월 21일 정오가 되면 수직으로 세운 막대기에 그림자가 생기지 않는다는 것이었다.

　그는 이 기록을 예사로 넘기지 않고, 자기가 있는 알렉산드리아에서 같은 날 정오에 똑같은 실험을 해봤다. 그런데 막대기에 그림자가 드리워지는 것이었다. 그는 의문을 품고서 연구에 착수했다.

　그는 다음과 같은 가정을 했다. 만일 막대기 두 개가 똑같이 그림자를 드리우지 않거나, 또는 막대기 두 개가 똑같은 길이의 그림자를 드리운다면, 이것은 모두 지구가 편편하기 때문이다. 그러나 그림자

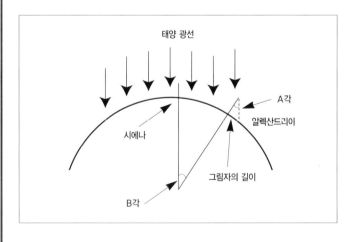

의 길이가 서로 다른 것은 지구가 편편하지 않고 둥글다는 이야기이
다. 그림자의 길이에 차이가 있는 것은 둥근 지구 표면의 굽은 정도
때문이다.

시에나와 알렉산드리아에서 생기는 막대기 그림자의 길이 차이는
왼쪽 그림처럼 7도 차이에 상당하는 각도였다. 7도는 지구의 전체
둘레 360도의 약 50분의 1이다.

에라토스테네스는 한 남자를 고용하여 알렉산드리아에서 시에나
까지 발걸음 폭으로 거리를 재도록 해본 결과, 그 거리가 약 800킬로
미터임을 알 수 있었다. 이를 50배 하면 4만 킬로미터가 되는데, 이
것이 지구의 둘레임에 틀림없다고 그는 생각했다.

그것은 옳은 해답이었다. 무려 2200년 전의 업적으로서, 에라토스
테네스는 한 행성의 크기를 정확히 측정한 최초의 인간이었다.[5]

왕조 명	존립 시기
아케메네스 페르시아	BC 550~BC 330
파르티아	BC 247~AD 226
사산조 페르시아	AD 226~AD 651
이후 이슬람의 시대	AD 651~

이란의 역대 왕조

독립했습니다.

파르티아는 멸망한 페르시아의 뒤를 이어 이란인이 세운 제국이며 실크로드의 중심 교역국으로서 대단한 활약을 했습니다. 그들은 로마와 중국 사이에서 비단 교역을 중개하며 큰 이익을 남겼습니다. 장건이 착공한 실크로드는 파르티아를 통해 로마로 연결됐습니다.

기원전 129년 장건이 월지를 방문했을 때 월지는 대하를 박트리아로 쫓아냈습니다. (당시 파르티아는 박트리아의 그리스 왕국을 점령하고 있었는데) 쫓겨난 대하가 파르티아를 쳐서 그 자리를 차지했습니다. 그런데 월지는 겨우 자리잡은 대하를 또다시 공략하고 더욱 남하하여 간다라를 중심으로 쿠샨 왕국을 건설했습니다. 이 쿠샨 왕국에서 불상이 탄생했으며, 간다라 불교 미술도 실크로드를 따라 유라시아 대륙에 전파됐습니다.

이처럼 실크로드는 전쟁의 산물임을 부인할 수 없습니다. 중앙 유라시아 지역만 국한해 보아도 유목 세력인 사카족(월지 · 대하)이 정주 세력(박트리아그리스 · 파르티아 · 인도)과 상쟁하면서 힘의 각축을 벌였던 것입니다.

08 소그드 상인

실크로드의 주인공, 소그드인

실크로드 하면 비단 무역을 중계하는 푸른 눈의 카라반이 떠오릅니다. 당나라 장안에서 만나는 이들은 대부분 소그드 상인이었습니다. 고대의 실크로드 무역은 소그드 상인의 독무대였다고 해도 과언이 아닙니다.

소그드(sugd)란 '불로 정화된' 혹은 '청정한'이란 의미입니다. 동부 이란의 방언인 소그드어를 사용한 그들은 아무다리아와 시르다리아 사이의 땅에서 오아시스 도시국가들을 형성하고 있었습니다. 소그드인이 점재해 사는 이 땅을 소그디아나라고 합니다.

그들의 생김새는 우리 속담에 "바늘로 찔러도 피 한 방울 안 난다"는 말이 있듯이 그런 이미지를 연상시키는 강인하고 빈틈없는 모습입니다.

투르크 속담에 "개가 짖어도 대상은 간다"는 말이 있습니다. 낙타

소그디아나와 주변의 지도

는 겁이 많아 참새만 날아와도 기겁을 하는데 개가 달려들면 어떻겠습니까? 수백 마리의 낙타들이 꽥꽥 소리치고 날뛰는 난장판을 한번 상상해 보세요. 당장에 땅이 두 조각 나더라도, 그것이 어떤 난관이라도 무릅쓰고 소그드 상인은 낙타 떼를 몰고 간다는 이미지를 강조하는 속담입니다.

7세기 초 사마르칸드를 방문한 중국인은 다음과 같은 기록을 남겼습니다.

이들은 모두 장사를 잘하며, 남자는 다섯 살이 되면 글을 배우고 조금 알게 되면 각지에 보내 장사를 배우게 한다. 이익을 많이 얻을수록 좋다고 한다.

소그드 인물상

다른 문헌에도 유사한 기록이 등장합니다.

(소그드인은) 자식을 낳으면 반드시 꿀을 먹이고 손에 아교를 쥐어 준다. 그것은 아이가 성장했을 때 입으로는 항상 꿀처럼 감언을 말하고, 손에 돈이 들어오면 아교처럼 붙어 떨어지지 않기를 바라기 때문이다. 사람들은 호서(胡書 : 소그드 문자)를 배우며 장사에 능하고 지극히 적은 이익도 다툰다. 남자가 스무 살이 되면 장사를 위해 가까운 이웃 나라로 여행을 보내는데, 중국에도 찾아온다. 이익만 있으면 그들이 가지 않은 곳이 없다.

위의 두 기록은 모두 소그드인이 이익과 계산에 밝다는 증언을 하고 있습니다. 판지켄트에서 발견된 혼인 계약서는 소그드인이 어떤 사람들이었는지를 잘 보여 줄 뿐만 아니라 당시의 시대상도 일정하게 반영하고 있습니다.

신랑 우토테긴, 속칭 니단(전자는 투르크 본명, 후자는 소그드 명)과 신부 디그트곤치, 속칭 챠트(전자는 소그드 본명, 후자는 투르크 명)는 남편과 아내로서 서로 사랑하고 존경할 것을 서약한다.

만약 신랑 우토테긴이 앞으로 부인 챠트의 동의 없이 다른 여인을 얻는다면, 남편은 응당 아내에게 30드라훔*을 지불해야 한다.

만약 신랑 우토테긴이 신부 챠트와 이혼하고자 하면, 신랑은 음식물 외에 결혼 생활을 하는 동안 신부에게 받은 물건과 돈을 모두 돌려준 후에 이혼할 수 있다. 반면 신부 챠트가 신랑 우토테긴을 더 이상 남편으로 받들지 않겠다면, 신부는 신랑에게 결혼 생활을 하는 동안 받은 의복과 패물을 모두 돌려주어야 한다.

710년 3월 25일 금요일에 작성함.

이 계약서가 바로 양치기 소년 때문에 발견한 저 유명한 '무그 문서'**입니다. 신랑 신부는 '법규의 장소'인 조로아스터교 사원에서 혼

---

* 당시 암소 한 마리에 11드라훔, 말 한 필에 200드라훔이었다.
** 8세기에 판지켄트 소그드가 아랍의 공격을 받아 모든 주민이 무그 산으로 피난을 갔을 때 가지고 간 문서들을 말한다. 1932년 양치기 소년이 이상한 문자가 새겨진 나무 조각 하나를 우연히 주운 것이 계기가 되어 대대적인 발굴 작업이 이루어졌다.

례를 올렸습니다. 혼인 계약의 내용은 상업 활동이 생활화되지 않은 사회에서는 찾아보기 어려울 정도로 합리적이고 매우 계산적인 것입니다.

농경민이나 유목민도 이처럼 합리적인 혼인 계약서를 작성할까 하는 의문이 듭니다. 지면 관계상 생략하지만, 매장지로 사용할 토지를 매입한 다른 계약 문서를 보면 그 내용이 현대인도 혀를 내두를 정도로 개인주의적이고 타산적입니다.

이 혼인 문서처럼 아마도 소그드 사회를 지배하는 법률은 투르크의 이름으로 행사됐지만, 그 내용을 실제로 규율했던 것은 소그드인의 관습법이었을 것이라 생각합니다.*

뿐만 아니라 신랑과 신부가 각각 투르크인, 소그드인으로서 양쪽 언어의 이름을 모두 가지고 있었습니다. 이는 당시 소그드인과 투르크인의 공생 구조를 반영한 사례로 공생 구조에 대해서는 나중에 자세히 보도록 하겠습니다.

실크로드 무역을 독점하다

소그드인의 이런 모습은 오아시스 주민이 처한 생존의 조건에서 나온 것입니다. 그러면 많은 오아시스 주민 중에서 왜 소그드인만이 국제적인 상업 활동에 대거 진출해서 성공할 수 있었을까 하는 의문

---

* 소그드 사회를 지배한 법률은 투르크 법령이었다. 투르크의 세속적 권위와 소그드의 종교가 결합한 공생 구조에 대해서는 이 책 169쪽 참조.

이 들지 않을 수 없습니다.

먼저 소그디아나의 사회 구조와 지리적 특성을 살펴보기로 합니다.[1] 10세기 후반 아랍의 지리학자 무카다쉬는 소그디아나를 세계 4대 낙원 중 하나라고 기록했습니다. 이곳은 인공 관개를 이용한 농업이 발달하였고, 관개 수로를 통해 흐르는 풍부한 물을 사용해 곡물 심는 밭, 채소 심는 밭, 오이 심는 밭, 과수원 등을 가꾸었습니다. 거여목·보리·밀·쌀·목화를 비롯해 포도·살구·자두·복숭아·능금·배·무화과 따위의 과수와 뽕나무를 재배했습니다. 수공업도 발달하여 면직물, 견직물, 모직물, 도기, 피혁 제품 그리고 여러 가지 금속 제품들을 생산했습니다.

소그디아나의 오아시스 도시들은 주위에 농업 취락을 거느린 각기 독립된 도시국가였습니다. 특히 제라프샨 천을 따라 보석처럼 박혀 있는 부하라·사마르칸드·판지켄트는 대표적인 소그드 국가입니다.

도시와 농촌이 아름다운 조화를 이뤄, 아랍 학자의 눈에 "신이 창조한 세계 가운데 가장 멋진 땅" 혹은 "4대 낙원의 하나"로 비친 소그디아나의 오아시스들은 그러나 면적이 그다지 넓지 않아 증가하는 인구를 수용하기엔 한계가 있었습니다. 옛 소련의 고고학자들이 조사한 보고에 따르면, 소그디아나에서 가장 큰 사마르칸드의 면적이 2평방킬로미터 가량에 지나지 않았다고 합니다.

소그디아나뿐 아니라 일반적으로 오아시스는 이용할 수 있는 물의 양에 한도가 있어 설령 관개 시설을 정비한다고 해도 경지를 어느 정도 이상으로는 확대할 수 없었습니다. 따라서 농경에서 초과한 인구를 각종 수공업이나 상업 활동으로 배출하지 않으면 안 되었습니다.

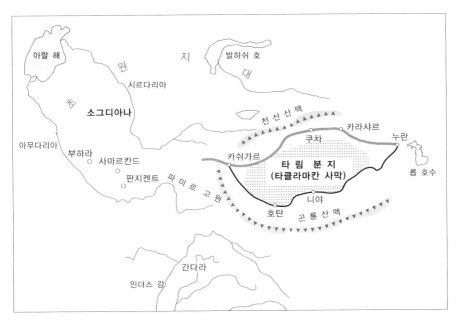

소그디아나와 타림 분지의 지형적 차이

이것은 소그디아나에만 한정된 조건이 아니었습니다.

히네다 아키라[羽田明] 같은 학자는 이 지역의 '지리적 위치'가 소그드인이 국제 무역으로 진출하는 데 결정적인 작용을 했다고 주장합니다. 소그디아나가 중국 · 서아시아 · 유럽을 잇는 동서 대상 무역로의 요충에 있었을 뿐 아니라, 남으로는 인도와 통하고 북으로는 북방 아시아의 초원에 접한 남북 교통의 요지였기 때문에, 이 지역의 주민이 국제적 상인으로 성장할 수 있었다는 것이 그의 설명입니다.

이것은 바꿔 말하면, 다른 오아시스 주민(타림 분지의 오아시스 주민)은 지리적으로 그들보다 훨씬 불리했기 때문에 국제 무역에 진출하기 어려웠다는 이야기가 됩니다.

물론 이 지적은 타당하지만, 두 지역 사이에 나타난 현상의 차이를 설명해 줄 수 있는 좀더 필연적이고 내적인 이유는 없을까요?

앞의 지도에서 보듯이 천산산맥으로 가로막혀 있는 타림 분지의 오아시스들과 달리 소그디아나는 북방 초원에 접해 있었기 때문에 유목민의 침입에 훨씬 더 —아니 통째로— 노출돼 있었습니다.

사통팔달의 지리적 이점은 거꾸로 그만큼 약점도 됩니다. 강자의 힘이 직통으로 미치기 때문입니다. 그런 점에서 소그디아나는 타림 분지보다 훨씬 위험하고 불안한 지정학적 위치에 있었습니다. 그래서 이들은 저항이나 굴복 혹은 공생 중에서 공생의 길을 선택한 것입니다. 아프라시압 궁전 벽화는 이러한 시대상을 증언하고 있습니다.

아프라시압 궁전 벽화

사마르칸드에 있는 아프라시압 궁전의 명칭은 전설의 인물 아프라시압 대왕의 이름에서 유래한 것으로 봅니다.* 피르다우시의 『왕들의 책』에 그는 최대의 악몽과 같은 존재로 나오는데, 페르시아의 영웅 루스탐이 투란 왕 아프라시압과 치른 전투는 이 작품의 백미에 해당합니다.

투란, 즉 투르크족의 왕이었던 아프라시압은 페르시아를 침략하여 그 왕을 죽이고 10년간 그곳을 다스렸습니다. 유목민의 통치에 시

---

*아프라시압 궁전의 북쪽에서 흐르는 운하의 명칭이 시압인데, 중세 소그드어로 아프라시압은 '시압 천위에 있는 것'을 뜻하므로 여기서 유래한 것으로 보기도 한다.

달리던 페르시아인들은 봉기하여 그를 축출하는 데 성공합니다. 아프라시압 대왕은 다시 전열을 가다듬고 페르시아를 공격했는데, 이때 루스탐이라는 페르시아의 영웅이 아프라시압을 투란으로 몰아냈습니다.

『왕들의 책』에는 페르시아와 투란 두 제국의 틈에 낀 사만간이 투란의 속국이 되었다는 이야기가 나옵니다. 역사적으로 보면 사만간은 사마르칸드를 맹주로 한 소그디아나를 말하는 것으로 보입니다. 아프라시압의 시대에 페르시아와 투란의 국경이 아무다리아로 정해진 것은 소그디아나가 페르시아의 손에서 다시 투르크의 손으로 넘어갔음을 뜻합니다.* 이후로 소그드와 투르크의 밀접한 관계가 시작되었습니다.[2]

우리가 보고자 하는 벽화는 사마르칸드의 왕이 외국에서 온 여러 사절의 알현을 받고 있는 장면을 그린 것입니다. 그 사절들 중에는 고구려 복장을 한 고대 한국인도 있어 우리의 관심을 끕니다.

벽화에서 왕의 모습은 훼손되어 보이지 않지만, 벽화에 새겨진 열여섯 행의 소그드 문자를 해독한 결과 왕의 이름이 바르후만임이 밝혀졌습니다. 바르후만은 중국 역사서(『신당서』)에서 650~655년 사이

---

* 서사시가 아닌 실제 역사에서는 좀더 복잡하게 전개되었다. 투르크 이전에 에프탈(5세기 중엽~567)이란 유목 세력이 등장해 페르시아로부터 소그디아나를 빼앗았으나, 뒤이어 투르크가 초원의 패자로 나타나 에프탈을 정복하면서 소그디아나는 다시 투르크에게 넘어갔다.
이전에 에프탈은 소그디아나에 그치지 않고 박트리아, 간다라, 나아가 인도 본토에도 침입한 바 있었다. 6세기 초 간다라를 방문한 중국의 구법승 송운은 두 세대 전에 에프탈의 침입으로 간다라가 멸망했다고 전한다. 즉 에프탈은 5세기 중반 간다라의 불교를 탄압하여 절과 탑을 철저히 파괴했는데, 이 사실을 말하고 있는 것이다. 그러나 강대한 제국을 형성한 에프탈은 페르시아와 투르크의 연합 군대에게 멸망하였다.
630년경 이곳에 들른 현장 법사는 기행문에서 당시 투르크가 지배하고 있는 소그디아나, 박트리아, 간다라의 상황을 상세히 전하고 있다.

에 강거도독에 책봉됐다고 기록된 불호만(拂呼縵)입니다.

발굴에 참여했던 관계 학자들은 소그드 문자 열여섯 행에 언급된 역사적 사실로부터 화가가 직접 보고 그렸다는 데 동의합니다.[5] 그렇다면 벽화의 제작 연대는 바르후만의 재위 기간 중 어느 시기로 좁혀집니다. 그런데 중요한 단서가 발굴 과정에서 나왔습니다. 벽화가 미완성인 채로 모습을 드러낸 것입니다. 발굴단은 궁전의 주인이 어떤 정치적 변을 당하여 더 이상 제작을 할 수 없었기 때문이라 결론내렸습니다.

왕이 696년까지 통치를 하였으므로, 벽화의 제작 연대를 이 시점으로 좀 넓게 잡으면 690년대가 됩니다. 이것은 발굴에 참여한 옛 소련 학자들이 내린 결론입니다.

　당시 아프라시압 궁전의 주인은 소그디아나 도시국가 왕들의 맹주
였습니다. 벽화의 그림은 상중하 세 그룹으로 구성돼 있는데, 최하단
에는 왼쪽과 오른쪽에서 중앙으로 이동하고 있는 사절단들과 이들을
맞이하는 왕의 가신들이 그려져 있습니다. 그 위의 두 번째 그룹은
등을 돌리고 방석 위에 가부좌로 앉아 있는 왕의 신하들이고, 가장
위의 세 번째 그룹 역시 두 번째 그룹을 마주 보고 앉아 있는 왕의 신
하들입니다.

　왕의 신하들은 손에 선물을 들고 있지 않은 점에서 사절단과 확연
히 구별됩니다. 그런데 외견상 신하들의 특징은 의복에서도 나타나
지만 변발이 가장 두드러집니다. 벽화에서 변발을 하고 있는 자들은
모두 왕의 신하입니다.

아프라시압 궁전 벽화 속에 나오는 투르크인

석인상

당시 투르크인은 변발을 했으므로,* 사마르칸드 국에서 왕의 신하들이 대다수 투르크인들로 구성돼 있었음을 알 수 있습니다.

복장도 초원에 흩어져 있는 투르크 석인상과 벽화에 보이는 신하들의 상이 일치함을 볼 수 있습니다. 깃이 양쪽으로 젖혀진 카프탄을 입고, 허리에 손수건과 지갑·필통 등을 차고 다닌 것이 똑같습니다. 반면 소그드인의 머리 모양과 복장은 벽화 속의 차가니언 사절(168쪽 그림 참조)이 잘 보여 주듯이 판이하게 다릅니다.

이 벽화는 사마르칸드의 정치권력을 투르크인이 장악하고 있음을 명확히 보여 주는 증거입니다. 이 궁전의 이름이 아프라시압인 것도 전설적인 투르크 대왕의 후광을 받고자 한 의도로 볼 수 있습니다.

옛 소련의 한 학자는 형질인류학 연구를 통해 이 사실을 뒷받침했습니다. 그는 아프라시압 도성지에서 발견한 18개의 무사상 테라코타를 다음 다섯 개 유형으로 분류했습니다.

① 다섯 개는 명확히 몽골로이드형
② 다섯 개는 약간 몽골로이드형
③ 세 개는 대체로 유러페오이드형
④ 세 개는 명확히 유러페오이드형
⑤ 한 개는 타입 불명

이 분류에 따르면 몽골로이드형이 약 60퍼센트를 차지하는 반면,

---

* 현장은 천산의 쇄엽성에서 투르크의 통엽호 간을 만났는데, 그때 칸은 변발하고 이마에 비단 띠를 맸다고 한다. 그의 좌우에 있었던 화려한 비단옷을 입은 200여 명의 신하 역시 변발을 하고 두 줄로 앉아 있었다고 전한다.

차가니언에서 온 사절

유러페오이드는 33퍼센트에 지나지 않습니다.* 또 아프라시압 외의 소그드 지역에서 발견된 28개의 무사상 테라코타 중에는 18개(64퍼센트 이상)가 몽골로이드, 10개가 유러페오이드였습니다.

이것은 5~8세기 소그드 사회의 지배 계급이 어떤 인종으로 구성돼 있는지를 보여 주는 중요한 연구 결과입니다. 실크로드 교역로 상의 타림 분지 · 하서주랑 · 중국에서 나온 테라코타 대부분이 유러페오이드형이란 사실에서 둘 사이의 관계가 예상을 빗나가지 않음을 알 수 있습니다.

그러니까 당시 소그드 사회에서 정치 · 군사는 투르크인이, 경제 · 무역은 소그드인이 각기 역할 분담했음을 알 수 있습니다. 이 같은

---

* 투르크는 몽골로이드, 소그드는 유러페오이드이다.

소그드와 투르크의 공생 구조는 단지 벽화에서만 나타난 것이 아니라는 사실이 아프라시압 궁전이 있던 도성지 발굴을 통해 더욱 명확하게 드러났습니다.

투르크의 칸이 파견한 토둔(吐屯, tudun)의 직책을 가진 관리의 관저가 발견된 것입니다. 토둔은 일종의 총독과 같은 지위로 소그디아나 전체를 감찰하고, 공납을 징수하였습니다. 특히 징세 감독의 임무가 중요했는데, 이것은 점령지에 대한 수탈의 개념보다는 군사적 보호를 해준 대가로서 받는 징수의 개념이었습니다.

또한 상업과 수공업이 도성지의 교외 지구에서 급속히 개발되고 확대돼 이를 새 방벽으로 둘러쌓았는데, 이는 도시 확장의 동력이 상업 활동에 있음을 보여 주는 것입니다. 물론 이 역할은 소그드인들의 몫이었습니다. 이것들은 공생 구조의 양 측면을 보여 주는 것으로 해석할 수 있습니다.

하나 더 든다면, 도성지 내에서 아프라시압 궁전과 접해 있는 법규를 보관한 장소입니다. 한 사료를 보면 "사마르칸드에는 소그드를 통합하기 위한 투르크 법령을 보관한 신전이 있다"는 기록이 있습니다. 이때 신전은 조로아스터교 사원을 말합니다. 소그드인의 종교가 조로아스터교라는 사실에서 투르크의 세속적 권위와 소그드의 종교가 결합한 공생 구조를 확인할 수 있습니다.

유목 제국과의 공생 구조는 이에 그치는 것이 아닙니다. 소그드인들은 국외에 같은 구조의 전진기지를 건설하고, 이 전진기지들을 연결해 실크로드를 거대한 무역 벨트로 발전시켰습니다. 그 전진기지들이란 다름 아닌 해외 소그드인 취락을 말합니다. 이는 초원과 오아시스 그리고 중국 내지에 다수 존재했음이 밝혀졌습니다. 악베심(Ak Beshim) 유적은 해외 소그드인 취락이 어떤 형태였는지를 구체적으로 밝혀 준 고고학적 성과입니다.

악베심 유적

중국 문헌에서는 이곳을 쇄엽성이라고 불렀습니다. 악베심 유적은 천산의 이식쿨 호에서 얼마 떨어지지 않은 곳에 있는데, 키르기스스탄의 토크마크에서 서남쪽으로 8킬로미터 떨어진 지점입니다. 이곳이 그 옛날 교통의 중심지이며 실크로드 무역이 번성했던 국제 도시라니 믿어지지 않습니다. 악베심 유적의 발굴을 총지휘한 키즈라소프는 이 도시의 성격에 대해 이렇게 결론지었습니다.

이 도시는 북부 키르기스(소그디아나 북방 초원)의 상업, 수공업, 농업, 그리고 문화의 일대 중심지였음이 증명되었다. 도시의 기초는 화폐의 명문, 토기의 형식, 기타 고고학적 자료로 볼 때, 십중팔구 소그드인의 이민에 의해 구축된 것임이 틀림없다. 여기서 여러 종족이 거주하였는데, 소그드인뿐 아니라 투르크인 · 시리아인들도 있으며, 중국인조차도 정기적으로 이곳을 방문했다.

이 도시는 소그디아나뿐 아니라 타림 분지의 오아시스, 중국 본토와도 긴밀한 통상적 · 문화적 관계를 유지했다. 이는 여러 종교 공동체가 공존한 것을 통해서도 알 수 있는데, 불교도, 그리스도교도, 소그디아나의 조로아스터교도, 투르크의 샤머니즘 신봉자가 그것이다.

소그디아나와 세미레치에 북방 초원(탈라스 강 유역의 초원, 츄 강 유역의 초원, 일리 강 유역의 초원)과 악베심 유적 등.

현장은 630년경 이곳에서 서투르크의 통엽호 칸을 만났습니다. 당시 이곳 악베심 유적에는 칸의 궁전이 있었습니다. 현장은 융숭한 환대를 받았습니다. 그는 떠날 때 서북 인도까지 무사히 통과할 수 있는 칸의 친서를 휴대하고서 비단 50필 등의 하사품을 싣고 칸이 딸려준 통역까지 데리고 출발했습니다.

현장은 여행기에 다음과 같은 기록을 남겼습니다.

쇄엽*(악베심 유적)에서 서쪽으로 수십 개의 성이 있는데, 성마다 장(長)

---

* 악베심 유적을 이슬람 사료에는 스이얍(suyab), 중국 사서에는 쇄엽(碎葉), 현장은 소엽(素葉)으로 기록하였다. 여기서는 혼돈을 피하기 위해 소엽도 쇄엽으로 한다.

악베심 유적 사진

을 두었다. 명령을 받고 있는 것은 아니지만, 모두 투르크(돌궐)에 예속
되어 있다. 쇄엽에서 카산나 국(사마르칸드 남쪽에 있는 케쉬(史國)를 말
함)에 이르기까지 토지는 소그드라 이름하며, 사람은 소그드인이라 한
다. 문자, 언어도 그 명칭을 소그드 문자, 소그드어라고 일컫는다.

여기서 중요한 사실 두 가지를 알 수 있습니다. 첫째는 소그드 사
회가 투르크에 예속돼 있긴 하지만 명령을 받고 있는 것은 아닌 독립
적인 상태를 유지하고 있다는 것이고, 둘째는 쇄엽에서 카산나 국에
이르기까지를 소그드라고 한 사실로 볼 때, 소그디아나를 넘어서 북
방 초원에 형성된 소그드 촌락도 모두 소그드라고 부르고 있다는 것
입니다.

요컨대 현장이 여행할 당시는 서투르크가 최전성기였는데도 이들이 소그디아나를 속국으로 만들지 않고 공생 구조를 유지한 사실, 그리고 전통적 유목민의 땅인 초원에 해외 소그드인 취락이 자유롭게 건설되었다는 것입니다.

옛 소련의 고고학자들이 1931년부터 1941년에 걸쳐 소그디아나 북방의 광대한 초원을 조사하면서 소그드인이 건설한 도시와 농촌을 다수 발견했는데, 그 중 하나인 악베심 유적이 있는 츄 강 유역(171쪽 지도 참조)만 해도 6~10세기경에 소그드인의 대규모 도시가 18개나 존재했다고 합니다.

2차 세계대전 후의 발굴 조사는 한 걸음 더 진척된 결과를 내놓았습니다. 소그드인이 세미레치에 지방*으로 나아가 취락**을 건설하기 시작한 것은 5~6세기이고, 그 중에서도 츄 강 유역에 집중한 것은 7~8세기이며, 이들 취락에는 중국인***·시리아인·페르시아인도 물론 거주했지만, 투르크인의 계속적인 인구 증가에도 불구하고 늦어도 9~10세기까지는 소그드인이 압도적 다수를 점하였다는 것입니다.

다시 쇄엽 이야기로 돌아가면, 츄 강 유역의 많은 소그드인 취락 중 하나인 악베심 유적을 679년에 당나라군이 점령해서 그곳에 쌓은 성이 바로 쇄엽성입니다. 이것은 2년 전인 677년 쇄엽 지역에서 흥기

---

*여기서 세미레치에 지방은 츄 강 유역의 초원, 탈라스 강 유역의 초원, 그리고 (발하쉬 호로 들어가는 일곱 개의 강을 일컬어 칠하〔七河: 러시아어로 세미레치에〕라고 하는데 칠하의 중심이 되는) 일리 강 유역의 초원을 가리킨다. 협의의 세미레치에 지방은 일리 초원만을 가리킨다.

**護雅夫는 이를 소그드인의 '식민 활동'이라고 했다. 따라서 그는 해외 소그드인 취락을 '소그드 식민 취락'이라고 부른다.

***현장은 여행기에서 투르크에게 포로로 납치돼 와서 살고 있는 중국인들의 거류지에 대해 언급했다. "중국인들은 한 고장에 모여 300여 호 되는 자그마한 성을 유지하고 있는데, 주거·의복·거취는 그대로 투르크에 동화되었으나 언어나 예의는 지금도 여전히 중국의 모습을 가지고 있다."

한 서투르크의 잔당이 티베트와 연합해 안서도호부를 함락시키고 안서 4진을 빼앗은 사건에 대한 반격이었습니다.* 당은 계략을 써서 잔당의 우두머리를 생포해 안서 4진을 되찾고, 이들의 근거지인 (쇄엽성 건설 이전의) 쇄엽에 최후의 타격을 가합니다. 그리하여 당이 소그디아나 북방 초원(다시 말하면 천산 이서[天山以西] 지방)에서 운영한 처음이자 마지막 성곽 '쇄엽성'이 탄생한 것입니다.

소그디아나 북방의 초원 세력을 제압하기 위해 축성한 쇄엽성은 안서 4진의 하나로 신설될 만큼 전략적으로 중요한 곳이었습니다.** 과거 서투르크의 수도이기도 했던 쇄엽은 소그디아나와의 연결이 대단히 긴밀한 곳으로, 세미레치에 일대(소그디아나 북방의 초원)에서 가장 중요한 해외 소그드 취락이었습니다. 쇄엽은 스텝 루트와 오아시스 루트가 만나는 교통의 요지였기 때문에, 쇄엽성이 만들어지자 당시 "소그드인들이 다투어 오는 것을 보았다"고 할 정도였다고 합니다.

몰려든 것은 소그드인만이 아니었습니다. 중국인도 몰려들었는데, 이백의 할아버지도 사업을 위해 가족을 이끌고 쇄엽에 왔습니다. 이백은 701년에 이곳에서 태어났습니다. 초원의 국제 무역 도시에서 상인의 아들로 태어난 그는 곧 고향을 떠나지 않으면 안 되었습니다. 예기치 못한 큰 사건이 일어났기 때문입니다. 다름 아닌 당군이 세운 쇄엽성이 703년 신흥 투르기쉬(서투르크의 한 지파)에게 점령

---

*앞서 670년에는 티베트가 윌지씨의 호탄을 점령한 다음 호탄 군대를 데리고 안서도호부를 함락시켰다. 이 책 9장 '문물1_비단'에서 "현장 법사가 다녀간 다음, 호탄은 곧 티베트의 지배 하에 들어갔다"고 한 것은 바로 이 사건을 가리킨다.
**타림 분지의 가장 동쪽에 있는 카라샤르 대신 쇄엽성을 4진의 하나로 신설했다.

당한 것입니다. 이후 투르기쉬가 쇄엽성을 수도로 삼아 세미레치에 지방을 장악하자,* 이백의 아버지가 식솔을 데리고 중국 내지로 떠난 것입니다.

이백의 시 「전성남(戰城南)」의 첫 연입니다.

> 지난해에는 상건 벌판에서 전쟁이 있었고
> 금년에는 카쉬가르 강에서 전쟁이 일어났네
> 이식쿨 호 흐르는 물결에 병기를 씻고
> 천산 눈 덮인 풀밭에 말을 풀어놓았네.

대단히 이백다운 시입니다. 유년기를 이식쿨 호와 천산을 보면서 자란 시인의 정서를 물씬 느낄 수 있지 않습니까?

쇄엽성과 같은 해외 소그드 촌락을 통해 유라시아 대륙의 실크로드가 가동되었다고 해도 과언이 아닙니다. 이들은 본국과 긴밀한 관계를 유지하며 동서 무역 벨트를 형성했습니다.

하서주랑에는 오아시스 도시 주천이 있습니다. 이곳에 거주한 소그드 상인이 본국의 사마르칸드 상인에게 중국 무역의 현황과 전도에 대해 상세히 보고한 편지 한 통이 1906년 스타인에 의해 발견됐습니다.

이 편지를 보면, 소그드 상인들이 하서주랑의 서에서 동에 걸쳐 있는 돈황·주천·고장 등의 오아시스 도시에 와서 교역에 종사했을

---

* 신흥 투르기쉬 국과 해외 소그드인 취락의 공생 구조도 당시 주조한 화폐를 통해 잘 드러난다.

뿐 아니라 이들 도시에 소그드인 취락을 운영하고, 그곳을 근거지로 해서 중국에 대리인을 파견하고 그들을 통해 중국 무역을 행하였음을 알 수 있습니다.

이것은 편지가 작성될 당시 중국 내지가 전란에 휩싸여 있었음에도 불구하고(위진남북조 시대), 체신 설비가 불안정한 한계를 뚫고 본국인 사마르칸드와 연락을 유지하면서 상업 활동을 하고 있었음을 보여 줍니다. 다른 문헌에는 소그드 본국에서 해외 소그드인 취락을 지속적으로 보호하고 지원한 사실도 기록돼 있습니다.*

물론 동(東)의 실크로드와는 달리 페르시아와 로마로 이어지는 서(西)의 실크로드에서는 해외 소그드인 취락들을 찾기 어렵습니다. 그러나 소그드인들이 유목 제국과의 공생 구조 속에서 실크로드를 가동시킨 역할은 역사 기록과 고고학의 자료에 명백히 나타나 있습니다.

이 공생 구조 속에서 소그드인이 실크로드의 동과 서, 그러니까 페르시아 및 로마와는 어떻게 관계를 맺었고 중국과는 어떻게 관계를 맺었을까요?

西의 실크로드와 소그드인 사절단

다음은 동로마 역사가 메난드로스가 전하는 소그드 수령 마니악에

---

* "소그드 상인들이 양주에서 왕성하게 교역을 했는데, 고장성이 함락되어 모두 포로로 잡혀갔다. 북위(北魏)의 고종(452~465) 초기 소그드 왕이 사신을 보내 그들을 속(贖)하여 줄 것을 청하였다. 황제가 조서를 내려 청을 들어주었다" (『북위서』의 소그드조〔粟特國條〕).

대한 기록입니다.[1]

투르크와 페르시아가 연합하여 에프탈을 공략한 뒤, 소그디아나는 투르크의 손으로 넘어갔다. 소그드인들은 새로운 주군 이스테미 칸*을 알현하고 헌책을 하였다. 이들은 페르시아 황제에게 사절단을 보내 투르크가 들여온 중국 비단을 페르시아의 영토 내에서 자유롭게 무역할 수 있도록 허가를 받아 달라고 요청했다.

이스테미 칸은 소그드인 수령 마니악을 단장으로 한 사절단을 페르시아에 파견하였다. 페르시아에 도착한 사절단은 황제에게 이 나라에서 아무런 장애 없이 비단을 팔 수 있도록 허가해 달라고 여러 번 간청하였다.

그러나 페르시아 황제는 사절단이 가져온 비단을 사절들이 보는 앞에서 불 속에 던져 버렸다. 이것은 페르시아가 투르크의 비단을 전혀 필요로 하지 않는다는 것을 보여 주는 일종의 시위였다.

이스테미 칸은 이에 개의치 않고 두 번째 사절단을 페르시아에 파견하였다. 이번에는 몇 명만 빼놓고 사절들이 모두 독살당했다. 이리하여 이스테미의 요청은 거부되었다.

메난드로스의 견해에 따르면, 페르시아 황제가 허가하지 않은 것은 유목민에 대한 불신이 커서 투르크인이 영내로 들어오는 것을 좋

---

* 엄밀하게 보면, 이스테미(재위 552~575)는 투르크의 서면(西面 : 서쪽 방면) 칸이다. 유목 제국은 전통적으로 중앙과 좌익 · 우익의 3부로 구성돼 있는데, 중앙이 최고 권력자가 지배하는 영역이다. 유목민은 방향이 늘 위에서 아래를 향하고 있기 때문에, 우익이 서쪽이 된다. 따라서 이스테미는 투르크 제국의 우익을 통치한 것이다. 그는 형 부민과 함께 552년 투르크 제국을 창설하였다. 이를 흔히 제1투르크 제국이라고 부른다. 후대에 투르크는 동과 서로 분열되는데, 이때의 '서투르크의 칸'과 여기에서의 '투르크의 서면 칸'은 전혀 다른 칭호이다. 이스테미는 통일 제국의 우익 수령이었다. 동로마 역사가 메난드로스는 이스테미를 실지불로스(silziboulos)로 기록했으며, 중국 사료는 실점밀(室点蜜)이라 하였다.

아하지 않았고, 투르크와 우호 관계를 맺으면 페르시아가 불리해질 것으로 믿었기 때문이라고 합니다.

우리는 이 책의 6장 '스키타이' 편 말미에서 페르시아가 유목민을 얼마나 혐오했는가를 보았습니다. 그러나 페르시아 황제가 통상 협정을 거부한 가장 실질적인 이유는 경제적 이해가 달랐기 때문입니다. 에프탈을 붕괴시킨 두 승전국이 부가가치가 높은 비단 무역을 놓고 첨예하게 대립한 것입니다.

당시 중국과 로마 사이의 비단 무역은 육로와 해로를 막론하고 페르시아의 중계를 통했기 때문에, 신흥 유목 제국으로서는 어떻게든 페르시아의 독점을 막아야 통상 이윤에 참여할 수 있었습니다. 이것이 바로 소그디아나의 이해와 맞아떨어진 것입니다.

유목 제국은 전통적으로 재정에서 통상 이윤이 점하는 비중이 높았습니다.* 쿠빌라이의 몽골 제국에서도 재정의 8할을 전매와 통상의 상업 이윤으로 충당했습니다.

투르크가 페르시아에 대해 통상을 요구한 것은 시쳇말로 보호무역 내지 독점무역을 풀고 시장 논리에 따라 공정하게 자유무역을 하자는 것이었습니다. 투르크는 자신들의 무력과 소그드인의 상술을 결합할 수 있기 때문에 두려울 게 아무 것도 없었습니다. 이것은 공생 구조의 전형적인 모델입니다.

결국 통상 요구가 거부되자, 투르크는 오래전부터 페르시아와 대립하고 있던 동로마 제국과 손잡기 위해 사절단을 파견합니다.

---

* 이 책의 4장에서 "흉노의 대서역 전략은 기본적으로 약탈 경제를 주축으로 하는데, 실크로드가 발달함에 따라 유목 경제의 조건상 교역의 비중이 한나라에 비해 커지게 된다"고 한 구절을 참고.

그런데 이번에도 동로마에 사절단을 파견할 것을 헌책한 것은 소그드인이었습니다. 또다시 마니악은 이스테미 칸에게 동로마 제국과 외교를 맺을 것을 주청하였습니다.

> 동로마인은 다른 어떤 민족보다도 훨씬 많은 비단을 소비하기 때문에 동로마와 우호 관계를 맺어 비단의 판로를 그쪽으로 옮기는 것이 득책이옵니다.

마니악은 사절단 단장에 임명되어 568년 스텝 루트를 통해 유스티니아누스 2세가 있는 콘스탄티노플에 도착했습니다. 동로마 황제는 이스테미 칸의 친서를 보고 나서 투르크의 정치와 국정에 대해 세세히 물었습니다.

마니악은 자기 나라에 수장이 네 명 있는데 모든 백성에 대해 최고 권력을 가진 자는 이스테미 칸이라 하면서 투르크 지배 하에 있는 민족을 하나도 빠짐없이 열거했습니다. 그리고 회담이 막바지에 이르자 유스티니아누스 황제를 원조해 동로마의 적과 싸울 용의가 있다고 맹세했습니다.

이 맹세를 투르크와 동로마 사이의 우호·공수 동맹으로 본다면, 거기에는 사산조 페르시아의 중계를 거치지 않고 투르크와 동로마가 직접 비단 무역을 한다는 뜻의 협정이 들어 있는 것입니다.[5]

마니악 사절단은 그해 제마르코스를 단장으로 하는 동로마 사절단과 함께 돌아왔습니다. 이후 양국의 사절은 빈번하게 왕래했습니다. 동로마의 수도 콘스탄티노플에 사절로 갔던 투르크인이 106명이나 그대로 남아 있었다고 하니 양국간의 관계가 얼마나 긴밀했는지를 짐작할 수 있습니다.

이렇게 동로마와 직교역이 시작되면서 스텝 루트는 힘찬 박동으로 아연 활기를 띠었습니다. 소그드 상인들의 발걸음이 서쪽으로 빈번해진 만큼 동쪽으로의 진출은 말 그대로 쇄도했습니다. 페르시아가 중계 무역을 독점했을 때에 비해 소그드 상인의 역할과 위치는 비약적으로 높아졌으며, 이들의 활약은 눈부셨습니다.

東의 실크로드와 해외 소그드인 취락

하서주랑은 오래전부터 소그드 상인들이 모여 살고 있었는데, 상황이 이렇게 되자 비좁아 터질 지경이 되었습니다. 605년 수나라 양제는 신하 배구*에게 하서주랑의 소그드 상인들을 수도 장안이나 낙양에 유치시키는 임무를 맡겼습니다. 배구가 노력한 결과, 서역 44개국 중 30여 개국의 호상(胡商, 주로 소그드 상인)이 장안에 들어가 수 양제를 배알하게 되었습니다.

수나라에서 소그드 상인들은 큰 환영을 받았습니다.

610년 이른봄, 황제는 오랑캐들의 추장을 낙양에 모았다. 서문가의 거리에서 곡예가 성대하게 벌어졌다. 곡예장은 5000보에 이르렀으며, 둘러싼 사람이 1만 8000명이나 되고, 목소리는 수십 리에서도 웅성거렸

---

* 배구(裴矩, 547~627)는 서역 사정에 정통한 인물로, 중국에 온 소그드 상인들로부터 정보를 수집해 『서역도기』를 찬술하였다. 서역 44개국의 사정이 자세히 나와 있으며, 지도와 초상도 첨부돼 있다.

공양을 드리는 소그드 상인. 9~10세기. 투르판 베제클릭 20굴.

다. 저녁부터 이른 아침까지 대낮처럼 불을 밝혔다. 그 비용이 거만(巨萬)이었다. 행사는 이 해부터 매년 행하여졌다.

오랑캐들은 풍도(낙양의 한 시(市))에서 교역하고 싶다고 했다. 황제는 원하던 일이라 기꺼이 허락했다. 그래서 급히 명령하여 대규모의 상가를 짓도록 했다. 소그드 상인이 주점 앞을 지나가면 모두 맞이하여 자리에 앉히고, 충분히 먹고 마셔도 돌아갈 때는 대가를 받지 않으며, "중국은 풍요하므로 술과 음식은 무료입니다"라고 말하게 하였다. 소그드 상인들은 모두 경탄하였다(『자치통감』, 권181).

이후 소그드 상인은 중국 내지로 본격 진출했습니다. 수에 이어 당 왕조가 시작되는데, 당은 막강해진 소그드 상인들을 관리할 고도의 시스템을 구축할 필요가 있었습니다. 이것은 소그드인들에게 상당한 변화였습니다. 예컨대 고창국(투르판에 세워진 왕국)은 투르크의 지배 하에 있다가 640년 당의 지배를 받게 되었는데, 이곳에 와 살던 소그드인이 두 제국 사이에서 각각 어떤 대우를 받았는가를 보면 그 변화를 알 수 있습니다.

다행히도 당시 오아시스의 사회상을 구체적으로 알 수 있는 문서들이 투르판과 돈황의 사막 속에서 많이 나왔습니다. 이것은 중앙정부의 명령서, 주민들의 계약 문서, 호적, 그리고 균전제와 부병제의 실시 내용 등을 알려 주는 소중한 사료들입니다. 이름하여 '돈황·투르판 문서'라고 합니다.

이 문서들을 토대로 투르판과 하서주랑 일대에 건설된 소그드인 취락의 실태를 대략 살펴보겠습니다.[6]

도서로 출간된 투르판 문서

고창국의 동전인 고창길리(高昌吉利)

당이 투르판을 점령한 직후 숭화향(崇化鄕)이란 마을이 만들어졌습니다. 고창국 때부터 활동한 소그드인들 중에 중국에 귀화한 자들을 모아서 만든 취락입니다. 돈황의 종화향(從化鄕)*과 더불어 향의 이름이 취락의 성격을 잘 말해 주고 있습니다.**

당나라는 특혜를 주어 소그드인에게 귀화를 유도했습니다. 이를테면 10년분의 과역을 면제해 준다거나 무역 활동에도 많은 자유를 주었습니다.

우선 귀화인과 비귀화인의 법적 차이를 보겠습니다. 귀화인은 호적에 등록되었으며(이들을 등적 소그드인이라고 한다), 균전법에 따라 토지를 배당받았습니다. 동시에 부역과 병역 등의 의무를 부담해야 했으며, 형사 소송에서는 당나라 법률의 적용을 받았습니다.

반면 귀화하지 않은 소그드인(화외인[化外人])은 호적에 등록되지 않았으며, 당나라 백성으로서의 권리와 의무는 없는 대신 상세(商稅)를 납부해야 했고 상업 활동에 많은 제약을 받았습니다. 그리고 동류자 간의 범죄는 소그드 법에 따라, 다른 민족과의 분쟁은 당의 법률에 따라 처리되었습니다.

미등적 소그드 상인은 국경 지방에 설치된 무역 장소인 호시(互市)***에서 구입한 것을 호시관의 허락을 얻어 수출하거나, 또는 조공(朝貢)의 형식으로 무역을 해야 했는데, 이때는 주관 부처인

---

* '돈황 문서'의 한 자료(P3559)에 따르면, 돈황에서 동쪽으로 500미터 떨어진 곳에 안성(安城)이라는 소그드인 취락이 건설됐다. 안성은 8세기 중엽에 약 300호, 1400명의 소그드 주민이 거주했는데, 당의 정책에 따라 종화향 안에 편성되었다.
** 숭화(崇化)나 종화(從化)란 이름에는 귀화의 뜻이 담겨 있다. 이른바 왕화(王化 : 임금의 덕행에 감화)에 귀속한다는 의미이다.
*** 당의 관시령에 따르면 관에서 물품을 3등급으로 나누고, 이것을 다시 상중하로 매겼으므로 물품당 모두 아홉 등급의 가격이 정해졌다. 호시에서는 관에서 가격을 정해 준 연후에야 교역을 할 수 있었다.

홍려시*의 특허를 얻어야 했습니다. 또 이들은 통과하는 거주지마다 따로 등록 수속을 밟아 상거래를 해야 했으며, 내지에서 무역을 하여 입수한 화물은 허가를 얻을 때까지 자유롭게 수출할 수 없었습니다.

반면에 등적 소그드 상인은 공험(公驗 : 여행용 신분증명서)을 가지고 있으면 내지에서 자유롭게 무역을 할 수 있었습니다.**

이처럼 귀화인과 화외인 사이에 존재한 차별로 미루어 봐서도 당치하에 비해 고창국 시절의 소그드인이 훨씬 자유롭게 활동했음을 짐작할 수 있습니다. 서투르크가 지배력을 미친 고창국에서는 귀화의 개념이 없었던 만큼 당과는 달리 등적자와 미등적자의 차별이 행정상의 편의를 크게 넘어서지 않았으며, 수출입 무역도 당에서처럼 엄격한 통제를 받지 않았습니다.

고창국에서는 소그드 상인에게서 두 종류의 상세***를 거두었는데, 왕실 수입이 이것에 의존하고 있었기 때문에 무역은 제약보다는 자유를 확대하는 방향이었습니다.

고창국에서 소그드인들의 위상은 아주 높았습니다. 상업 · 수공업 · 통역 · 군사 방면 등에서 전문 역량을 가지고 활약하는 소그드인들은 서로 인맥을 형성해 고창국에서 막강한 힘을 행사했습니다.

---

*홍려시(鴻臚寺)는 외국 사신들의 조회를 담당하는 관서인데, 이곳에서 허락이 떨어지면 상인이 (마치 사신인 것처럼) 조공의 형식을 빌려 물품을 바치고 이에 대해 조정이 사여하는 형식으로 값을 치르는 기이한 형태의 무역이 이루어졌다. 일종의 조공 형식을 빌린 편법 무역이었다.

**서역의 서주(투르판) · 정주 · 이주(하미) 등의 주에 등적한 소그드 상인은 등적 본관(호적 등록을 한 곳) 동쪽에서만 무역을 자유롭게 할 수 있었다. 이 지역의 서쪽은 내지주(內地州)가 아니라 기미주였기 때문에 엄격한 의미에서 본국 밖이라고 생각했던 것이다.

***수출입 무역을 관리하는 부가세로서 무역을 하는 호상(대개가 소그드 상인)들에게 받은 칭가전(稱價錢)과 교역에 참가한 사람이면 주민을 포함해 누구나 내는 장전(臟錢)이 있었다.

고창국의 소그드인 촌락은 투르판 문서에 따르면 강씨(사마르칸드 출신)와 사씨(케쉬 출신)가 가장 많았습니다.* 이들의 직업은 다양했는데, 농업에 종사한 소그드인을 보면 부자와 가난한 자로 분화되었습니다. 적지 않은 소그드인 지주들이 '작인(作人 : 노동자)'을 고용했는데, 작인은 사고팔 수 있으며 상속도 되는 일종의 봉건적 예속자였습니다. 그런데 소그드인 중에 작인으로 몰락한 사람들도 있었습니다.

전쟁에서 용맹하기로 유명한 차카르(군인, 소그드어로 '용감한 전사')는 여러 계급의 장(將)과 병(兵)에 임명되었습니다. 또 순라군으로 활동한 소그드인도 있었습니다. 화공도 빼놓을 수 없습니다. 투르판의 수많은 석굴 벽화를 보면 (물론 소그드 화공의 참여 인수를 정확히는 모르지만) 이들의 활약상을 짐작할 수 있습니다.

소그드인은 외국어에 능통했기 때문에** 통역 말고도 객관(客館)의 관리가 되거나 객관의 접대 업무에 종사했습니다. 또 수공업 종사자는 본국(소그디아나)풍의 은 그릇, 구리 그릇을 뛰어나게 제작했으며 그들이 만든 가죽 제품은 아주 유명했습니다.

---

*중국인들은 소그디아나에 있는 오아시스 국가들 중에서 규모가 큰 아홉 개를 소무 구성(九姓)이라고 해서 다음과 같이 불렀다. 여기서 소무는 소그드를 지칭하는 중국의 호칭이다. 강국(康國, 사마르칸드)·안국(安國, 부하라)·석국(石國, 타쉬켄트)·사국(史國, 케쉬)·미국(米國, 마이무르그)·조국(曹國, 카부다나)·하국(何國, 쿠샤니카) 등이 그것이다. 안사의 난을 일으킨 안녹산은 안국 출신이고, 사사명은 사국 출신이다. 이처럼 중국에서는 소그드인들을 출신지에 따라 강(康)·안(安)·석(石)·사(史)씨 등 아홉 개의 성으로 불렀다.

**소그드 상인들은 보통 6개 국어 이상을 구사했다. 국제 중계 무역을 담당하기 위해서는 필수적으로 갖추어야 할 요건이었다. 소그드어는 국제적인 상업어였기 때문에 이들은 곧잘 통역자로 활동했는데, 원거리에 있는 수령자를 대리해서 서명하고 물품을 영수하기도 했다.

오아시스 세계의 꽃, 소그드 상인

약소 민족으로서는 상상할 수 없는 찬란한 족적을 유라시아 대륙에 남긴 소그드 상인도 8세기 중반 몰아닥친 이슬람이란 거대한 파도 앞에서 흔적도 없이 사라져 버렸습니다. 이후로 우리는 그들을 역사 안에서만 만나 볼 수 있게 되었습니다.

소그드의 역사를 개괄하면, 아케메네스 페르시아의 한 속주(屬州)였다가 알렉산드로스 대왕에게 정복당했으며, 대월지 쿠샨 왕조의 지배를 받았고 다시 사산조 페르시아의 영역에 들어갔으며, 에프탈에 이어 투르크의 우산 아래 놓였다가 당의 기미 대상이 되었습니다. 그리고는 마침내 이슬람 속으로 녹아들어가 버린 것입니다.

실크로드의 메신저라 할 수 있는 소그드 상인들의 명멸을 보면서 역사의 무상함을 느낍니다. 동서 교역을 강조하는 실크로드관에서 보면, 이들이야말로 중요한 존재일 것입니다. 그러나 의외로 소그드에 대한 연구는 미미하며 이들에 대한 지식도 거의 피상적인 수준을 벗어나지 못하고 있습니다.

낙타 등에 동서의 문물을 싣고는 목숨을 걸고 유라시아 대륙을 종횡하는 소그드인의 모습은 실크로드의 트레이드 마크입니다. 실크로드의 화면은 이 장면 없이는 구성이 되지 않습니다. 그러나 이들의 활약은, 마치 초(超)대기업의 국제 영업사원처럼 로마와 중국을 잇는 정상의 무역 노선 실크로드를 빛내기 위해 존재한 국제 상인들로만 보이게 합니다.

이들은 어쩌면 오늘날 그러한 그림을 생산하는 전문가들에게도 이용당하고 있는지 모릅니다. 살아남기 위해 유목민과 공생 구조를 만

들지 않으면 안 되었던 소그드인은 오히려 이 구조를 통해 세계에 실
로 위대한 유산을 남겼습니다.

09 문물1_ 비단

비단에 관한 전설과 오해

  알렉산드로스 대왕이 인더스 강을 넘어 진격할 때, 그의 부장(네아르코스)이 서양 사람으로는 최초로 비단을 보았다고 합니다. 이 사실을 기록한 로마의 역사가 스트라본은 비단이 어떤 나무의 껍질에서 얻어진다고 전했습니다.

  이후로 비단 생산에 대한 설명이 줄을 이었지만 모두 환상적인 것이었습니다. 예를 들면 로마의 지리학자 플리니우스는 비단의 나라는 솜털이 자라는 숲으로 유명한데 그곳 사람들은 물을 이용하여 나뭇잎에서 솜털을 채취한다고 했고, 로마의 시인 베르길리우스는 동방의 어느 민족이 나무 잎사귀에서 양털 같은 비단의 섬유를 빗질해 실을 자아낸다는 내용의 시를 지었습니다.

  로마인들의 비단에 대한 지식이 어떠했는지를 엿볼 수 있는 실리우스 이탈리쿠스(25~102)의 시를 소개합니다.

방금, 햇살은 엊저녁 서해에 풀어놓은 말 떼를 몰아,

동방 바다의 연안에 이르게 하니,

아침 햇살에 깨어난 비단 나라의 사람들,

부드러운 털 생성하는 삼림에서 생사(生絲)를 잣네.[1]

로마인들은 비단을 세레스라고 했습니다. 왜 그렇게 불렀는지는 학자들 사이에 이론이 분분합니다. 명주실을 뜻하는 한자 사(絲)에서 나왔다고도 하고, 당시 중계 교역을 담당했던 종족의 언어인 월지어 혹은 흉노어에서 왔다고도 합니다.

로마인들은 세레스(비단)를 만드는 나라도 세레스(중국)라고 불렀는데, 세레스인은 키가 6.5미터나 되고 장수해서 수명이 이백 살을 넘는다고도 했습니다. 어떤 기록에는 세계의 끝에 있는 세레스까지 가는 길에 식인 부락이 있고 맹수가 우글거리며, 바다로 뻗어 있는 험난한 산맥이 나타나고 그곳을 빠져 나가면 다시 황폐한 무인지경의 땅이 가로놓여 있는데, 무더운 동방 지역을 향해 계속 나아가면 착한 세레스인을 처음 만나게 된다고 했습니다.

비단을 생산하는 나라에 대한 환상은 갈수록 커졌습니다. 나무에서 비단이 자라는 극동의 세레스는 로마인에게 호기심을 불어넣는 미지의 땅이었습니다. 그들은 비단을 구하기 위해서 이 땅을 찾아가려고 줄기차게 노력을 합니다. 비단에 대한 로마인의 욕망이 실크로드 무역의 동력이 된 것은 분명합니다.[2]

로마의 붕괴를 초래한 비단

로마의 저 유명한 카이사르 장군(BC 100~44)은 극장에 올 때면 당시 최고로 호화로운 의상인 비단옷을 꼭 입고 나타났는데, 그를 본떠서 로마의 남녀 귀족들이 다투어 비단옷을 입는 풍조가 생겨나 비단이 고갈될 지경에 이르렀다고 합니다.

티베리우스 황제(재위 AD 14~37)는 급기야 남자들이 비단옷을 입지 못하게 하는 칙령까지 내렸습니다. 그러나 이를 비웃기라도 하듯 비단 값만 치솟고 암시장에서 더욱 왕성하게 팔리는 결과만 초래했습니다.

결국은 욕망이 규제를 풀었습니다. 전문 비단 시장이 개설되고, 수입한 비단을 여러 형태로 가공하는 공장도 생겨났습니다. 심지어 2세기에는 로마 제국의 서쪽 끝인 런던에서 비단이 성행한 정도가 중국의 낙양에 뒤지지 않았다고 하니 그 인기를 짐작할 수 있습니다.

380년경 콘스탄티노플에서는 "귀족들에게만 허용되던 비단이 귀천을 가리지 않고 최하층까지 퍼졌다"고 4세기 로마의 역사가 암미아누스 마르첼리누스가 기록했습니다. 또 410년에 거행된 황제의 세례식에는 모든 시민이 비단을 몸에 걸치고 참석했다고 합니다.

기원전 31년부터 서기 192년까지 약 220년 동안 로마가 동방 무역(주로 비단 무역)으로 소모한 금액은 총 1억 영국 파운드(1931년 당시의 가치로 환산)에 달했으며, 후일 이러한 사치성 소비로 국가 재정이 탕진된 것이 바로 로마 제국 붕괴의 한 원인이 되었다고 합니다.[3]

비단을 둘러싼 국제 무역 전쟁

로마는 일찍부터 비단 생산의 비밀을 알아내려고 온갖 시도를 다 했습니다. 그리고 어떻게든 세레스(중국)와 직접 거래하여 중개 이익을 다른 나라에 빼앗기지 않으려고 했습니다. 비단이 금과 똑같은 무게로 교환돼서 로마의 재정이 파탄 날 지경이었으니 로마로서는 비단 문제의 해결이 절실했던 것입니다.

한편 중국은 비단의 비밀이 절대로 외국으로 새어 나가지 않도록 단속했습니다. 나아가, 심지어 중개를 거치지 않으면 열 배의 이익을 얻을 수 있을 것이라고 생각했으므로 중국인들은 어떻게든 직교역을 하려고 했습니다.

이에 반해 중계 이익을 톡톡히 보고 있는 나라들은 무슨 일이 있어도 직접 거래가 이루어지지 못하도록 결사적으로 방해했습니다.

파르티아는 아주 일찍부터 중국에서 비단을 수입해 많은 이익을 남기고 로마에 되팔았습니다. 그들은 세레스로 가는 로마의 상인을 통과시켜 주지 않았습니다. 또한 비단을 어디서 어떻게 구입하는지도 철저히 극비에 부쳤습니다. 세레스는 로마인에게 여전히 환상 속에 존재하는 나라였습니다.

하지만 일부 발빠른 로마 상인들은 육로가 아닌 해로를 통해서 비단을 들여오는 방법을 찾아 나섰습니다. 마침내 2세기경 비단이 인도에서 해로로 로마에 들어오게 됨에 따라 경비가 많이 절감됐고, 그 때문에 값도 많이 내려 비단옷은 더욱더 대중화됐습니다.

파르티아는 로마인이 해로로 가는 것도 방해하였으나 육로만큼 용이하지는 않았습니다. 그들은 해로가 얼마나 위험한지를 말해 주는 무시무시한 이야기들을 퍼뜨렸습니다. 서기 97년 중국(후한)의 사절 감영*이 시리아까지 가서 배로 지중해를 건너 로마로 가려다가 겁을 먹고 돌아간 것도 바로 이 이야기 때문입니다.

지중해를 건너려면 3년치 식량을 가지고 가야 한다. 이유인즉, 역풍을 만날 때면 2년 이상 걸릴 수도 있기 때문이다. 또 바다 한가운데 향수병에 걸리게 하는 요정이 있어 애타게 고향을 그리다 죽은 외국인들이 부지기수이다. 살아서 돌아간다는 것은 기적에 가깝다(『후한서』「서역전」).

위의 같은 문헌에는 파르티아가 직교역을 방해한 확실한 사실(史實)이 명확히 기록돼 있습니다.

로마의 왕은 항상 한나라로 사절을 파견하려 했지만, 파르티아가 한나라 비단을 가지고 로마와 교역하기 위해서 교통을 방해하기 때문에 직접교역을 못하였다.

물론 파르티아가 한나라와 비단 교역을 직접 하게 된 것은 장건이 실크로드를 착공한 이후의 일입니다.

장건의 착공이 전쟁의 산물이었다는 것은 이미 이야기했지요? 그전에는 흉노가 길을 막고 있었기 때문에 한나라와 파르티아가 직교

---

*감영(甘英)은 서역도호 반초가 한과 로마의 직접 교역을 성사시키기 위해 보낸 부하이다. 고대 중국은 반초가 맹활약한 시기(73~102)를 고비로 서역 경영에서 급속히 물러난다(이 책의 4장 '신비의 누란 왕국' 참조). 그러다가 약 5세기가 지난 수·당대부터 다시 서역 경영에 적극성을 띤다.

역을 할 수 없었습니다. 그때까지는 흉노가 비단 무역을 독점 중계하여 이득을 톡톡히 챙겼지요.

1924년 몽골의 노인울라*에서 확실한 증거가 나왔습니다. 러시아의 코즐로프 탐험대가 울창한 수목에 가려진 흉노의 무덤들을 발견했는데, 거기서 한나라의 비단과 파르티아의 카페트 등이 함께 나온 것입니다.

흉노는 한나라를 침범하지 않는다는 조건으로 공납받은 비단을 파르티아에 팔았습니다. 아름답기 그지없는 카페트와 교환도 하면서 말입니다. 카페트 하면 지금도 이란제가 세계 최고입니다. 한나라는 엄청나게 많은 비단**을 흉노에게 바쳤는데, 흉노는 그것을 가지고 무역을 한 것입니다.

장건 이전에 로마에 팔린 비단은 대부분 '흉노→파르티아→로마'의 경로를 거쳐 들어갔습니다. 그래서 어떤 학자들은 비단을 뜻하는 세레스란 말이 흉노어***에서 나왔다고 하는 것입니다.

호탄을 거쳐 로마로 건너간 뽕나무

험난한 노력 끝에 로마는 6세기에 이르러서야 겨우 소원을 이루었습니다. '세린다 국'에 오랫동안 체류하던 수사 두 명이 몰래 지팡이

---

* 몽골의 수도 울란바토르에서 북쪽으로 110킬로미터 떨어진 지점에 있다. 출토된 칠기 중에 전한 건평 5년(BC 2)의 명문이 보이는데, 이것으로 시대를 짐작할 수 있다.
** 이 책의 3장에서 언급한 비단의 수량은 한나라가 흉노에 공납한 비단의 일부분에 불과하다.
*** 월지어에서 나왔을 가능성은 바로 뒤에 이어지는 '호탄' 편에 나옴.

속에 누에씨를 숨겨 가지고 들어오면서 로마에서도 비단을 생산하게 된 것입니다. 마치 문익점이 중국에서 돌아올 때 붓뚜껑에 목화씨를 숨겨 온 뒤로 우리 나라 사람들이 무명옷을 만들어 입게 된 것처럼 말입니다.

그러면 세린다 국은 어디일까요? 그곳은 호탄이라는 오아시스 왕국인데, 동쪽으로는 중국, 남쪽으로는 인도, 서쪽으로는 이란으로 통하는 실크로드 상의 중요한 교통의 요지였습니다.

로마의 두 수사가 누에씨를 숨겨 온 호탄은 어떤 나라일까요? 현장의 여행기 『대당서역기』를 보면 호탄에 관한 이야기가 꽤 많이 나옵니다. 현장이 전하는 호탄 왕국의 비단에 얽힌 전설을 직접 들어 보겠습니다.

먼 옛날 호탄의 왕은 뽕과 누에를 구하러 동쪽 나라에 사신을 보냈다. 그러나 동쪽 나라의 군주는 이를 비밀로 하여 알려 주지 않았을뿐더러 국경 검문소에 엄명을 내려 뽕과 누에의 종자가 하나라도 빠져 나가지 못하게 했다. 호탄 왕은 비단에 대한 열망을 억제하지 못하고 마침내 고개를 숙여 동쪽 나라에 혼인을 청했다. 동쪽 나라의 군주는 먼 나라를 구슬릴 뜻이 있었으므로 그의 소청을 받아들였다.

호탄 왕은 사신을 불러 동쪽 나라로 시집간 왕녀를 모셔 오라고 이르면서, "우리 나라는 원래 명주실이나 뽕, 누에의 종자가 없으니 가져와서 손수 의복을 만들기를 짐이 원하고 있다는 말을 아무도 모르게 전하라"고 단단히 일렀다.

왕녀는 사신이 전하는 말을 듣고 남몰래 뽕과 누에 종자를 입수하여 모자 속에 넣었다. 검문소에 이르렀을 때, 관리는 모든 곳을 검색했으나 왕녀의 모자를 조사하는 무례는 범하지 않았다. 그리하여 종자를 지닌 채 호탄 국에 들어온 왕녀는 현재의 마자 가람이 있는 곳에 머물면서 잠시 의례를 갖춘 뒤 왕궁으로 들어갔다.

그녀는 잠시 머문 이곳에 뽕과 누에 종자를 두었다가 이듬해 봄이 오자 그 뽕을 심고, 잠월(음력 4월)이 되었을 때 다시 이곳에 와 뽕잎을 따서 양잠을 했다. 처음 왔을 때는 여러 가지 잎을 섞어서 양잠을 했으나, 그 뒤로는 뽕나무도 그늘이 질 만큼 많아지자 왕비는 그곳의 돌에다 "살상을 금한다. 나비가 되어 날아간 다음에야 고치를 처리하라. 이를 지키지 않는 자는 신령의 가호를 받지 못할 것이다"고 새기게 했다. 한편 자기가 가져온 누에를 위하여 이곳에 가람(중이 살면서 불도를 닦는 집)을 세웠으니 여기가 마자 가람이다.

지금 마자 가람에는 뽕나무 고목이 몇 그루 서 있는데, 이 고목들이 바로 그때 심은 나무였다고 한다. 이런 까닭으로 지금도 이 나라에서는 누에를 죽이지 않는 습관이 있으며, 은밀하게 실을 뽑아낸 사람은 이듬해 누에치기에서 반드시 좋지 않은 일을 당한다고 한다.

이 전설은 현장이 다녀간 지 1300년이 지난 뒤, 영국 탐험가 스타인에 의해 새로이 빛을 보게 되었습니다. 호탄 지역을 뒤지던 스타인이 사막의 모래에 파묻힌 가람에서 위의 전설이 그림으로 그려진 목판화를 발견한 것입니다.

이 목판화는 티타의 서명이 있는 벽화를 비롯해 스타인의 수많은 중앙아시아 수집품들과 함께 지금 런던의 대영박물관에 보관돼 있습니다.

비단을 생산하는 뽕과 누에는 로마나 파르티아와 같은 거대한 제

비단을 가져온 왕녀도. 그림 속의 어떤 이가 비단이 숨겨진 왕녀의 모자를 가리키고 있다. 단단윌릭 출토.

국만이 아니라, 이처럼 조그만 오아시스 나라에서도 갖기를 무척 열망하는 자원이었습니다. 호탄이 비단과 맺은 인연은 이 전설보다 아주 오래됐습니다. 과연 어떤 인연이었을까요?

서방에서는 비단의 민족, 동방에서는 옥의 민족으로 알려진 월지

선사 시대 이래 호탄은 세상에서 가장 아름다운 옥을 생산하는 나라였습니다. 고대의 중국인들은 옥을 어떠한 물질보다도 귀중하게 여겼습니다. 명품의 옥을 구하려는 중국은 월지와 비단을 대가로 교역을 했습니다. 그런데 월지는 호탄의 옥으로 구입한 비단을 서방에되팔았습니다. 이는 흉노에게 쫓겨서 고향을 떠나기 전의 일로, 월지의 비단 교역은 흉노보다 시대가 앞섭니다. 이 때문에 비단을 뜻하는세레스란 말이 월지어에서 나왔을 가능성이 제기되는 것입니다.

월지가 서방에서는 비단의 민족으로, 동방에서는 옥의 민족으로 알려진 것은 이 때문입니다. 로마의 지리학자이자 역사가인 스트라본(BC 64~AD 21)은 세레스를 월지로 알았습니다. 즉, 월지를 비단의 나라 세레스로 파악한 것입니다. 반면에 중국인은 월지에서 옥이 생산된다고 믿어, 월지를 옥의 민족으로 알았습니다.

고대 중국인들이 얼마나 옥을 신성하게 여겼는지는 상상을 초월할 정도입니다. 중국 고전 『예기』에 나온 옥에 대한 설명을 잠시 보겠습니다.

옥은 저절로 부드러운 윤기가 흐르고 광택이 나기 때문에 인(仁)을 나타낸다. 섬세함과 견고함으로는 지(知)를 나타낸다. 모가 나 있지만 날카롭거나 사물에 상처를 입히지 않으므로 의(義)를 나타낸다. 몸에 옥구슬을 꿰어서 아래로 늘어뜨리는 것은 겸허의 모습으로 예(禮)를 나타낸다. 옥을 두드렸을 때 나는 맑고 높은 소리와 끝날 때까지 남는 여운은 음악을 나타낸다. 옥의 아름다움은 티를 숨기지 않아 충직한 마음의 진실과도 같다. 안에서 나오는 광채는 표면에 골고루 투과되므로 믿음의 힘이 미치지 않는 곳이 없는 것과 흡사하다. 또한 옥에서 나오는 무지갯빛은 하늘의 성질을 나타내며, 옥의 정기는 산천에서 오는 것으로 땅의 성질을 나타낸다. 하늘 아래 옥보다 존귀한 사람이 없음은 도리(자연의 뜻)이다. 등등.[1]

전국 시대에 화씨벽(和氏璧)이라는 옥이 유명했습니다. 진(秦)나라가 이 옥을 사들이기 위해 조(趙)나라에 성 열다섯 개와 바꾸자는 제안을 했을 정도로 값어치가 있었습니다. 화씨벽이란 '월지의 옥'의 또 다른 한자 표현으로, 화씨는 월지를, 벽은 아름다운 옥을 뜻합니

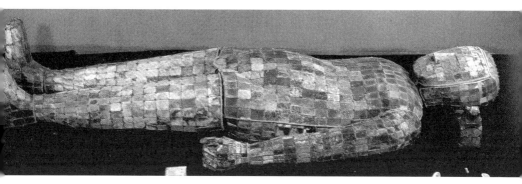

전한 시대 유승의 금루옥의(金縷玉衣). 길이 188센티미터. 하북성 만성현 유승묘 출토.

다. 그런데 실제로는 월지의 옥은 호탄의 옥입니다.

　한나라 때 옥으로 만든 수의가 유행했는데, 가장 유명한 것으로는 무제의 형인 유승의 무덤에서 발굴된 금루옥의(옥 조각을 금실로 꿰매어 만든 옷)입니다. 이것은 일정한 크기의 옥 조각을 금실로 꿰맨 유승 부부의 옷입니다. 남편의 것은 옥 조각이 2498매, 황금 실 1.1킬로그램이고, 여자의 것은 옥 조각 2160매, 황금 실 700그램으로 밝혀졌습니다.

　바로 이 옥의(玉衣)가 호탄의 옥으로 만들어진 것입니다. 현장이 방문했을 때 호탄의 국명이 고대 인도어 계통의 '고스타나(Gostana)'＊였습니다. '대지의 유방'이란 뜻을 가진 이 오아시스 호탄을 사이에 두고 흑옥강(黑玉江)과 백옥강(白玉江)＊＊이 흐르는데, 마치 유방에서

＊ 호탄은 오늘날 위구르어 지명이다. 현장은 당시의 국명 Gostana를 자신의 여행기에 구살단나(瞿薩旦那)로 기록했다. go는 대지를, stana는 유방을 뜻하여 Gostana는 대지의 유방으로 해석된다(李義林等 校注, 『大唐西域記校注』를 참조).
＊＊ 두 강에서 나오는 옥의 채취량이 무척 많아서 이렇게 불렸다.

흘러나오는 젖줄기 같은 형상이라고 해서 이런 명칭으로 불린 것 같습니다. 곤륜산에서 발원하는 이 두 강은 옛날엔 타클라마칸 사막을 지나서 롭 호수로 흘러들어갔습니다.

곤륜산은 예로부터 중국인의 상상 속에서 우주와 통하는 신산(神山)이었습니다. 그러한 곤륜산에서 나온 옥은 옥토끼가 사는 달의 정기를 받은 명품으로 천하에 유명했습니다.

바닷길을 통해 로마로

옥과 교환된 비단은 인도로 전해지고 그것은 다시 로마로 건너갔습니다. 앞서 언급했듯이 로마가 파르티아와 교역하는 것 외에, 2세기경부터는 바닷길로 인도를 통해서도 비단을 수입했다고 한 그 내용입니다. 여기서 인도는 월지가 세운 쿠샨 왕조 하의 서북 인도를 말합니다.

그런데 자칫하면 흉노에게 쫓기기 전의 월지와 후의 월지를 혼동할 우려가 있습니다. 위의 스트라본이 비단의 민족이라고 알았던 월지의 활동 시기는 기원전 200년경으로, 1세기 전반에 쿠샨을 세운, 지금 우리가 논하고 있는 월지와는 활동 무대가 다르다는 점에 유의해야 합니다(102쪽 지도 참조).

기원후의 호탄은 누란과 마찬가지로 쿠샨의 관할 하에 있었습니다. 이때 중국의 비단은 실크로드의 관문인 누란을 거쳐서 호탄으로 들어간 다음 쿠샨에 도착했겠지요.

당시의 시대상을 알려 주는 카로슈티 문서를 보면, 호탄과 누란은 가까운 사이였습니다. 호탄의 왕녀가 누란의 왕비가 되어 친정을 방문한 예도 종종 보입니다.

399년에 법현은 누란을 지나면서 이곳뿐 아니라 서쪽에 있는 거의 모든 나라가 인도의 법을 행하고 있다고 말했는데, 이 인도는 쿠샨으로 보아도 큰 무리가 없을 것입니다.

호탄 역시 약자의 비애를 가지고 있는 나라였습니다. 여러 강대국의 틈바구니에 끼어서 살았습니다.

전설이 말해주는 역사

중국 왕녀가 누에씨를 가져온 시기의 호탄을 잠시 살펴볼까 합니다. 전설이기 때문에 그 시기를 정확히 알기는 어렵지만 몇 가지 단서를 가지고 추정해 볼 수는 있습니다. 우선 현장이 다녀갈 때 마자가람에 뽕나무 고목이 몇 그루 서 있었고, 그것은 중국 왕녀가 심은 나무라고 했습니다. 뽕나무의 수명을 고려하면, 대략 5~6세기에 심어진 것입니다.

현장이 전하는 또 다른 '호탄 왕국의 건국 전설'은 이 시기를 아는데 의외로 적지 않은 힌트를 줍니다.

건국 전설을 요약하면, 인도에서 추방당해 이곳으로 들어온 왕의 집단과 동방의 나라에서 쫓겨온 왕자가 거느린 집단 사이에 전쟁이 일어나 후자가 이겼다는 내용입니다.

이 전설은 대체로 문헌의 내용과 부합합니다. 『자치통감』을 보면, 445년 북위에 쫓긴 어떤 종족이 호탄에 침입하여 그 왕을 죽이고 그

선비족의 갈래

땅을 차지했다는 기록이 나옵니다. 이때 북위(탁발)에 쫓긴 종족은 토욕혼입니다.* 위의 도표에서처럼 이들은 선비족에서 갈라져 나온 동류입니다. 호탄을 정복한 토욕혼 군주의 성은 울지(尉遲)씨였습니다. 좀 빗나간 이야기이지만, 『자치통감』의 저자는 고구려의 을지문덕이 바로 이 울지씨라고 했습니다. 우리 나라의 저명한 학자도 같은 의견을 피력한 적이 있는데 신빙성에 의문이 듭니다.

어쨌든 탁발이나 토욕혼이나 먼 옛날 모두 고구려의 서쪽 경계에 살던 부족이었습니다. 이들이 세력이 커져서 중국 대륙으로 진출해 한 부족은 목란시(木蘭詩)**를 낳고, 한 부족은 더 멀리 나아가서 서역의 끝자락인 호탄에까지 전설을 남긴 것을 보면, 실크로드의 역사는 마치 퍼즐 게임을 푸는 것처럼 얽히고 설켜 있습니다.

중국 공주가 누에씨를 가지고 들어온 시기는, 쿠샨의 이민자 집단이 지배하던 호탄 왕국이 토욕혼에게 정복될 즈음으로 어림짐작할 수 있겠습니다.

---

* 한편, 인도에서 추방당해 호탄으로 들어온 왕의 집단은 쿠샨 왕국 성립 과정(이 책의 10장 '문물2_ 불교와 불상'에서 상술)에서 여러 차례의 내분으로 인해 쫓겨난 어떤 집단으로 볼 수 있다. 아마도 이러한 집단이 호탄이나 누란에서 카로슈티 문자를 사용하고 왕의 호칭도 쿠샨식으로 표기하지 않았을까 추측한다.
** 이 시를 가지고 만든 영화가 바로 〈뮬란〉이다.

로마의 두 신부가 지팡이 속에 누에씨를 몰래 숨겨 가지고 나간 시기는 이에 반해 정확히 알 수 있는데, 토욕혼의 울지씨가 호탄을 지배하던 때였습니다.

그런데 현장 법사가 다녀간 다음, 호탄은 곧 티베트의 지배 하에 들어갔습니다. 이것이 실크로드에 존재했던 오아시스 국가들의 운명이었습니다.

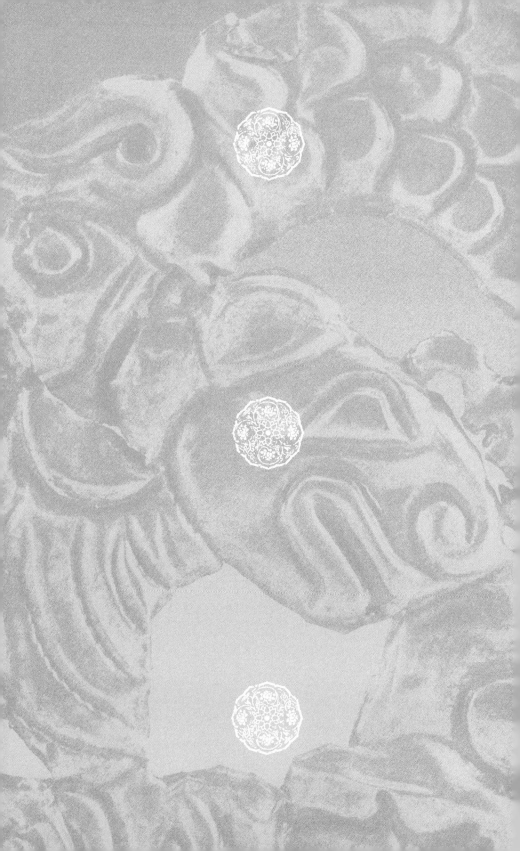

10 문물 2_ 불교와 불상

　우리가 어느 절에서나 흔히 볼 수 있는 불상은 서기 1세기 간다라 지방에서 처음 조성되었습니다. 당시 간다라 지방은 유목 왕조인 사카 왕조가 통치하고 있었고, 3대 왕인 카니슈카는 불교를 크게 번성시켜 호불왕(불교를 보호하는 왕)이라 일컬어지기도 했습니다.

　간다라에서 불상을 조성한 사람들은 알렉산드로스의 동방 원정에 따라 왔던 그리스인의 후손이었습니다. 그래서 일반적으로 간다라 미술을 말할 때 실크로드를 통한 문화 교류의 관점에서 서양 고전미술 양식이 동양으로 전파된 결과라는 점이 강조됩니다. 게다가 선진 문명이 후진 문명으로 전파된다는 일반론을 근거로 종종 서양 문명이 동양 문명에 비해 우월하다는 서양 중심주의의 근거로 이용되기도 합니다. 그러나 필자는 앞에서도 일관되게 피력한 바와 같이, 양식의 전파보다는 당시 불상을 조성했던 이들의 삶과 그들이 속한 사회 환경, 그리고 거기서 형성된 미의식이 더 근본적이고 중요하다고 생각합니다. 그래서 미술 양식의 전파보다는 역사주의적 입장에서

간다라와 그 주변. 협의의 간다라는 파키스탄의 페샤와르 일대를 가리킨다. 중국의 구법승들이 기록한 간다라는 이곳에 국한했다. (특히 '간다라 미술'이라고 말할 때 사용하는) 광의의 간다라는 카불과 탁실라 일대를 포함한다.

간다라 미술에 대해서 설명하고자 합니다.

불상 탄생의 전사(前史)[1]

불상이 세상에 태어나기까지는 긴 과정이 필요했습니다. 간다라 지역에 불교가 전파된 것은 인도 마우리아 왕조의 아소카 왕 때(BC 3세기 중엽)입니다. 그는 호불왕이라고 불릴 만큼 불교의 포교에 전념

탁트이 바히 사원의 전경. 사원 내 수도원은 이층 건물이었는데 층마다 방이 15개 있었다. 대략 30여 명의 스님이 거주했던 것으로 추측된다. 탑은 주탑원과 소탑원에 있었다. 위 그림은 주탑원의 복원도인데, 탑을 둘러싸고 있는 15개의 사당에 각각 불상이 안치되었을 정도로 규모가 웅장했다. 소탑원에도 사당이 30여 개나 있었다. 탁트이 바히 인근 사원들에서 대승불교의 미술품들이 집중적으로 출토된 것을 보면 이 지역에서 대승불교 운동이 활발히 일어났음을 알 수 있다. 실제로 간다라 지방은 대승불교의 진원지로 알려져 있다.

했는데, 그 일환으로 수없이 많은 불탑을 세워 불탑 문화를 일으킨 것으로 유명합니다.

불탑은 붓다의 유골이나 유품을 모신 기념물입니다. 원래 붓다의 유골은 8등분되어 전국 여덟 곳의 탑에 안치돼 있었는데, 약 200년 뒤에 아소카 왕이 그 탑들을 열어서 유골을 다시 나눈 것입니다. 유골 한 조각에 탑 하나씩 무려 8만 4000개의 탑을 인도 전역에 세웠다고 하니, 실제라고 보기는 어렵고 아마도 많이 건립했다는 뜻이겠지

박트리아의 쌍봉 낙타. 아라비아의 낙타는 단봉이다. 낙타의 새끼가 젖을 빨고 있는 그림. 7~8세기. 길이 14센티미터. 스타인이 호탄 근처의 엔데레에서 수집했다.

요. 어쨌든 이 과정에서 간다라 지역에 불교 문화의 초석이 놓인 것입니다.

그런데 기원전 2세기 초 간다라의 북쪽 박트리아*에 살고 있던 그리스인들이 간다라를 침략했습니다. 이들은 박트리아에서 살고 있었기 때문에, 이들의 왕국을 '박트리아의 그리스인 왕국'이라고 합니다.

---

*박트리아는 아무다리아와 힌두쿠시 산맥 사이에 있는 땅으로, 알렉산드로스 원정 때 이곳에 온 그리스인들이 독립하여 이 지역에 왕국을 세웠는데, 수도는 박트라(발흐)였다. 이 책의 156쪽 지도를 참조.

이후로 약 200년 동안 간다라는 그리스인들의 지배를 받았습니다. 이때 헬레니즘 문화가 뿌리를 내렸습니다. 비교적 순수한 그리스 문화를 유지한 이들(박트리아의 그리스인들)은 지중해에서 발원한 미술 양식을 이 지역에 새롭게 변용해 장차 간다라 미술이 등장하게 되는 토대를 마련해 주었습니다.

다음으로 북방 유목민인 사카족(대하)이 간다라로 쳐들어와 그리스인을 누르고, 이 일대에 살고 있던 파르티아인(이란인)*과 더불어 '사카 · 파르티아 시대'**를 약 1세기 동안 열었습니다. 이 시대에 들어오면 불상의 시원적 형태를 구체적으로 볼 수 있습니다.

사카족의 대하를 몰아낸 월지 역시 사카족의 한 갈래입니다. 월지가 박트리아에 있을 때, 월지의 다섯 개 씨족이 영토를 분할하였습니다. 그 중 하나인 쿠샨 씨족이 나머지 씨족들을 통합한 뒤 남하를 계속해 간다라에 근거를 둔 사카 · 파르티아 세력까지 공략하고 쿠샨 제국을 세웠습니다. 통상 이 시기를 서기 1세기 전반으로 봅니다. '본다' 고 자신 없이 말하는 것은 쿠샨 왕조가 기록을 남기지 않아서 화폐 등 관련 유물들을 통해서밖에 시대를 추정할 수 없기 때문입니다. 이 시점, 즉 서기 1세기에 최초의 불상이 탄생합니다.

이어 쿠샨 제국의 3대 왕인 카니슈카(144년경에 즉위)대에 들어서면 불상은 이제 본격적으로 제작됩니다. 이후 3~4세기 동안 간다라의

---

* 이 책의 7장 '알렉산드로스 대왕과 西의 실크로드' 참고.
** 기원전 129년 장건이 월지를 방문했을 때, 아무다리아의 북쪽에 월지가 있었고, 남쪽에 대하가 있었다. 이후 월지가 박트리아에 있는 대하를 치자, 사카족 대하가 밀리면서 간다라의 그리스인 왕국을 점령한 것이다. 이렇게 해서 사카족과 잔존 파르티아인이 섞여 사카 · 파르티아 시대를 열었다.

그리스인 미술가들은 물고기가 물을 만난 듯 자신들의 솜씨를 유감없이 발휘합니다.

카니슈카 왕 시기의 간다라

그런데 왜 간다라가 아닌 인도 본토에서는 불상이 만들어지지 않았을까요? 그리고 왜 하필 카니슈카 왕 시기에 특별히 불상 조성이 본격화되었을까요?

사실 인도 본토에 있는 마투라에서도 간다라에서와 거의 같은 시기에 불상이 만들어졌습니다. 간다라의 불상이 서방인의 용모인 데 반해, 마투라의 불상은 생김새가 훨씬 인도인을 닮았습니다. 인도의 전통적인 풍요의 신 약샤를 본떴기 때문인데, 마투라 유형(오른쪽의 보살 입상)은 한 세기를 넘기지 못하고 간다라 유형으로 바뀌었습니다. 그래서 이 유형은 주류를 이루지 못한 채 사라지고 말았습니다.

카니슈카 왕은 자기가 다스리는 광대한 제국에 불교를 적극적으로 일으켰습니다. 그래서 그를 제2의 아소카라고 부르기도 합니다. 사원이나 불탑 건립에도 후원을 아끼지 않아서 불교 미술은 이때 황금기를 맞게 됩니다. 그러면 왜 카니슈카는 제2의 아소카가 되어 불교를 진작시켰으며, 왜 불상이 그의 재위 기간에 본격적으로 제작되었을까요?

여기서 하나의 가설을 세워 봄직합니다. 카니슈카 앞에는 선대 왕이 두 명 있었습니다. 쿠샨 왕국의 창건자인 쿠줄라 카드피세스는 월지족 내의 4개 씨족을 제압했던 까닭에 이들의 불만이 끊이지 않았으

불입상(왼쪽). 1~2세기. 페샤와르 박물관. 간다라 미술 연구의 선구자인 푸셰는 이 불상을 헬레니즘의 원형에 가장 가까운 것으로 보았다.
보살 입상(오른쪽). 카니슈카 3년. 마투라 제작. 높이 2.89미터. 사르나트 출토. 최초의 마투라 보살상이다.

며, 그의 아들 비마 카드피세스는 북인도로 진출해 영토를 더욱 확장했기 때문에 이에 따른 정복지 내의 이질적 요소(인도적 요소)들을 통합해야 할 필요가 있었습니다. 물론 두 왕 모두 이를 극복하는 과정에서 자신의 기반을 구축한 것은 말할 나위가 없습니다.

3대째인 카니슈카는 선왕 사후에 벌어진 왕위 계승의 혼란을 뚫고 왕권을 장악한 인물이니만큼, 불안한 자신의 세력 기반을 공고히 하는 것이 어느 선왕에 비할 수 없는 통절한 과제였습니다.

이러한 사정을 반영하듯 세 왕이 주조한 주화를 보면, 1대 왕의 경우는 그리스계 신상(神像)이 주류를 이루고, 2대 왕은 힌두교의 신상이 대부분을 차지하며, 카니슈카 때는 이란계 신상이 압도적입니다.

쿠샨 왕국을 구성하고 있는 종족이 월지족을 근간으로 한 그리스

카니슈카 화폐 속의 불상. 지름 약 2센티미터. 왼쪽의 그리스 문자 *BOΔΔO*는 붓다(Buddha)를 표기한 것.

인·파르티아인·인도인·사카족 등인 점으로 볼 때, 카니슈카가 자신의 기반을 파르티아 문화에 둔 것은 당연했다는 생각이 듭니다.

주화에 나타난 신상을 기준으로 보면, 1대 왕은 그리스 문화를 앞세웠고, 2대 왕은 인도 문화를 내세웠습니다. 이것은 각 왕이 정복 사업에서 최대 업적을 이룬 지역의 문화입니다. 자신의 치적을 그 문화와 연결함으로써 정권을 강화했던 것입니다.

카니슈카가 등극하기 직전은 1대 왕과 2대 왕의 세력이 왕위 계승을 둘러싼 분쟁에서 전면에 나온 상황이었습니다.

이들 세력을 제압하고 자기 기반을 확고히 하기 위해 카니슈카는 두 선왕의 세력 기반과 무관한 파르티아의 문화를 적극 끌어들일 수밖에 없었습니다. 사카족의 문화는 월지와 같은 계통의 문화이기 때문에 군사력의 충당 외에는 큰 이득이 없었을 것이며, 그렇지 않아도 자연스럽게 흡수할 수 있었겠지요.

이제 군주가 된 카니슈카에게는 월지의 다른 네 씨족의 불만을 누그러뜨리고 왕권 경쟁으로 갈라진 쿠샨의 귀족들을 단결시키며, 제국 내의 여러 민족들을 통합하기 위한 이데올로기가 절실히 필요했습니다. 카니슈카는 불교를 이 이데올로기로 택했으며, 자신이 호불왕이 되어 전국적으로 불교를 흥륭하게 일으켰습니다.

그리고 똑같은 이유로 왕권을 강화하고 체제를 정비할 이데올로기가 필요했는데, 이를 위해 파르티아 문화를 도입했습니다(화폐에 중기 이란어(BC 3세기~AD 8세기)가 등장한 것은 카니슈카 때이다. 그 밖의 여러 예로 볼 때 카니슈카의 왕실에서는 중기 이란어가 보편적으로 사용되었다[2]).

통일신라의 경우를 보면 이를 쉽게 이해할 수 있습니다. 귀족들 간의 갈등을 해소하고 삼국을 통합하는 데 불교가 정신적으로 막대한 기여를 했고, 왕권과 국가 체제를 공고히 하는 데는 중국 문화가 그에 못지않은 역할을 한 것입니다.

카니슈카 정권도 마찬가지였습니다. 불교는 통합을 위해, 파르티아 문화는 왕권 강화를 위해 필요했던 것입니다. 그리하여 불상에 이란적 요소가 강하게 반영된 것을 볼 수 있습니다. 이를테면 정면으로 자세를 취하는 정면관(다음 그림 2)이라든지 활짝 뜬 눈에 동공(다음

3

4

1 카니슈카 입상. 2세기 전반. 높이 1.5미터. 마투라 출토.
2 불입상. 2세기. 높이 1.54센티미터. 페샤와르 박물관.
　　이란식의 정면관과 그리스식의 콘트라포스토 자세가 어색하게 결합돼 있다.
3 2의 세부.
4 청동 군주상의 머리 부분. 기원전 2세기. 상 높이 1.9미터. 이란의 샤미 출토.

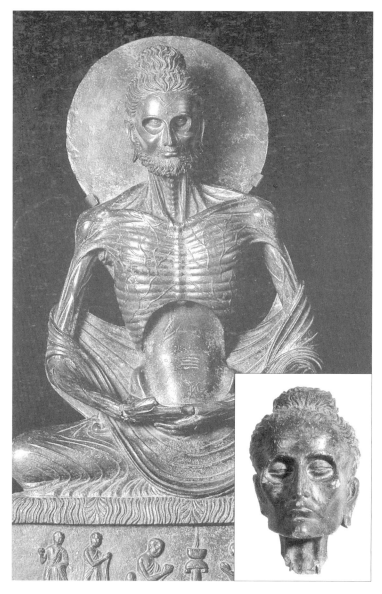

석가모니 고행상. 2세기, 높이 84센티미터. 시크리 출토.
고행상의 머리(오른쪽 아래). 2세기, 높이 26센티미터. 바라니시의 바라트 칼라 바반 출토.

그림 3)까지 표시되어 있는 것 따위가 그렇습니다.[3] 머리에 있는 광배는 이란의 종교 조로아스터교의 영향으로 보입니다.

역사적 상황을 종합해 볼 때, 간다라 미술을 단지 그리스 고전 양식의 전파물 혹은 이식물로만 설명하기는 어렵습니다. 불상 자체가 간다라 지역의 역사적 · 사회적 산물이며, 이곳의 독창적인 창조물이기 때문입니다. 특히 고행상은 간다라만이 가지고 있는 간다라 조각의 백미입니다.

도판에서 보는 것처럼 이 고행 불상은 핏줄까지 드러날 정도로 사실적이어서 당시 고행을 하던 수행자의 모습을 모델로 했을 것으로 생각되는 작품입니다. 해부학적으로도 정확한 재현[4]을 한 점은 조각가가 얼마나 철저하게 제작에 임했는가를 보여 줍니다. 이전에 존재한 어떤 양식의 조각도 본뜨지 않은 이 특이한 작품에서 조각가의 정신과 당시 불교도들이 부처를 이해한 한 단면을 헤아릴 수 있습니다.

석존께서 6년간의 고행을 중단했을 때 과연 어떤 모습이었을까? 수자타라는 소녀가 바치는 우유죽을 받아먹기로 결심한 순간의, 긴 고행을 중단하고 막 눈을 뜨려는 순간의 석존의 깨달음은 무엇이었을까?

이를 표현한 것으로 보이는, 왼쪽 두 개의 도판이 같은 형태이면서도 주는 느낌이 상반될 정도로 다른[5] 점에서, 고행 부처에 대한 당시 간다라 조각가 혹은 주문자의 다양한 이해를 짐작할 수 있습니다.

불상이 비록 그리스계 간다라인의 손으로 제작되긴 했지만, 그 탄생에서부터 수많은 제작에 이르기까지 당시의 이란 동부와 인도 북서부의 역사적 현실이 반영되었다는 사실을 간과해서는 안 될 것입니다.

간다라 미술의 전문가인 이주형 교수는 간다라 불상 조각에는 헬레니즘적 요소, 파르티아에서 변형된 헬레니즘 · 이란적 요소, 로마적 요소 등 외래 요소들이 다양하게 반영되었을 뿐 아니라 이미 확연히 지역화된 양상이 나타난다고 하면서, 간다라 자체 내의 변화와 동인을 간과한 채 그 발전사를 서방 고전 양식에 종속시켜 설명하려는 시도는 근본적 한계를 지니고 있다고 지적했습니다.

물론 필자의 주장은 이보다 조금 더 나아간 것이긴 하지만, 휜 막대가 중심에 오기를 원한다면 반대쪽에서 더 휜 주장을 할 필요도 있다는 점을 양해할 수 있을 것입니다.

반가사유상의 전파

간다라에서 처음 조성된 불상은 대승불교와 함께 실크로드를 통해 서역, 중국, 티베트, 몽골, 한국, 일본으로 전해졌습니다. 불상의 전파는 워낙 방대한 주제라서 이 책에서 충분히 살펴볼 수는 없지만, 필자가 불상을 이해하는 관점에 대해서 반가사유상을 중심으로 살펴보도록 하겠습니다.

독일 철학자 야스퍼스가 고대 그리스나 로마의 어느 뛰어난 조각도 도달하지 못한 인간 실존의 최고 이념을 조금도 남김없이 표현했다고 극찬한 일본의 반가사유상은 기실 고대 한국인의 손에 의해 정점에 이르렀습니다. 반가사유상은 원래 밀교의 성지인 우디야나에서 '연꽃을 들고 사색하는 모습으로 앉아 있는 보살상(반가사유상)'으로, 예배의 대상이었습니다. 밀교승이었던 혜초는 『왕오천축국전』에서 자신이 방문했던 간다라와 우디야나에 대해 생생히 기록했습니다.

이 성은 인더스 강을 굽어보는 북쪽 강기슭에 위치해 있다. 이 성에서
서쪽으로 3일 동안 가면 큰 절이 하나 있다. 곧 천친보살과 무착보살이
살던 절이다. 절의 이름은 카니슈카이다. 이 절에는 큰 탑이 하나 있는
데 항상 빛을 발하고 있다. 이 절과 탑은 옛날에 카니슈카 왕이 만든 것
이다. 그래서 왕의 이름을 따라 절의 이름도 지어진 것이다.
또 이 성 동남쪽에 마을이 있는데, 붓다가 과거에 시비왕이 되어 비둘
기를 놓아 보냈던 곳이다. 절이 있고 중도 있는 것을 볼 수 있다.
또 부처가 과거에 머리와 눈을 던져 다섯 야차에게 먹였다는 곳도 이
나라 안에 있다. 곧 이 성의 동남쪽에 있다. 그곳에도 절이 있고 중도
있어 지금 공양하는 것을 볼 수 있다. 이 나라에는 대승불교와 소승불
교가 함께 성행하고 있다.
또 이 간다라 국에서 정북쪽을 향해 산으로 3일을 들어가면 우디야나
국에 도착한다. 그곳 사람들은 스스로를 우디야나라고 부른다. 이 나라
왕도 삼보를 크게 공경한다. 백성들이 사는 마을에서는 많은 몫을 절에
시주하여 공양하고, 조그만 몫을 자기 집에 남겨 두어 먹을것와 입을것
에 사용한다. 또 재를 올려 공양하는데 매일 하는 것을 원칙으로 한다.
절도 많고 중도 많은데 중의 수가 속인의 수보다 약간 많다. 오로지 대
승 불법만 행한다. 의복·음식·풍속이 간다라 국과 비슷하나 언어는
다르다. 그 땅에는 낙타·노새·양·말·전포 들이 풍족하다. 기후가
매우 춥다.[6]

인용문의 첫머리에 나오는 성은 쿠샨 왕국의 수도 푸루샤푸라* 입

카니슈카 대탑의 기단부를 장식한 스투코 불상. 20세기 초의 사진.

니다. 카니슈카가 세운 절의 불탑은 높이가 무려 100미터가 넘고 해가 뜨면 금빛으로 찬란하게 빛났다고 합니다. 20세기 초에 발굴되었는데, 현재는 기단부만이 남아서 과거에 화려했던 영화의 자취만을 보여 줄 뿐입니다.

천친보살은 바수반두를, 무착보살은 아상가를 일컫습니다. 간다라 출신인 이 두 형제는 대승불교의 철학적 발전에 중요한 역할을 했습니다. 현장이 이곳 카니슈카 절을 찾았을 때, 천친보살을 존경한 자가 그의 열반을 추모하기 위해 천친보살이 쓰던 낡은 방을 봉하고 그

✽현재 파키스탄의 페샤와르 분지에 해당한다.

앞에 유래를 써놓은 것을 보았다고 합니다. 현장은 수도 푸루샤푸라에만 절이 1000여 군데 있으나 부서져 황량하게 내팽개쳐 있었으며 불탑도 많이 파괴되어 있었다고 전합니다.

우디야나 국은 넓은 의미의 간다라에 속하지만, 혜초가 방문했을 때에는 별개의 작은 소국이었습니다. 밀교 성지 우디야나는 밀교승 혜초에게는 밤하늘의 북극성과도 같은 존재였습니다. 밀교는 흔히 우리가 잘못 알고 있는 그런 사교(邪敎)가 아니고, 대승불교의 역사에서 마지막 단계에 나타난 고등 불교입니다. 대표적 밀교의 예가 티베트 불교입니다. 『티베트 사자의 서』의 저자인 위대한 밀교승 파드마삼바바('연꽃 위에서 태어난 자'라는 뜻)도 우디야나 출신이었습니다.

우디야나에서 밀교승들에게 예배의 대상이 되었던 보살상은 뒷면의 사진에서 보는 것처럼 중국·한국·일본의 반가사유상과 양식적으로 같습니다.

그런데 흥미로운 사실이 하나 있습니다. 최초의 반가사유상인 우디야나의 상은 관음보살인데, 돈황·한국·일본의 상은 미륵보살이란 점입니다. 이것은 어떤 미술품이 동일한 양식의 범주에 속한다 하더라도 나라와 지역의 사회적 배경에 따라 재창조된다는 것을 보여주는 좋은 예입니다.

어쩌면 이것은 양식의 원류와 계통을 찾는 것 이상으로 양식에 담긴 사상을 탐구할 필요성을 제기하는 것인지도 모릅니다. 사실 어디서 무엇이 시작됐다는 것이 뭐 그리 중요하겠습니까? 하지만 우리의 의식 속에는 원조, 오리지널 이런 게 아주 중요하게 자리잡고 있습니다. 일본의 국보 1호인 미륵반가사유상은 재료와 기술 면에서 우리

1 연화수 보살. 7~8세기. 높이 20센티미터. 카쉬미르 출토.
2 미륵반가사유상. 북량(421~439). 돈황 석굴 275굴.
3 금동미륵반가사유상. 국보 83호. 삼국시대 7세기. 높이 93.5센티미터.
4 일본의 미륵반가사유상. 7세기 이후. 일본 고류지 소장.

나라에서 건너간 것으로 알려져 자긍심을 높여 줍니다. 그런데 이것도 너무 지나치면 똑같은 함정에 빠지고 맙니다.

예컨대 인류는 아프리카에서 나왔는데, 왜 아프리카를 미개하다고 무시하지요? 그리고 인류 최초의 문명이 현재 이라크가 있는 메소포타미아에서 기원했는데, 지금 이라크는 어떤 대접을 받고 있나요? 석가모니는 네팔에서 태어났는데, 네팔은 불교 미술에서 어떤 비중으로 다루어집니까? 반면에 그리스-로마가 기원인 문화는 어떻게 포장됩니까? 우리가 다루고 있는 간다라 불교 미술의 예만으로도 충분합니다.

물론 양식의 원류를 더듬고, 그것이 각 지역(local)의 문화와 섞이면서 변형되는 과정을 연구하는 것은 반드시 필요합니다. 문제는 서구 중심의 문화 패권주의가 이 연구에 스며들어* 지역의 미술품이 은연중 아류로 평가될 뿐 아니라, 불필요하게 지역 문화를 폄하하는 의식**이 팽배해질 수 있기 때문입니다.

이를 경계하는 것만으로는 희망 사항 내지 관념에 그칠 것이기 때문에, 새로운 방법론을 모색해 그 안에서 기존의 양식사를 수용할 수 있는 가능성을 찾지 않으면 안 될 것이라 생각합니다. 그래서 필자는 삼국 시대의 미륵반가사유상 역시 사회사적 배경 속에서 이해하고자 합니다.

불교가 우리 나라에 전래돼 민간에 뿌리를 내리기 위해서는 샤머

---

* 더 엄밀히 말하면 이는 양식사가 가지고 있는 방법론상의 속성이다.
** 그 반대도 동전의 양면처럼 같은 의식의 발로이다.

니즘과 결합해야 했는데, 이 미륵 신앙이 연결고리의 역할을 한 것입니다. 미륵 신앙은 구세주가 나타나 구원해 주기를 바라는 메시아 사상을 담고 있습니다.

불교는 정치한 이론으로 이루어져 있기 때문에 구체적인 신앙의 형태로는 접근하기 어려웠으나, 태양 숭배 사상을 배경으로 한 샤머니즘과 일맥상통한 미륵 신앙이 자연스럽게 수용되어 고대 한국인의 유토피아에 대한 희망을 불교의 틀 내에서 실현할 수 있게 된 것입니다.

신라에서는 화랑 제도가 미륵 신앙을 토대로 운영됐으며, 백제는 미륵 선화 설화에서 보듯이 삼국 시대 미륵 신앙의 중심지였던 것으로 추정됩니다. 이 신앙은 왕권을 강화하려는 의도와 민간의 구원론적 이상이 맞물려 꽃을 피우다가 차츰 하층민 신앙으로 자리잡아 간 것으로 보입니다.

미륵반가사유상은 미륵이 도솔천에서 중생 구제의 자비심을 품고 명상하는 모습입니다. 국보 83호 금동미륵반가사유상은 7세기 전반에, 그리고 최초의 미륵반가사유상인 국보 78호는 6세기 말에 제작된 것으로 보는 게 통설입니다.

미륵반가사유상이 짓는 미소에는 시간의 초월성, 승화의 깊은 아름다움이 담겨 있습니다. 지구상에서 승화를 이처럼 완벽하게 표현한 작품이 또 어디 있을까요?

이 작품에는 왕권을 강화하려는 의도가 더 많이 반영됐을 텐데, 그럼에도 불구하고 나의 눈에는 민간이 갈망하는 구원에 대한 염원이 더 깊게 배어 있는 것처럼 보입니다. 그것은 어떤 불상과도 비교할 수 없는 초월적인 희망의 빛을 발하고 있기 때문이라고 생각합니다.

통일신라의 불교가 통합의 경전인 화엄경을 근간으로 한 것과 달리, 삼국이 상쟁하는 시대에는 국가 보위를 위해 메시아적인 미륵 사상이 더 절실했을 것입니다. 게다가 시대적으로 왕권의 확립기에 있었던 만큼 귀족층을 견제하기 위해서도 민심을 얻어야 했기 때문에, 민간 신앙인 샤머니즘과 잘 결합하는 미륵 신앙이 각광을 받았을 것입니다.

이 상의 명상하는 모습은, 왕이 전륜성왕(轉輪聖王)*을 기다리든, 민간이 구제를 기다리든, 미래에 대한 희망이란 점에서 만면에 머금은 미소와 절묘하게 조화를 이룹니다. 특히 네모꼴 얼굴에 광대뼈가 나오고 입가가 들어간 웃는 표정은 전형적인 우리 나라 사람의 특징입니다.[7] 이 때문에 한국적 불상형을 최초로 조형한 보살상이라는 평가를 받고 있습니다.

이 상을 보면, 경전에 기록된 구원의 시간인 56억 7000만 년 뒤와 중생들이 원하는 지금 당장이라는 시간 사이에 절대적 긴장이 존재합니다. 이 긴장은 불가사의하게도 현실의 부정과, 현실의 긍정과, 현실의 승화를 동시에 일으킵니다. 구원은 궁극적으로는 시간을 초월하여 일어납니다.

비록 이 상이 왕실의 기원을 표현하고 있다 하더라도, 그것은 중생의 발원이라는 바다 위에 떠 있는 부표와 같은 것이라고 할 수 있습니다. 이 발원은 새로운 시대가 오기를 고대하는 마음과 맞물리는 것으로, 우리의 미륵반가사유상은 메시아에 대한 대망을 승화시킨 최고의 걸작품이 아닐까요?

---

* 전륜성왕은 무력에 의하지 않고 정법으로 세계를 정복·지배하며, 그가 지배할 때 미륵이 출현한다고 한다. 인도의 아소카 왕을 세속의 전륜성왕이라고 말한다.

진정으로 고대 한국인 조각가의 심미 의식에 경탄을 보내지 않을 수 없습니다. 만약 미륵반가사유상의 돈황판(版)을 그가 이미 알고 있었다면, 왜 그는 돈황의 미륵과 이렇게 다른 미륵을 제작한 것일까요?

그것은 서로 다른 사회·문화적 차이를 살펴봐야 할 것입니다. 여기까지는 아직 연구가 돼 있지 않기 때문에 설명할 수 없습니다.

다만 우리 작품에 대한 감상에 국한한다면, 이 상이 머금은 승화의 미소가 중생의 고통을 껴안은 희망의 빛이기에 중생은 그 앞에서 희망을 품고 간절하게 기원을 합니다. 그러나 이 미륵은 그런 염원에 얽매이지 않고 초탈한 모습을 하고 있습니다. 미륵의 명상은 중생에게 궁극의 평화를 보여 주는 듯합니다.

미륵반가사유상이 특히 삼국 시대에 많이 제작되었고, 신라가 다른 두 나라를 정복한 이후로는 비원의 백제 땅에서 주로 조성된 것으로 보아, 미륵 신앙의 한국적 수용의 특징 하나를 엿볼 수 있습니다.

작품의 이해를 돕기 위해 어쩔 수 없이 설명을 하였습니다. 하지만 작품은 설명으로 이해하기보다는 염화미소처럼 느껴야 하지 않을까요? 예술 작품은 시(詩)와 같기 때문에 설명을 하면 할수록 구차해집니다.

이처럼 주제가 다르고(도상의 의미가 달라지는 것), 그에 따라 표현 특성이 완벽히 달라지는(같은 양식 속에서 표현 특성이 달라지는 것) 이 작품을 과연 원본의 변이로 이야기해야 할까요, 아니면 기존의 텍스트를 기초로 한 새로운 창작품으로 이해해야 할까요?

11 문물 3_ 기타

서커스의 중국 전래

2000년 전에도 입에서 불을 뿜으며 칼을 집어삼키는 묘기를 보기 위해 사람들이 장사진을 쳤습니다. 곡예나 마술은 이집트에서 제일 먼저 시작했습니다. 곡예가 중국에 들어온 것은 당연히 장건이 실크로드를 개척한 이후였습니다. 사서에는 한나라 무제의 사신이 파르티아 땅에 들어가 왕의 융숭한 대접을 받고 돌아오는 길에 그 나라의 사절이 함께 왔는데, 그 사절이 무제에게 타조 알과 알렉산드리아에서 온 곡예사를 바쳤다는 기록이 나옵니다. 이것이 공식적으로 중국에 곡예가 들어온 최초의 일입니다.

곡예사들은 기원전부터 실크로드를 따라 세계 각지를 다니며 순회 공연을 했습니다.

흑인 곡예사 토용. 높이 11.2센티미터. 투르판 아스타나 출토. 반바지를 입은 것으로 보아 인도인으로 보기는 힘들고, 아프리카 흑인으로 보인다.

미얀마의 왕이 한나라 황제에게 헌상한 마술사는 불을 토하고, 자신의 팔다리를 자르며, 소와 말의 머리를 바꾸고, 또 1000개나 되는 공을 공중에 띄워 묘기를 부렸다고 합니다.[1]

중국에는 일찍부터 불교 · 조로아스터교 · 마니교 · 기독교 등 여러 외래 종교가 들어왔는데, 이들은 포교를 위해 번화가에서 곡예를 부렸습니다. 곡예의 종류는 무척 다양했습니다. 몸을 공중에 가볍게 날리기, 칼 삼키기, 여러 개의 공을 공중에 띄우기, 불 내뿜기, 참외 심기, 나무 심어 기르기, 배 가르기, 신체의 일부를 자유롭게 자르기도 하고 붙이기도 하기, 줄타기, 머리 위에 장대를 세우고 그 위에서 몸을 날리기 따위였습니다.[2]

당나라 수도 장안에서 열린 곡예는 폭발적 인기를 끌어서 상설 공연을 하기도 하였습니다. 궁중에 불려 가는 스타급 곡예사도 생겼습니다. 지금도 북경이나 평양을 방문한 외국 사절이 서커스를 보면서 뜨거운 박수와 찬사를 보내는 것처럼, 당시에도 외국 사신들을 위한 접대용으로 곡예는 무척 사랑을 받았습니다.

실크로드를 타고 들어온 곡예는 우리 나라와 일본에도 전해졌는데, 벽화 등의 미술품에 멋지게 표현돼 있습니다.

간희(竿戲 : 장대타기)를 하는 나무로 만든 인형.
당(唐). 높이 26.8센티미터. 투르판 아스타나 출토.

1 음악과 춤과 잡기를 보여 주는 인형들. 전한. 길이 67센티미
  터, 폭 47.5센티미터. 산동성 제남시 출토.
2 일곱 개의 접시로 묘기를 부리는 무인(舞人). 전한. 산동성
  기남(沂南) 출토.
3 칼과 공으로 부리는 묘기. 전한. 산동성 기남 출토.

1 장대타기. 전한. 산동성 기남 출토.
2 말 위에서 부리는 묘기. 전한. 산동성 기남 출토.
3 연회장에서의 묘기들. 전한. 사천성 성도시 출토.
4 여러 개의 공과 세 개의 막대기를 번갈아 던져 올렸다가 받는
  묘기 등. 고구려 수산리 고분 벽화. 5세기. 복원도.

말로 설명하는 것보다는 그림으로 보는 것이 훨씬 실감이 날 것이니, 유물들을 보면서 당시 구경꾼들을 흥분시켰던 곡예의 자취를 더 듬어 보기 바랍니다.

과일 · 식물

과일을 가득 실은 나귀가 수레를 끌고 백양나무 가로수 길을 딸가닥딸가닥 지나가는 모습은 실크로드를 여행하면 흔히 볼 수 있는 광경입니다.

포도로 유명한 투르판 오아시스를 여행한 적이 여러 번 있는데, 달걀이 익을 지경으로 내리쬐는 뙤약볕을 피해 나무 그늘로 몸을 숨기면 목물이라도 한 것처럼 시원했던 기억이 납니다. 투르판에는 포도

투르판에 있는 민가의 포도 저장고. 뒷배경은 화염산.

구라는 넓은 포도 재배 지역이 있고, 거의 모든 집에 포도를 보관하는 창고가 있습니다.

　포도의 원산지는 이란으로 알려져 있습니다. 포도가 파미르 고원을 넘어 중국으로 들어온 것도 장건이 실크로드를 착공한 이후였습니다. 한혈마가 있는 대원을 방문한 한나라 사신은 대원의 이웃 나라들이 포도주를 빚어 마신다는 소식을 천자에게 전했습니다. 부잣집에서는 1만여 석에 이르는 술을 저장해 두고 지내며, 오래된 것은 몇십 년이 지나도 상하지 않을뿐더러 맛이 더욱 기막히다면서, 그는 씨앗을 천자에게 보여 주었습니다.

　외국의 신기한 것을 좋아하는 무제는 궁궐 안의 경치가 좋고 비옥한 터에 포도씨를 심어 온통 포도나무로 뒤덮었습니다. 그가 외국의 사신들을 불러서 한혈마와 함께 이를 보여 주며 자랑했다고 하니, 당시에 포도를 얼마나 귀히 여겼는지 가히 짐작이 갑니다.[3] 이렇게 포도가 실크로드를 따라 중국에 들어온 이래로, 투르판은 중국 황실에 포도를 진상하는 고장이 되었습니다.

　포도 말고도 실크로드를 따라 들어온 식물이 무척 많은데, 대체로 이름 앞에 '호(胡)'자가 붙습니다. 호도(호두), 호두(누에콩), 호산(마늘), 호마(참깨), 호초(후추), 호유(완두콩), 호라복(당근), 호과(오이) 등이 그것입니다.

　호는 원래 흉노가 자기 자신을 일컫는 말이었습니다. 호에 관한 최초의 기록은 흉노의 칸이 한나라 황제에게 보낸 편지에서 "남쪽에는 큰 한(漢)이 있고, 북쪽에는 강한 호(胡)가 있소. 호는 하늘의 자손이오"[4]라고 한 글귀입니다.

　역사적으로 '호'는 한나라 때부터 흉노를 가리키는 말로 쓰이기 시작하다가, 당나라 때 와서는 이란과 인도까지 가리키는 말로 확대되었습니다. 위의 식물들에서 볼 수 있듯이, 이름 앞의 '호' 자는 이란 등 서쪽 나라들에서 들어온 것임을 말해 주는 일종의 기호인 셈입니다. 눈 오는 겨울 밤 발길을 붙잡는 추억의 호떡도 실크로드를 통해 들어와 우리 식으로 변형된 떡입니다.

비록 '호' 자는 붙지 않았지만, 수박도 실크로드를 통해서 들어왔습니다. 수박은 목마른 사막의 여행자에게 더할 나위 없이 각광받는 과일이었습니다.

또 석류도 있습니다. 눈물이 날 정도로 신 우리의 석류와 달리, 서역의 석류는 시기는 하지만 아주 달콤합니다. 석류의 원산지도 이란 등 서아시아로 알려져 있습니다. 석류를 쪼개면 투명한 붉은 색의 알이 얼마나 예쁜지, 그리고 얼마나 아기자기한지 서쪽 나라들에서는 석류에 빗대 사랑을 노래한 시와 음악이 많습니다. 그 중 하나로 아프가니스탄에서 애창되는 노래를 여기에 소개합니다.[5]

내 아름다운 연인이여
나는 당신이 좋아
나무 아래서 외따로이 날 기다려 줄 그대
그대 거울을 갖고 있을지라도, 그 거울보다
그대의 눈은 더 빛나고 있네

아아 그리운 사람아
부디 내게로 와
나의 연인이 되어 주오

나와 함께

석류 열매 속으로 들어가 주오

이 달디단 석류 열매 속에 보금자리를 만든다면

단잠도 자고 사랑을 속삭일 수 있을 텐데

종교

샤머니즘, 불교, 조로아스터교, 마니교, 기독교, 유대교, 이슬람교 등이 실크로드 위에서 번성하였습니다. 이들 종교는 포교를 위해 사막의 오아시스, 초원의 천막, 제국의 거대 도시들을 찾아 다녔습니다. 어떤 때는 카라반의 낙타 등에 실려서, 어떤 때는 전쟁하는 군인의 말 등에 얹혀서, 또 어떤 때는 망망대해를 항해하는 범선에 태워져 박해를 당하기도 하고 사랑을 받기도 하면서 오랜 세월 인류의 삶을 변화시켜 왔습니다.

이들 중에서 가장 먼저 동방으로 먼 길을 떠난 종교가 조로아스터교였습니다. 페르시아인 조로아스터가 창시한 이 종교는 페르시아의 국교였습니다. 이 종교의 최고 신은 '빛의 신'으로 선한 신인 데 반해, '암흑의 신'은 악한 신입니다.

악한 영을 샤이틴이라고 하는데, 이것이 기독교로 들어가 사탄이 된 것입니다. 이밖에도 조로아스터교가 다른 종교에 미친 영향은 여러 군데에서 나타납니다. 예수나 부처의 머리에 둘러 있는 광배가 좋은 예입니다.

조로아스터교의 배화단(拜火壇: 불을 숭배하는 제단). 낙세 로스탐.

조로아스터교가 불을 숭배했기 때문에 중국에서는 배화교(拜火敎)라고 불렀는데, 이들은 '불의 사원'에서 성화를 피워 놓고 예배를 드렸습니다. 배화교 신자는 주로 중국의 대도시에 거주하는 페르시아(이란)인이었습니다.

중국처럼 거대 제국이 아닌 실크로드 위의 군소 오아시스들에도 거의 빠짐없이 조로아스터교의 사원이 있었습니다. 페르시아어로 카라반 대장이나 조로아스터교 관리자의 칭호가 똑같이 '사르타바호'*

---

* 사르타바호를 중국어로 음역하면 살보(薩寶)인데, 고대 중국의 한 관제였다. 조로아스터교도의 관리자를 가리킨다. 원래 산스크리트어에서 온 말로, 카라반 대장에 대한 호칭이기도 한 사실로 미루어 보면, 카라반 대장 중에서 조로아스터교 관리자를 뽑았던 것 같다. 한편 카라반 대장의 대부분이 소그드인이란 점에서 소그드인 거상 중에 조로아스터 교도가 많았던 사실도 알 수 있다.

소그드어로 된 마니교도의 서간. 10세기. 길이 268센티미터, 폭 26센티미터. 투르판 베제클릭 65굴 출토.

인 것을 보면, 실크로드 상에서 페르시아인이 행한 무역과 종교가 얼마큼 유착돼 있었는가를 엿볼 수 있습니다.

마니교는 조로아스터교에서 파생한 페르시아의 종교인데, 기독교와 불교의 내용도 많이 수용하여 동서의 여러 문화에 적응할 수 있는 매우 관대한 교리를 갖추었습니다. 화가이기도 했던 창시자 마니는 포교의 일환으로 그림을 그려 주면서 중앙아시아·인도·중국 등지를 여행했습니다. 정작 고국에서는 조로아스터교의 탄압을 받아 극형에 처해졌지만, 적응력 있는 교리 덕분에 실크로드를 통해 비교적 순조롭게 이민족 속으로 퍼져 나갔습니다.

로마 제국 내에서는 4~5세기에 마니교의 인기가 최고로 높았으며,

경교 벽화. 9세기. 투르판 고창 고성. 네스토리우스파 기독교의 성직자와 신도들이 나뭇가지를 들고 있는 모습을 비잔틴 양식
으로 그렸다. 종려 주일을 기념하기 위한 것으로 보인다.

기독교 교리에도 많은 영향을 주었습니다. 마니교가 중국에 들어온
것은 당나라 때인데, 당시 몽골 초원에서 당나라와 대립하고 있던 위
구르 제국은 마니교를 국교로 채택했습니다.

20세기 초에 마니교 경전을 팔레비어 · 고대 투르크어 · 소그드
어 · 한자 등으로 번역한 문헌들이 발견됨으로써 마니교가 동과 서,
그리고 남과 북을 문화적 · 종교적으로 이어 주는 다리의 역할을 한
사실이 드러났습니다. 마니가 열광을 뜻하는 마니아(mania)의 어원이
라는 사실도 흥미롭습니다.

기독교는 어떻게 동방으로 전파되었을까요? 중국에 기독교를 최
초로 선교한 인물이 누구입니까? 1582년에 범선을 타고 도착한 이탈

불국사에서 발견된 유물. 7~8세기경으로 추정하고 있으나 발견의 구체적인 경위나 지점 등은 알려져 있지 않다.

대진경교유행중국비(大秦景敎流行中國碑)

리아 예수회 소속의 마테오 리치라고 알고 있을 것입니다. 그러나 실제로는 635년에 실크로드를 통해 들어온 페르시아인 선교사 아라본입니다.

세계사 교과서를 보면 중국에 들어온 모든 외래 종교의 활동이 다 실제대로 기술되어 있는데 반해, 유독 기독교만이 사실과 다른 까닭이 무엇일까요?

정통 교단의 마테오 리치와 달리, 아라본은 로마 황제가 이

단으로 선포해 추방한 네스토리우스파 교단의 사제라는 점을 주목하면 이 문제는 쉽게 풀립니다.

네스토리우스파 기독교인들이 동방으로 쫓겨가면서 세운 교단의 분포를 보면 실크로드를 따라 매우 광범위하게 흩어져 있는데, 이런 연유로 이를 동방 기독교라고 합니다. 중국에서는 이 교단을 경교(景敎)라고 불렀습니다.

우리 나라에도 네스토리우스파 기독교가 들어왔을 것으로 보이는 유물들이 발견되었습니다. 경주 불국사에서 성모 마리아 상과 돌 십자가들이 나와, 이들이 7~8세기경의 경교 유물이라는 주장이 제기됐습니다. 실크로드가 한국을 거쳐 일본에까지 이어진 사실을 생각하면 그리 의아스러운 일도 아닙니다.

몇 해 전 실크로드 답사 길에 오르면서 서안 박물관에 들른 적이 있습니다. 박물관 뒤뜰에 아주 유명한 옛 비석들만 모아 놓은 곳이 있는데, 그곳에서 경교의 역사적 기념물인 '대진경교유행중국비'를 관람했습니다.

한자로 새겨진 내용을 이미 번역 글로 읽고 간 터라, 비 앞에 섰을 때 감회가 더욱 새로웠습니다. 비석의 하단과 좌우측에 70명이 넘는 경교 사제들의 이름이 한자와 나란히 시리아 글자로 새겨져 있습니다.

두어 명만 소개하면, 비문의 작성자는 경정(景淨, 시리아 명 아담)이고 비의 건립자는 이사(伊斯, 이지드부지드)이며 당시 네스토리우스 교단의 총주교는 영서(寧恕, 하난 이쇼)입니다.

이 비석이 세워진 일자는 781년 음력 1월 7일 일요일이었습니다. 이로부터 1세기도 채 못 되어 경교는 중국에서 막을 내렸습니다. 그

네스토리우스파 기독교도의 비. 내몽고자치구 올론숨에서 발견. 이 교파의 십자가는 끝이 벌어져 있는 특징을 가지고 있다. 오른쪽 비의 머리 부분 참조.

러나 동방 기독교의 불꽃은 곧바로 초원으로 점화돼 11세기에 들어 와서는 초원의 유목민 사회에서 네스토리우스파 기독교가 르네상스 를 맞게 됩니다.

칭기스 칸이 세운 몽골 제국의 황후들과 칸의 수석 서기관을 비롯 한 대신들은 대부분 독실한 동방 기독교인이었습니다. 어떤 경우는 초원의 한 부족이 모두 기독교인이기도 했습니다. 필자는 초원 실크 로드를 여행하면서 동방 기독교인들이 남긴 많은 비석들을 보았습니 다. 그때 함께 여행한 어떤 학자 분은 이 비석들에 새겨진 십자가를 초원의 십자가라며 많은 이야기를 해주었습니다.[6]

무늬

무늬란 어떻게 생겨났을까요?

만약 미술 시간에 아무 것도 그리지 않고 하얀 도화지를 그대로 선생님에게 드리면 뭐라고 하실까요? 아마 호되게 야단을 맞겠지요. 인간은 공백에 뭔가를 그려 넣지 않으면 벌을 받을 것 같은 공포를 본능적으로 느낀다고 합니다. 이것을 공백의 공포라고 부릅니다. 이 공포에서 벗어나기 위해 그려 넣은 부호, 이것이 바로 무늬입니다. 무늬에는 자연물을 직접 그려 넣은 것, 기하학적인 것, 양식적인 것 등이 있습니다.

먼저 연꽃 무늬에 대해서 이야기해 보지요.

연꽃은 불교의 상징입니다. 절에서 보는 부처님은 활짝 핀 연꽃의 옥좌에 앉아 계십니다. 불교 용품뿐 아니라 불교 문화의 영향을 받은

연꽃 무늬

1 페르시아의 아나히다 여신이 새겨진 은제 병. 5~6세기, 이란의
  테헤란 고고박물관.
2 인도의 산치 여신. 캘커타 미술관.
3 수하미인도(樹下美人圖). 당, 돈황 17굴.
4 수하미인도. 당, 서안 장회태자묘에 들어 있는 삽도.

생활 도구에서도 연꽃 무늬는 흔하게 보입니다. 그렇다면 연꽃 무늬는 어디서 나왔을까요?

당연히 인도라고 생각하겠지요. 불교가 인도에서 나왔으니까요. 그러나 놀라지 마십시오. 연꽃 무늬는 우리의 상식과는 달리 이집트에서 최초로 출현했습니다. 고대 이집트에는 태양 숭배 문화가 있었는데, 이는 해가 뜨면 피고 해가 지면 지는 연꽃의 생태를 태양신과 결부시켜 재생과 영원한 생명의 상징으로 연꽃을 신성시한 데서 연유한 것입니다.

이집트의 연꽃 무늬가 인도로 전해진 것은 마케도니아 왕 알렉산드로스의 동방 원정 때였습니다. 그리스와 인도를 거치고 다시 실크로드를 경유해 중국에 들어온 연꽃 무늬는 동아시아의 불교 미술에서 빼놓을 수 없는 무늬가 되었습니다.

여느 무늬처럼 연꽃 무늬도 세계적으로 공통된 형태가 보이는데, 이는 연꽃이 갖는 상징이 어느 지역에서나 대체로 비슷하고, 또 한편 기술이 가지는 공통성의 경향 때문입니다.

무늬는 아니지만, 공통성이 잘 나타난 양식화된 그림을 한 세트 소개하겠습니다. 〈수하미인도(樹下美人圖)〉인데, 나무는 우주와 상통하는 낙원을, 미인은 생명을 잉태하는 여신적 존재를 상징하는 것으로 봅니다. 실크로드를 따라 나타난 페르시아·투르판·돈황·장안·일본 등의 〈수하미인도〉입니다(왼쪽 그림 1~4). 서로 다른 문화에 들어 있는 공통적인 면과 각 지역의 독특한 미의식·기술이 반영된 개성적인 면을 발견할 수 있습니다.

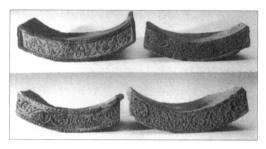

인동당초 무늬(위). 이 무늬는 이집트의 연꽃 무늬에서 유래하였다.
아래는 포도당초 무늬.

실크로드를 통해 동방에 들어온 무늬 중에서 가장 대표적인 것은 당초 무늬일 것입니다. 여러 가지 덩굴풀이 비꼬여 뻗어 가는 모양의 무늬를 말하는데, 글자 뜻으로 보면 당(唐) + 초(草)의 무늬, 즉 당나라 풍의 풀 무늬를 가리킵니다.

실크로드의 정점을 구가한 당나라풍이란 바로 서역풍 · 이국풍을 말합니다. 덩굴풀 무늬가 서역을 통해 들어왔기 때문에, 서역풍의 대표인 당풍을 이 무늬의 출전처럼 붙여 당초 무늬라 한 것은 매우 자연스러워 보입니다.

당초 무늬는 하나의 패턴으로서, 주제 식물을 무엇으로 하느냐에 따라 연꽃당초 무늬 · 인동당초 무늬 · 포도당초 무늬 등이 있는데, 판별할 수 없을 정도로까지 주제 식물을 장식화하기도 합니다.

포도당초 무늬는 포도를 영생의 과일로 신앙한 메소포타미아에서

용당초 무늬

최초로 출현했습니다. 이것이 그리스에 전해져 당초 무늬 형식을 취하였는데, 유럽으로 건너가서 예수 수난의 상징이 되었습니다. 한편 이란과 중국을 거쳐 이 무늬가 한국에 들어온 것은 삼국 시대 무렵인데, 벽돌이나 기와·도자기 등에 많이 사용했습니다.

무늬가 실크로드를 통해 전파되면서 각 나라의 고유한 문화와 반응한 예를 하나 들어 보겠습니다. 위의 용당초 무늬는 당초 무늬가 중국의 용과 결합한 예입니다.

실크로드 상에 나타난 무늬의 아름다움은 이처럼 보편성과 개별성의 조화가 낳은 다양성에 있다고 하겠습니다.

12 장안의 봄

유목 제국과 정주 제국이 대립하는 실크로드의 역사에서 당대의 장안은 후자를 대표하는 제국의 심장부이자 상징이었습니다. 하지만 그만큼 모순에 찬 도시이기도 했습니다. 이를테면 극도의 개방성 이면에 있는 극도의 속박과 통제, 그리고 극도의 화려함 뒤에 있는 뼈 빠지는 고통 따위입니다.

필자는 그 모순의 정체가 무엇인지, 모순이 왜 발생했는지, 모순의 결과 어떻게 되었는지를 지금처럼 실크로드의 원리를 보는 관점에서 살펴보겠습니다.

장안성의 아침 비가 가벼운 먼지 적시니
객사의 푸르고 푸른 버들 빛깔 씻은 듯 새롭네.
권하노니 그대에게 또 한 잔의 술
서쪽 양관을 나서면 친한 벗도 없을지니.

멀리 사막으로 떠나는 벗을 위해 객사에서 밤이 새도록 술잔을 기울이며 읊은 왕유(699~761)의 악부입니다. 당시 장안은 세계 최대의 국제 도시로 몹시 웅장하고 화려했습니다. 실크로드에서 오는 사람들은 위수를 건너야 장안성으로 들어갈 수 있었습니다. 위수의 강둑에는 버드나무가 심어져 있고 객사들이 즐비했습니다.

새벽에 북소리가 울리면 장안성이 열리고 사람들의 왕래가 시작됩니다. 객사에서 몸을 푼 카라반은 신선한 새벽 공기를 마시며 설레는 마음으로 장안성을 향해 갑니다. 생사의 고비를 넘나든 카라반에게 목적지 장안성은 꿈의 도시입니다.

폭이 줄잡아 300척쯤 되는 도로에 끝없이 늘어선 가로수 잎새 사이로 이른 아침 햇살이 행인들의 살갗에 부서집니다. 막 짜낸 우유처럼 신선하게 반짝이는 흰 모래가 장안성 동쪽으로 흐르는 산수(滻水)의 백사장까지 깔려 있고, 걸음 나비로 150보나 되는 중앙 차마(車馬)도로 양옆에 서 있는 붉고 거대한 돌기둥들은 마치 용이 하늘로 막차고 날아오를 듯한 기세입니다.

쉴 새 없이 오가는 차마의 물결로 번잡한 대로에 백마 한 필이 경쾌하게 언덕을 넘어 달려옵니다. 은빛 안장에 올라탄 미소년이 헌복사의 소안탑을 지나쳐 가는데, 맞은편에서 화사한 오운거(오색 구름으로 치장한 수레) 한 대가 길게 물빛 자국을 남기며 미끄러져 옵니다.

덜커덩 소리가 나고 수레 안에서 백옥 같은 손이 나와 까닥거리니 손가락 끝에서 금색의 비단 자락이 교태스럽게 나팔거립니다. 이를 본 미소년은 급히 말고삐를 잡아채며 다가갑니다. 붉은 주렴이 살짝 걷어 올려지면서 푸른색 아이섀도를 바른 여인이 은근한 눈길로 뭐라고 속삭입니다.

오릉(五陵)의 젊은이 금시(金市 : 서시(西市))의 동쪽으로
은 안장 백마 타고 춘풍을 뚫고 가네.
떨어진 꽃잎 짓밟으며 어디 가서 놀려는가.
호희(胡姬)의 술집으로 웃으며 들어가네.

이백의 시 「소년행(少年行)」입니다. 다른 시도 비슷한 풍경을 그리고 있습니다.

어디서 그대와 이별하면 좋을까?
장안의 동문인 청기문(=춘명문)이네.
호희는 하얀 손을 내밀어 손짓하여 부르고
손님을 잡아끌며 금준(황금으로 만든 술동이)으로 취하게 하네.[1]

오릉의 젊은이는 오늘날 건달이라고 할까요. 오릉은 장안 교외에 있는 한나라 역대 황제의 능묘 지역으로, 당나라 때는 이곳에 유명한 협객의 패거리들이 있었다고 합니다. 그리고 호희는 서역이나 페르시아에서 온 기생을 말합니다. 당시 술집에는 페르시아 미인들이 많았고 인기도 높았는데, 사산조 페르시아가 651년에 망해서 대거 당나라로 건너온 것도 한몫합니다. 이국적 분위기가 넘쳐흐르는 장안에서 페르시아풍은 단연 폭발적 인기를 얻었습니다. 당나라 최고의 미인 양귀비도 풍만한 육체를 자랑하는 페르시아풍의 미인이었습니다.

국제 도시 장안에는 페르시아인뿐만 아니라 수많은 외국인이 집단을 이루어 살고 있었습니다. 종교만 놓고 봐도 조로아스터교, 동방기독교, 이슬람교를 비롯한 모든 세계 종교가 포교 활동을 하고 있었

춤과 음악에 조예가 깊은 미인의 그림. 당. 7~8세기. 길이 51.5센티미터, 폭 44.5 센티미터. 투르판 아스타나 출토.

습니다. 한반도에서는 최치원 같은 학자, 의상과 같은 승려, 연개소문의 아들 남생과 같은 정치적 망명객, 흑치상지나 고선지 같은 망국의 무장 등 다양한 인간들이 장안에서 활동했는데, 이것은 7~10세기의 팍스 당(Pax Tang : 당의 평화)을 찾아온 외국인 군상의 한 모습이었습니다.

이처럼 거대한 장안성은 세상 구석구석에 사는 어떤 사람들도 다 받아들였으며, 마치 능력만 있으면 인종·민족·계급의 벽을 넘어 누구라도 꿈을 이룰 수 있을 듯 보이는 코스모폴리탄적 도시였습니다.

그 시대에 외국인에게 그렇게 관대한 국가가 있을 수 있냐고 의심을 할 정도로, 국제 도시 장안은 외국인에게 자유를 보장했습니다. 현대의 법제 사가들은 근대법 체제에서나 비로소 나타나는 속지주의와 속인주의를 채택한 당나라의 법률에 대해 놀라움을 금치 못한다고 합니다.[2]

바둑판 모양으로 계획된 도시

동서 25리(9.7킬로미터), 남북 20리(8.2킬로미터)의 거대한 장안성은 성안의 용수산 지맥을 따라 육효(六爻)에 해당하는 육파(六坡 : 여섯 개의 언덕)를 중심으로 설계되었습니다. 천자의 자리인 두 번째 언덕 위에 궁궐 문이 있는데, 여기가 봉황에 해당하여 마치 봉황을 타고 구름 속에 치솟은 듯 보이는 제왕(帝王)의 성이 지고한 상제의 권좌를 방불케 하면서 만백성을 굽어보고 있습니다.

면적 8만 4000평방미터인 당의 장안성은 면적이 한대 장안성의 2.4배이고, 명·청대 장안성의 9.7배, 명·청대 도성인 북경성의 1.4배나 됩니다. 세계적으로도 447년에 건축된 비잔틴 성의 7배, 800년에 건립된 바그다드 성의 6.2배입니다.[3]

이 거대 도시는 108개의 방(坊)이 동서로 대칭을 이루는 바둑판 모양으로 계획된 도시였습니다. 방은 동네에 해당하는데, 주민들을 직능별 목적에 따라서 방에 나누어 거주시켰습니다. 방은 담이 높아서 무협 영화에 나오는 검객들 정도가 아니면 뛰어넘는 게 불가능했습니다.

인구 100만 명이 108개의 방에 그룹핑되어 살았던 것입니다. 사람을 채우고 남은 남쪽 성곽 부근의 방 39개는 채소밭으로 사용했을 정도로, 장안성은 애초에 거대한 수용 계획을 가지고 지은 도성이었습니다. 이 계획에 가장 합당한 설계가 바둑판 모양이었던 것입니다.

장안성의 108개 방은 양반(士)과 서민(庶)의 구별뿐 아니라, 사농공상을 직능별로 엄격히 구별했습니다. 사린오보제(四隣五保制)*는 장안성의 통제에 일조했는데, 이 제도는 주민들을 서로 감시하게 할 뿐 아니라 정확한 호적 조사를 통해 징병 · 징세 등을 탈루 없이 할 수 있게 하였습니다. 이 제도가 시행되기 전에는 호적 제도가 완비되지 못하여, 호족들이 자신의 이익을 챙기기 위해 백성의 가구 30호 혹은 50호를 1호로 조작하여 국가의 세수에 막대한 손해를 끼쳤습니다.

교역 행위는 장안성 내의 동시(東市)와 서시(西市)에서만 허용되었습니다. 유라시아 대륙에서 가장 컸던 시장인 장안의 서시는 관시령에 의해 엄격히 통제되었습니다. 영업 시간이나 영업 장소, 상인의 등록, 판매 가격 등이 관의 엄격한 통제를 받은 것입니다.

정오에 북을 300번 치면 개시하고, 일몰에 징이 300번 울리면 문을 닫았습니다. 매월 10일만 되면 거래 물품을 품질에 따라 상 · 중 · 하 삼등가로 매겨, 시가를 기재한 장부를 시서(市書 : 시장을 관할하는 관청)에 늘 비치했습니다.

시가지에는 동일 업종의 점포가 구획되어 즐비하게 늘어섰는데, 이것을 행(行)**이라고 했습니다. 육행(肉行) · 철행(鐵行) · 견행(絹行) · 과자행(菓子行) · 의행(衣行) · 금은행(金銀行) · 약행(藥行) 등의 행 앞에 동일 업종의 간판이 세워졌고, 이들에게 상업의 독점이 보장되었습니다.

당나라 제2의 수도 낙양에 있는 남시가 120개의 행에 3000여 개의

---

* 넷 혹은 다섯 가구를 기초 단위로 묶어 주민을 통제하는 제도.
** 행은 동업상인조합을 뜻함과 동시에 동업 상점들이 있는 구획을 의미했다.

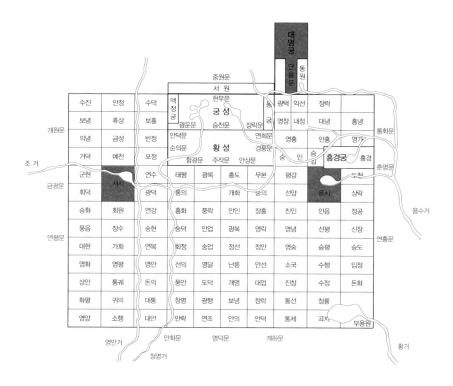

장안성 방(坊) 복원도

상점을 보유한 데 비해 장안의 동시는 200행을 넘었다고 하니, 서시 는 비록 정확한 숫자가 알려져 있지 않지만 규모가 어느 정도였을지 가히 짐작이 갑니다.

교역 행위가 장안의 서시와 동시에서만 허용된 것처럼, 수공업자 들도 업종별로 세분돼 각기 정해진 방(坊)에 갇혀 정해진 품목을 주어 진 할당만큼 생산해야 했습니다. 이들 특수 하층민은 일반인과 격리 돼 직능별로 동일한 방 안에 거주하고 있었습니다. 이는 국가가 원하는 계획 생산과 생산의 효율성을 위해 만든 방식이었습니다.

"방은 뚜껑 없는 거대한 상자, 혹은 가축의 우리 따위에 비유할 수 있는데 무단으로 방 밖으로 나오는 것이 엄격하게 감시되고 규제되었습니다. 그러니까 높고 큰 우리를 100여 개나 만들어 놓고 그곳에 자의든 타의든 서울로 찾아오는 자들을 차곡차곡 채워 가는 것이 당시의 도성 구획 정책의 실상이었습니다.

인민은 황제가 설치한 감옥을 보금자리로 삼아 하루하루를 살아가고 있었습니다. 민초들은 자신들을 이렇게 구속하는 것이야말로 천자가 그들에게 베푸는 관심과 은혜로만 생각하고 있었던 것입니다."[4]

성문과는 별도로 방에도 문이 두 개 혹은 네 개가 있었는데, 여러 명의 수졸이 방문을 지키고 있었습니다. 방문은 아침 저녁으로 개폐되고, 야간의 통행금지 시간을 어기면 태타 20대, 담을 넘어 외출하면 태장* 70대가 내려졌습니다.

'천가한' 당 태종

중국에 늘 위협이 되던 주변의 유목 국가들도 당 태종에게 천가한 (天可汗)이란 칭호를 올렸습니다. 천가한이란 칭호를 받은 대당(大唐)의 천자, 그는 중국이 낳은 가장 위대한 군주의 한 사람으로 꼽히는

---

* 태장은 태형과 장형을 아울러 이르는 말로, 태형은 작은 형장으로 볼기를 치는 형벌이고, 장형은 큰 형장으로 볼기를 치는 형벌이다.

당 태종입니다. 도덕이 강한 중국에서 두 형제를 죽이고 황제에 오른 그를 그토록 높이 평가하는 까닭은 그가 사이(四夷)를 제압했기 때문입니다.

이는 진 시황도 한 무제도 해내지 못한 일이었습니다. 태종은 몽골 초원에 웅거하고 있던 투르크(돌궐)를 멸망시키고, 중원의 역대 황제들이 그토록 골머리를 앓았던 북적(北狄 : 당시는 투르크)의 칸을 630년에 생포함으로써 전대미문의 대업을 이룬 것입니다.

이후로 당 태종을 천가한으로 칭하게 되었고, 그 위력은 투르크와 남만의 추장들을 불러 놓고 베푼 술자리에서도 나타났습니다.

633년 옛 한나라의 미왕궁 터에서 술자리를 열어 3년 전에 생포한 투르크의 힐리 칸에게는 춤을 추게 하고, 남만 추장 풍지대에게는 시를 읊게 하고는 "호와 월이 한집안이 된 것은 자고로 없던 일이다"면서 천가한은 감격한 것입니다.

천가한이란 칭호는 중국의 천자이자 오랑캐의 가한이라는, 즉 중원과 사이(四夷)를 통틀어 지배하는 자라는 의미입니다. 이때 가한은 칸의 한자식 표기입니다. 명실공히 역사상 최초로 호한(胡漢)을 아우른 팍스 당이 탄생한 것입니다.

이 뒤로 당은 이적의 땅에 6도호부를 두어 관리했습니다. 안서·북정·선우·안북·안동·안남 도호부가 그것입니다. 잘 알다시피 안동도호부는 고구려의 옛 땅에 설치했으며, 안남도호부는 베트남의 하노이에, 안서도호부는 투르판에, 북정·선우·안북 도호부는 옛 투르크의 땅에 두었습니다.

중원의 사방 동·서·남·북이 모두 평안하라고 해서 도호부의 이름 앞에 '안(安)' 자를 붙인 것인데, 당나라는 이 네 오랑캐의 위협을 항구적으로 제거해 나라를 평안하게 하는 방법으로 기미(羈縻) 지배 정책을 사용했습니다.

기미 지배란 문자 그대로 '굴레를 씌우고 고삐를 당겨서 지배한다'는 뜻인데, 오랑캐의 왕·수령 등을 당 조정에서 도독·자사·현령 등에 임명하여 그들을 통해 간접적으로 지배하는 방식입니다. 물론 총독격인 도호는 한족으로 임명해 그들을 감독하게 했습니다.

여기서 주목해야 할 것이 있습니다. 천가한의 칭호에는 중화와 이적에 대한 전에 없는 인식의 전환이 담겨 있다는 것입니다.[5] 과거에 이적은 들짐승이나 버러지와 같아서 군사를 시켜 쫓아 버려야 할 대상이었습니다. 이적은 금수이므로 인의로 가르칠 수 없느니, 인면수심이니 하여 문명 세계인 중화와는 엄격히 구별했습니다. 물론 한나라가 흉노와 형제의 관계를 맺기도 했지만, 그것은 어디까지나 힘에 밀린 고육지책이었을 뿐, 한은 이들을 멀리하는 것을 최상의 방책으로 삼았기 때문에 교화시켜 내지화한다든가 혹은 잘 구슬러서 침략하지 않게 화친책을 쓴다든가 하지 않았습니다.

그러나 당 태종은 이적을 짐승이 아닌 교화 가능한 인간으로 보았다는 점에서 획기적입니다. 이적도 인간인데 덕으로 교화하면 은덕을 알고 따르지 않겠느냐는 것입니다. 이런 인식은 기미 지배 정책과 그 실천 방안으로서 6도호부 체제가 성립하는 철학적 배경으로 작용했습니다.

천가한의 칭호는 이런 인식의 전환 없이는 결코 사용할 수 없는 것입니다. 당 태종은 쿠데타로 잡은 권력을 정당화하려는 듯 국가 전략을 대외 팽창 사업으로 몰고 가는데, 그는 천가한답게 정복전에서 얻은 오랑캐 장수들을 번장(蕃將)으로 높이 기용했습니다. 안녹산이나 사사명, 고선지 등이 번장의 대표적 예입니다.

유목 민족의 민족 의식 고양

세상의 물리는 작용이 있으면 반작용이 있는 법입니다. 당의 팽창으로 인해 이적들의 민족 의식이 급격히 고양되기 시작했습니다. 좋은 예로 이 시기(7세기)에 티베트 · 투르크 · 한국 · 일본 등에서 모두 자국의 문자인 국자(國字)가 만들어집니다(한국은 이두).

투르크는 중국과 항쟁에서 승리한 직후, 그들이 막 창제한 문자로 일종의 독립선언문을 돌 위에 새깁니다. 다음은 그 비문의 일부입니다.

중국 사람의 말은 달콤하고 그들의 비단천도 부드럽다. 달콤한 말과 부드러운 비단천으로 유혹하여 먼 곳에 사는 사람들을 이처럼 자기들에게 가까이 오게 한다. 이 사람들이 가까이 와서 자리잡은 뒤에 중국 사람들은 재난을 불러일으킬 것을 그때 생각한다.

......

중국 사람들의 달콤한 말에 그리고 부드러운 비단천에 현혹되어, 투르크 백성들아, 너희는 많이 죽었다!

......

이 때문에 수령이 될 만한 너희들의 아들은 중국 사람의 사내종이 되고, 귀부인이 될 만한 너희들의 딸은 계집종이 되었다. 투르크 수령들은 투르크 칭호를 버렸다. 중국 사람들에게 봉사하는 투르크 수령들은 중국의 칭호를 받아들여 중국 황제에게 예속되었다. 그렇게 50년 동안 봉사했다. 동쪽으로는 해 뜨는 곳의 뵈클리(고구려) 카간(칸)*을 정벌하고, 서쪽으로는 테미르 카피그**까지 출정하였다.

그러나 투르크 백성들은 말했다. "나는 나라가 있는 백성이었다. 그런데 내 나라는 지금 어디에 있는가? 나는 누구를 위해 여러 나라를 정복하는가?" 또 "나는 카간이 있는 백성이었다. 그런데 나의 카간은 어디 있는가? 나는 어느 카간에게 봉사하고 있는가?"라고 말했다.

......

탱그리(하느님)가 힘을 주었으므로 내 아버지 카간의 군사는 늑대 같았고, 적들은 양 같았다. 동으로 서로 출정하여 사람들을 모으니 드디어 모두 700명이 되었다. 이렇게 하여 나라 잃은 백성을, 계집종과 사내종이 된 백성을, 투르크의 풍습을 버린 백성을 내 조상의 법에 따라 또다시 조직하고 교화시켰다(이하 중국이나 주변 나라들과 전투를 해서 승리한 내용을 기록하고 있음).[6]

몽골의 오르혼 강이 흐르는 초원에서 이 석비(石碑)를 처음 보았을 때, 나도 모르게 뛰는 가슴을 주체하지 못하고 '(유목민의 표현대로) 영원한 푸른 돌에 새겨진' 문자를 하염없이 들여다보면서 쓰다듬은 기억이 납니다.

---

* 645년 당 태종의 고구려 침략 때 집실사력·아사나사마 등이 거느린 투르크 병사가 대거 용병으로 참전한 것을 가리킨다.
** 알렉산드로스가 원정 때 세운 철문. 사마르칸트의 관문이다.

빌게 카간의 비. 비문의 문자는 창제한 직후에 새긴 고대 투르크 문자.

당나라의 팽창과 유목 민족의 저항

이 무렵 한반도·만주에서는 신라가 대당 전쟁에서 승리하고 고구려 유민이 발해를 건국합니다. 티베트도 640년에 국가를 수립하는데, 동세기 말에는 당을 심각하게 위협하는 강대국으로 급부상합니다.

중국은 이보다 좀 이른 시기부터 300년간의 분열을 끝내고 대륙을 통일하면서 곧바로 주변국의 반작용을 일으킬 대외 팽창으로 나아갑니다. 7세기의 수(581~618)와 당(618~907)의 등장이 그것입니다. 이에 따라 파미르 이동의 대륙은 거대한 지각 변동을 겪게 됩니다.

세계 제국 수·당의 팽창과 주변 국가들의 항전이라는 두 개의 대립항은 이 시대의 가장 큰 특징입니다. 이른바 이적의 세계에도 일제히 통일 국가가 수립되면서, 대외 관계는 전혀 새로운 국면을 맞게 돼 끊임없는 전쟁의 소용돌이에 휘말리게 됩니다. 과거처럼 이적을 멀리 쫓아 버리거나 상대해서는 안 될 존재로 보는 것이 현실적으로 더 이상 허용되지 않았습니다.

당 제국의 팽창은 이를 지탱할 경제력의 뒷받침 없이는 불가능했습니다. 이 경제력은 내외의 조건 속에서 나옵니다. 대내의 조건은 정확한 호구 조사에 근거한 계획 경제를 통해 생산의 효율을 극대화하며 세수를 누수 없이 수취하는 것이고, 대외의 조건은 실크로드를 안전하게 확보함으로써 무역 이익을 최대화하고 점령 지역에 대한 군사비를 최소화하는 것으로 요약할 수 있을 것입니다.

당을 지탱하는 토지 제도(균전법), 조세 제도(조용조), 병역 제도(부병제)는 노동 인구의 확보가 절대적인 전제조건입니다. 외국에서 온 수공업자·무역 상인·용병·통역 등 특수 전문 인력은 말할 나위 없고 정복지 포로나 인민들도 필요한 존재였습니다.

그런데 이적에 대해 과거와 같이 인식해서는 이들을 확보하는 것이 불가능했습니다. 제국을 유지하기 위해서는 늘어난 수많은 이적의 인민들을 더욱 철저하게 국가가 관리하는 것이 선결 과제였으며, 이들을 생산 현장과 국방에 항구적으로 재활용하기 위해 내지인으로 대우할 필요가 있었습니다.

딱 들어맞은 예로 당은 640년 투르판을 정복해서 안서도호부를 설치하고 이곳에 균전제를 시행했는데, 내지에서 실시한 토지 제도가 정복지에도 그대로 적용된 경우로 투르판이 좋은 본보기입니다.

투르판은 정복되기 전에 고창국이라는 조그만 오아시스 왕국이었습니다. 피정복민인 이들이 균전제의 시행과 더불어 법률상 내지인의 자격을 취득하게 됨으로써 전통적인 화이관(華夷觀)이 국가 시책 앞에서 무력해진 것입니다. 천가한이란 칭호 이면에 들어 있는 화이관의 철학적 배경도 이런 시대의 변화와 깊은 연관이 있습니다.

당시 균전제는 한마디로 비단 생산을 위한 제도라고 할 수 있습니다. 이 제도는 인민들에게 토지를 균등하게 배분하고 국가가 요구하는 품목과 수량을 할당 생산케 하는 것으로, 그 중에서도 실크로드를 통해 막대한 이익을 창출하는 비단이 국가 경제에서 가장 중요한 부분이기 때문에 비단 생산은 균전제의 핵심 사항이었습니다.

실크로드가 최고의 번영을 누린 때는 수·당대입니다. 그러나 인민의 막대한 희생 없이는 최고 전성기의 비단 수요를 충당할 수 없었습니다. 화려하다 못해 현란하기까지 한 '장안의 봄'은 백거이가 「관우(官牛)」에서 비통하게 노래한 것처럼 인민의 등골 빠지는 고통 위에서만 가능한 것이었습니다.

관청의 소*

관청의 소, 관청의 소, 관청 수레를 메고
산수(滻水)의 사장에서 모래를 실어 나른다
한 석의 모래 무게가 얼마나 나갈런고
아침저녁으로 싣고서 어디에 쓰려는가
관리가 궁성으로 들어가는 도로변을 따라
홰나무 녹음 아래 모래 둑을 쌓아 늘어놓도다
어제 새로 부임한 우승상

말발굽이 진흙에 더러워질까 걱정하는구나

우승상,

말발굽은 모래 때문에 깨끗해지겠으나

소는 수레 끄느라 목에 피가 터져 나올 지경이다

우승상,

능히 사람을 구제하고 나라를 다스리며 음양의 기운을 화합시킨다 해도

관청의 소 머리가 뚫어지는 건 아무 상관도 않는구나

한편, 끝없이 지속될 것 같던 대외 팽창도 주변 민족들의 저항에 부딪치면서 거꾸로 외환(外患)으로 바뀌고 맙니다. 당은 6도호부에까지 내지(內地)의 제도를 확대할 수 있는 역량을 갖추지 못했습니다. 당시의 생산력 수준으로 미루어 볼 때 이는 시대적 한계이기도 했습니다.

당은 역량을 초과해 실력을 과시하다가 자신의 결점들을 노출시켜 급기야 안팎으로부터 치명타를 입게 되는 상황에 직면합니다. 당을 회복 불가능하게 만든 사건이 두 가지 있었습니다.

＊ 장안은 황토 고원에서 불어오는 먼지 때문에 앞도 안 보이고 숨쉬기조차 곤란했다. 그래서 먼지를 잠재우기 위해 길에 모래를 깔아 덮었다. 백사가 깔린 깊은 아름다워서 장안의 특색이 되었다. 당대의 문헌에는 '모래 둑'(沙堤)이란 말이 자주 나온다. 당나라 때에는 신임 대신이 황제를 알현하러 갈 때 자신의 사저에서 궁성까지 가는 길에 하얀 모래를 깔아야 했는데, 이를 위해 '모래 둑'이 만들어졌다. 하얀 모래를 깔면 바람이 불어도 먼지가 일지 않고 비가 내려도 진흙이 묻지 않았다.
  하얀 모래는 장안성 동쪽 교외에 있는 산수(滻水)의 강가에서 관우(官牛 : 관청의 소)가 끄는 관거(官車)에 실어 운송했다. 물량이 워낙 많기 때문에 여러 차례 왕복한 관우의 머리는 모래의 중량을 견디지 못해 두피에서 피가 번져 나왔다. 하얀 모래 위를 달리는 승상의 말발굽에는 진흙이 묻지 않지만, 관우의 고통은 이루 헤아릴 수 없었다. 백거이는 시대를 풍자하여 「관우」라는 시를 지었다. 시인의 가슴속에 타오르는 분노를 우의적으로 군주에게 간언한 시였다(주요 내용은 平岡武夫,『당대의 장안과 낙양 지도』에서 발췌).

한 사건은 751년 고구려 출신의 고선지가 이끈 당의 군대가 이슬람과의 전쟁에서 대패한 사건으로, 이후 실크로드의 노른자위인 서역은 이슬람화되었고 당나라는 두번 다시 서역을 되찾지 못합니다. 한편, 755년 안녹산의 난은 황실의 권위를 땅에 떨어뜨리고 번진*의 난립을 초래해 결국 조정마저 지방 세력의 하나로 전락하게 만들었는데, 이로 인해 마침내 당은 역사 무대에서 사라지게 됩니다.

그런데 이 두 사건 모두 당의 국력이 최고조에 달했던 현종(712~756) 연간에 일어난 일입니다. 고선지와 안녹산이 모두 외국인 출신의 번장이었다는 사실에서 이 사건들이 화이관의 변화, 나아가 기미 정책의 파탄과 밀접한 관련이 있음을 알 수 있습니다. 이는 필시 성당(盛唐) 혹은 개원의 치(開元之治)로 칭송되는 현종 때 역량을 최대치까지 초과해 가동한 결과가 아니었을까요?

기미 체제가 파탄에 이른 시점을 682년으로 보는 견해**가 있는데, 실제로 현종이 710년에 번진을 설치해 변방에 절도사를 두었을 때 기미 정책은 이미 정책으로서 역할을 수행할 수 없었습니다. 번진의 설치는 기미 체제의 대안이 되기는커녕 당의 기존 제도를 와해하고 당 왕조의 붕괴마저 초래했습니다. 당이 촉발시킨 주변 민족의 도

---

* 번진(藩鎭)은 절도사를 최고 권력자로 한 지방 체제이다. 특히 안녹산의 난 이후 절도사는 군정뿐 아니라 민정·재정의 권한까지 장악함으로써 거대한 번진을 형성했는데, 이 제도의 폐해로 인해 마침내 당나라 조정 자체가 하나의 번진이나 다름없는 존재로 격하되었다.
** 김호동은 「당의 기미 지배와 북방 유목 민족의 대응」에서 당이 투르크의 부흥군(석비에 일종의 독립선언을 새긴 부흥 군대)에게 패배한 682년을 기미 체제가 파탄난 시점으로 본다. 부연하면 필자의 생각에 682년은 파탄이 절정을 향해 가는 시점이고, 이에 앞서 (8장에서 언급한) 670년 티베트가 안서도호부와 안서 4진을 빼앗아 서역을 장악한 시점에 파탄이 시작된 것으로 보인다.

전은 기미 정책의 받침이 된 부병제*를 뿌리째 흔들었습니다.

결국 기미 지배의 현장 사령부인 도호부가 기능을 상실해 국경 상비군이 아니면 방비할 수 없는 지경이 됐으므로, 이미 농민이 감당할 수 있는 병역의 부담이 아니었습니다. 뿐만 아니라 백거이의 시에서 본 것처럼, 토지에 결박된 소농민도 과도하게 착취를 당해 이미 도망가는 호구가 급증한 상태였습니다.

부병제(병농일치)의 대안으로 직업군인제인 모병제를 실시할 수밖에 없게 됨에 따라 무력이 뛰어난 북방의 유목민이 대거 충원되었습니다. 이들은 당 현종을 무너뜨린 안녹산의 주력군처럼 사병 집단에 준하는 집단으로 변모하여 당 후기 대변란의 불씨로 작용했습니다.

안녹산은 아버지가 소그드인이고 어머니가 투르크족인 소그드계 중국인입니다. 그는 양귀비의 후원으로 절도사가 되어 막강한 권력을 행사했는데, 반란을 일으킬 당시에는 세 개의 절도사를 겸하여 당나라 전체 국경 방비군의 3분의 1이나 되는 병력을 장악했습니다.

황제가 장안성을 탈출하는 사태까지 일어나면서, 난이 수습된 후에도 중앙집권 정치는 막을 내리고 지방 군벌이 창궐하여 이전의 부병제·균전제 등 당 체제의 골간이 된 사회 제도는 쓸모없어지고 맙니다.

안녹산의 주력군이 이민족으로 구성된 군대였다면, 반란군을 제압하기 위해 당 조정이 불러들인 원군은 위구르 제국**의 군대였다는 사실에서, 이미 한족의 군사력은 완전히 무력화되었음을 알 수 있습

---

* 균전제와 결합된 병농일치의 군사 제도. 농민을 군인으로 이용했기 때문에 전쟁에서 허약성을 심각하게 드러냈다.

니다. 흔히 오합지졸의 군대를 보고 당나라 군대라 하는 이유를 알 수 있을 것입니다.

당나라가 이 지경이 된 것을 두고 현종이 양귀비에 빠져서 정사를 돌보지 않았기 때문이라고 하는데, 물론 그것도 중요한 이유겠지만, 본질적으로는 내부의 모순이 폭발했기 때문이라고 보아야 합니다.

화려한 장안의 모순은 이렇게 깊이 작용하고 있었던 것입니다. 막강한 권력을 가진 절도사의 자리에 오른 고선지나 안녹산은 더할 나위 없이 출세한 경우입니다. 이민족에 대한 개방성을 잘 보여 주는 사례라 할 수 있습니다. 아메리칸 드림처럼, 당 드림·장안 드림으로 비추어지는 것도 당연합니다. 그러나 이것은 어디까지나 사해(四海)에서 넘실대는 이민족을 제압하기 위해 이민족 출신을 이용한 것에 불과했습니다. 하지만 그렇게 하지 않을 수 없었던 역사적 조건 때문에 그 화살은 부메랑이 되어 다시 당으로 되돌아온 것입니다.

북위를 계승한 당나라

이제 마지막으로 당 황실의 혈통에 대해 알아보겠습니다. 왜냐하면 오랫동안 오랑캐들이 할거한 분열의 시대(5호16국 시대·남북조 시대)를 마감하고 통일을 이룬 수와 당의 황실에 오랑캐의 피가 흐르지

** 위구르 제국(744~840)은 투르크 제국을 멸망시키고 초원의 패자로 등장했다. 위구르는 안사의 난을 진압해 준 대가로 당나라로부터 매년 10만 필의 비단을 받아 갔다. 또 견마 무역(絹馬貿易)은 초원의 말과 중원의 비단을 교환하는 것을 말하는데, 개원 연간(713~742)에는 말 1필=비단 1필 하던 것이 안녹산의 난 이후에는 위구르의 영향력이 커져 말 1필=비단 40필로 껑충 뛰었다.

않은 것도 이상하기 때문입니다. 이들의 선조가 피를 섞지 않고 오랑캐 왕조에서 고관대작을 지낼 수 있었다는 것은 그 시대에 불가능했습니다. 적어도 황실의 혈통으로만 본다면, 수·당은 순수한 한족의 왕조로 볼 수 없습니다.

천가한이란 칭호에서 화이관의 변화를 볼 수 있다고 했는데, 이는 시대적 배경만이 아니라 당 태종의 몸에 흐르는 피의 배경과도 관련이 있어 보입니다. 당 태종은 오히려 이(夷) 쪽의 피가 더 진한 인물입니다. 이 피는 북위의 선비족에게서 물려받은 것입니다.

선비족의 명문가 출신 독고신의 일곱째 딸은 수를 세운 문제의 황후이고, 넷째 딸은 당을 세운 고조의 어머니입니다. 그리고 당 고조의 황후이자 당 태종의 어머니인 두황후도 선비족입니다. 이들의 가계를 거슬러 올라가면, 오래전부터 선비족과 혼혈이 이루어진 사실을 알 수 있습니다.[7]

이렇게 보면, 당 태종이 천가한의 칭호를 택한 데에는 시대의 변화뿐 아니라 혈통으로나 기질로나 호한(胡漢) 융합 문화에 익숙한 왕조의 성격이 반영된 것이란 생각이 듭니다.

수 창업자의 아버지와 당 창업자의 할아버지는 북위 때 북방의 군진 중 하나인 무천진에서 살았던 한동네 사람들이었습니다. 이들의 자식인 양견(수 문제)과 이연(당 고조)은 북위를 계승한 북주를 다리로 하여 각기 세계 제국을 창건했습니다.

그런 연유로 수·당은 법과 제도의 핵심 골격을 북위*로부터 물려

---

* 엄밀하게 말하면 북조(北朝 : 북위·북제·북주의 3왕조)이지만, 이는 모두 북위에서 파생된 선비족의 왕조이기 때문에 알기 쉽게 북위로 하였다.

받아 균전제·부병제·조용조 제도·인보제 등을 완성했습니다. 이 네 가지 제도는 수·당을 담는 '그릇'이 되었습니다. 그러나 거대한 통일 제국을 담기에는 원래의 그릇이 작아서 아무리 개량한들 담기에 역부족이었습니다. 급기야 당 태종이 전대미문의 북적 정복에 성공하지만, 도리어 이것이 돌이킬 수 없는 사태를 초래했습니다.

달은 차면 기운다는 자연 법칙이 인간의 역사에도 관철된 것일까요? 개원 연간의 그지없이 화려한 장안의 봄은 북위 시대 이래 수백 년간 고치고 다듬어 온 '절정의 그릇'이 꽉 찬 달의 압력에 못 이겨 이미 깨어져 나가고 있던 봄이었습니다.

그 절정의 그릇은 사실 오랑캐의 왕조가 한족을 지배하고 다스리기 위해서 고안한 그릇이었습니다. 군사 문화적 성격이 강한 이 그릇은 당 태종 사후에 거센 도전을 받기 시작합니다. 도전자는 중국사에서 유일무이한 여황제 무측천(武則天)입니다. 그는 새로운 그릇을 만들기 위해 기득권 세력을 난도질해서 도륙을 냅니다. 이것이 안으로부터 '절정의 그릇, 그러나 이미 낡아 버린 그릇'을 깨고 나간 새로운 힘이었습니다. 이 새로운 힘에 관해서는 이 책의 주제가 아니기 때문에 생략하고 한 가지만 이야기하겠습니다. 그 힘은 기득권 세력의 기반이었던, 당시 기미 정책의 토대가 됐던 부병제를 무너뜨리는 것에서 자신의 역할을 시작했습니다. 그러나 무측천의 뒤를 이은 현종 때 구세력의 복권으로 이 새로운 힘은 와해되고 맙니다.

장안의 봄은 이러한 역사적 실상에도 불구하고 상상력을 엄청나게 자극합니다. 아니, 어쩌면 그렇기 때문에 상상의 장안이 오히려 역사의 장안을 만들어 내는지도 모르겠습니다. 이 점이 장안의 매력입니

다. 필자도 장안을 분석하거나 해석하기보다는 상상하고 싶은 충동
에 빠집니다.

13 유럽의 근대와 실크로드

마르코 폴로 이야기

상인의 아들로 태어난 마르코 폴로는 본인도 상인이 되었습니다. 그의 고향 베네치아는 서유럽과 실크로드를 연결하는 지중해의 도시들 중 최대 도시여서 상업이 매우 번성했습니다. 그의 아버지는 그가 태어나기도 전에 해외로 장사를 하러 떠나서 그는 아버지의 얼굴도 모르고 자랐습니다.

마르코 폴로가 열다섯 살 되던 해에 집으로 돌아온 아버지는 그를 데리고 다시 긴 여행을 떠났습니다. 폴로 일가는 몽골의 5대 황제 쿠빌라이 칸을 만나기 위해 칸이 사는 캄발룩(북경)을 향해 여행길에 올랐습니다. 십자군 전쟁이 시작된 지 171년 뒤 ─ 그러나 여전히 십자군 전쟁의 와중에 있는 1270년 ─ 였습니다. 마르코 폴로는 수도사가 아닌 상인으로서는 유일하게 쿠빌라이 칸에게 보내는 교황의 친서를 지니고 있었습니다. 그는 쿠빌라이 밑에서 17년 동안이나 신하로 일

마르코 폴로

하면서 사제들과는 달리* 순수하고 호기심에 가득 찬 눈**으로 새로운 세계를 관찰했습니다.

17세에 고향 베네치아를 떠나 26년 만에 돌아온 마르코 폴로는 아담 이래 누구도 자신만큼 넓은 세계를 본 사람이 없다고 떠들었지만 아무도 믿으려 하지 않았습니다. 걸핏하면 백만을 운운했기 때문에 허풍쟁이란 의미로 '밀리오네'란 별명이 붙었을 정도였으니까요. 심지어 그가 임종하는 자리에서 친구들이 책 속에 기술한 것을 모두 취소하고 참회하라고 권하자, 그는 웃으면서 "아직 내가 본 것의 반도 다 이야기하지 못했다"고 말했다는 일화가 전해 오고 있습니다.

마르코 폴로가 고향으로 돌아왔을 때는 십자군 전쟁이 끝난 지 4

---

* 선교사들의 글은 여행기임과 동시에 몽골인들의 의식주와 관련된 생활 방식, 유목의 양태, 군사적 편제, 전쟁의 방법과 무기의 종류, 종교적 관념의 특징, 칸과 그 측근들의 태도, 궁정에서 벌어지는 각종 집회의 실상 등을 망라한 고도의 적정 보고서 성격을 띠고 있다(김호동 역주, 『마르코 폴로의 동방견문록』에서 재인용).

** 그의 기록은 실로 당시 유럽을 제외한 다른 나머지 지역에 대한 '지리지'이고 '박물지'이며 동시에 '민족지'라고 할 수 있다. …… 흥미로운 사실은 이러한 풍습들을 세세하게 기록한 마르코 폴로의 글 안에서 다른 문화와 관습에 대한 경멸심, 후일 그의 후손들이 비서구 사회를 보고 곧잘 느꼈던 서구 문명에 대한 무한한 자부심과 우월감을 찾아보기 힘들다는 점이다. 우리는 그의 글에서 자기 문화의 잣대로 다른 문화의 이모저모를 저울질하고 재단하려는 태도보다는 신기하고 이질적인 것에 대한 놀라움과 호기심을 더 쉽게 발견할 수 있다(위의 책에서 인용).

폴로 일가가 베네치아를 떠나는 장면. 옥스퍼드 대학교 보들레이 도서관 소장.

년이 지난 1295년이었는데, 귀향하자마자 제노바와 베네치아 사이에 전투가 벌어졌습니다. 당시 레반트 무역*을 대표하는 이 두 도시 사이의 전투는 십자군 전쟁 발발 이후 3세기에 걸친 경쟁 속에서 수없이 치러진 전투들 중 하나였습니다. 마르코 폴로는 이 전투에 참전했

---

* 레반트는 '해가 뜬다'를 뜻하는 프랑스어 또는 이탈리아어에서 유래하며, 이탈리아 이동의 지중해 연안 여러 나라를 가리킨다. 베네치아 · 제노바 · 피사 등 북이탈리아의 도시 상인이 10세기경부터 15~16세기에 걸쳐 알렉산드리아 · 베이루트 · 트리폴리스 · 안티오키아 · 콘스탄티노플 등에 상관(商館) 기타 근거지를 설치하고, 아랍인 등이 가져오는 동방 상품인 향료 · 보석 · 귀금속 · 상아 · 견직물 · 사프란 · 백반 등의 사치품과 유럽 쪽의 고급 모직물 · 마직물, 남부 독일산 은 · 구리 등을 교역하였다. 동방 상품은 이탈리아 상인에 의해 알프스를 넘거나 해로로 북부 유럽의 여러 도시로 운반되어 독일 한자(Hansa) 상인의 손에 넘어갔다. 융성했던 이 무역도 오스만투르크 제국의 발흥으로 급격히 흔들렸으며, 특히 1498년 동인도 항로 발견(바스코 다 가마)을 계기로 시작된 동서 직접 무역의 개막과 함께 역사 무대에서 퇴장하였다('네이버 백과사전'에서 일부 수정하여 인용).

마르코 폴로가 베네치아측 갤리선의 지휘관으로 참전한 쿠르졸라 해전.

다가 결국 제노바의 지하 감옥에 갇히는 신세가 되고 맙니다.

　마르코 폴로는 왜 이 전투에 참전했을까요? 그것을 알 수 있는 자료는 아무 것도 없습니다. 다만 확실한 것은 그가 두 도시의 상권 경쟁에 개입할 충분한 이유가 있었다는 것입니다. 베네치아가 팍스 몽골리카와 연결하는 상로(商路)를 확보하는 것과 관련된 것입니다. 만일 그 상로가 열리기만 하면, 쿠빌라이 칸의 신하였고 사절이었던 마르코 폴로의 장래는 그가 밀리오네를 입에 달고 다녔던 것 이상의 막대한 부와 권력을 손에 쥐고도 남을 일이었습니다. 그러한 그, 베네치아 상인인 그가 베네치아의 행정관에게 자신이 보고 온 세계와 베네치아 무역의 전도에 대해 설파하지 않았다면 오히려 이상한 일이었을 것입니다.

그런데 팍스 몽골리카와 연결되는 통로는 흑해를 통하는 것뿐으로, 과거 베네치아의 세력 하에 있었던 이 통로를 제노바가 35년 전(1261)부터 계속 손아귀에 넣고 있었습니다. 따라서 이 통로를 차지하기 위한 두 도시 사이의 전쟁은 필연적인 것이었으며, 마르코 폴로가 베네치아측 갤리선의 지휘관으로 전투에 임했다는 사실은 어렵지 않게 상상이 갑니다.

그러나 승리는 제노바의 것이었습니다. 마르코 폴로는 제노바의 지하 감옥에 갇혔고, 거기서 피사 출신의 작가 루스티첼로를 만났습니다. 그리고 루스티첼로가 그의 구술을 받아 적음으로써 희대의 『동방견문록』이 탄생하게 되었습니다. 마르코 폴로는 허무하게 사라질 부와 권력 대신 역사에 길이 남을 명예를 얻은 것입니다.

서양에서 성경 다음으로 많이 팔린 책이 마르코 폴로의 『동방견문록』이라고 합니다. 원제목이 '세계의 서술'인 이 책은 13세기의 서구인들로서는 들은 적도 본 적도 없는 거대한 '세계'에 대해 말하고 있습니다. 그는 개인적 감상은 극도로 억제하고 자신이 보고 들은 '세계'에 대한 지식과 정보를 놀라우리만큼 체계적으로 전달합니다.

그는 『동방견문록』에서 쿠빌라이 칸의 울루스(나라)에 의해 움직이는, 다양하면서도 하나로 통합된 세계를 서술했습니다. 그가 본 세계는 서유럽을 뺀 아시아, 동유럽, 아프리카 등을 포함하고 있습니다. 당시 서유럽은 이 '세계, 즉 팍스 몽골리카(몽골의 평화)의 통상권'에서 실제로 벗어나지 못하고 있었습니다.

마르코 폴로가 사망하고 두 세기가 지나 유럽은 바야흐로 대항해 시대를 맞게 됩니다. 콜럼버스는 『동방견문록』의 1485년판 초판본을 가지고 항해를 떠났습니다. 그는 이 책의 곳곳에 자신의 생각을 적어 놓았는데, 특히 캄발룩이란 단어의 왼쪽 여백에 주의 표시와 함께 "넘쳐나는 상품"이라는 메모를 달았습니다.[1] 콜럼버스의 목적지인 캄발룩은 오늘날 중국의 북경으로, 쿠빌라이 칸(1215~1294)이 살았던 수도입니다. 콜럼버스가 항해 일지 첫머리에 기록한 바와 같이, 그는 인도를 찾아간 것이 아니라 당시 세계의 중심이었던 쿠빌라이 칸의 나라를 찾아갔습니다. 콜럼버스는 에스파냐 여왕 이사벨라가 캄발룩의 대칸(황제)에게 전하는 친서를 몸에 지니고 있었습니다.

당시 『동방견문록』은 유럽 최고의 베스트셀러가 되었습니다. 루스 티첼로가 마르코 폴로의 구술을 받아 적었던 때가 1298년이니까, 그로부터 200년 뒤 콜럼버스를 필두로 한 지리상 발견의 시대인 대항해 시대의 개막과 함께 유럽인들의 폭발적 인기를 얻게 된 것입니다. 허황된 이야기로 취급되던 마르코 폴로의 이야기가 200년이나 지나서 최대의 베스트셀러가 된 이유는 무엇일까요?

대항해 시대를 불러온 실크로드 무역

11세기 무렵 농업 혁명*이 일어나면서 생산량이 비약적으로 증가했습니다. 당시 유럽은 이를 통해 넘쳐나는 인구를 수용할 수 있었습

---

* 제철 기술, 무거운 쟁기, 삼포제, 물레방아 등으로 대표되는 농업 기술의 개량을 통해 숲의 유럽을 들판의 유럽으로 혁명적으로 바꾸어 놓은 것을 말한다. 이전부터 꾸준히 증가해 온 인구는 숲의 대대적 개간을 가능하게 하였다.

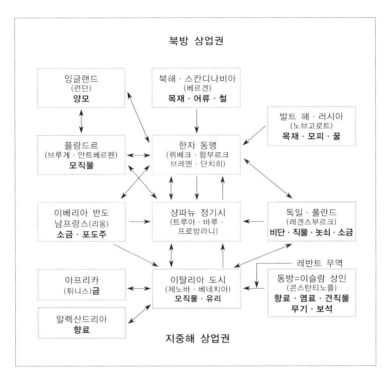

원거리 무역의 구조도

니다. 이것은 '상업의 부활'을 가져왔고, 실크로드를 통해 들어온 상
품에 대한 수요를 촉발해 유럽 대륙 시장을 확장하는 결과를 가져왔
습니다.

　구체적으로 보면 북서 유럽(플랑드르와 북부 프랑스)을 중심으로 직
물 산업이 출현했는데, 지중해 도시들의 중개를 통해 이들의 모직물
은 실크로드 상품과 거래됐습니다. 이 시기 대표적 교역 시장으로는
샹파뉴 정기 시장이 있습니다. 이곳은 파리에서 동남쪽으로 약 80킬
로미터 떨어져 있는, 북부 유럽(플랑드르)과 지중해 유럽(이탈리아)을

연결하는 내륙 교통로 상에 있는 도시입니다.

샹파뉴에는 1년 내내 차례로 열리는 정기 시장이 여섯 개나 있었고, 모든 거래가 계약서로 이루어지며 화폐와 어음도 교환돼 금융업이 발달했습니다. 이러한 교역 시장은 유럽 내륙에 광범위하게 생겨났습니다. 봉건 영주층은 자연히 사치와 소비가 심해지면서 전보다 수입을 더 늘려야 할 필요에 직면했습니다. 실크로드를 통해 들어온 동방의 신기한 상품들은 아주 비쌌는데, 다투어 사들인 결과 봉건 영주들의 경제는 날로 악화된 것입니다.[2]

향신료는 대표적 예입니다. 인도산 후추는 가장 귀하게 여겨, 은과 같은 가격을 지닌 화폐로서 통용되었습니다. 이슬람 상인들이 교통로를 장악하고 있었기 때문에, 베네치아 상인들이 높은 관세를 물고 알렉산드리아 항에 들어온 후추를 사서 베네치아로 운반한 뒤 이것을 다시 유럽 각지의 시장에 판매했으므로 최종 소비자의 손에 들어갈 때는 값이 엄청나게 비싸졌습니다.

향신료뿐만 아니라 당시 유럽이 의존했던 실크로드 무역품은 무척 많았습니다. 과거 고대 로마의 비단이 그랬던 것처럼, 이제 향료나 차·도자기·보석·설탕·명반 등은 유럽 세계에 엄청난 무역 적자를 안겨주었습니다. 당시 등장한 오스만투르크가 유럽을 압박하고 실크로드 무역에서 수요와 공급을 통제해 폭리를 취하자, 유럽은 무역 역조가 계속되어 만성적인 적자에 허덕여야 했습니다. 이때는 지불 수단이 은화였는데 유출이 너무 심해서 귀금속이 고갈되기에 이르렀습니다.*

해결 방안은 현금 가치를 갖는 귀금속을 어디서 대량으로 가져오거나, 직접 실크로드 무역에 뛰어들어 자기들이 원하는 물품을 확보

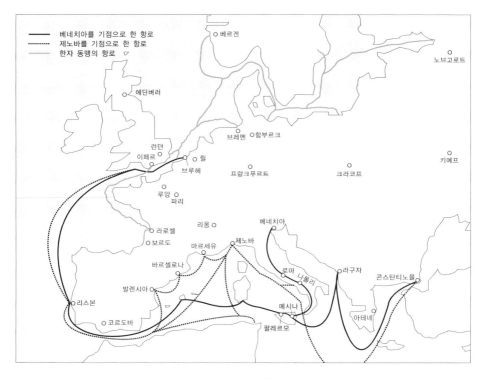

베르겐

노브고로트

에딘버러

브레멘 함부르크

런던

이페르 릴

브루헤

프랑크푸르트 크라코프 키예프

루앙

파리

리옹 베네치아

라로셸 제노바

보르도 마르세유

바르셀로나 로마 나폴리 라구자 콘스탄티노플

발렌시아

리스본 메시나

코르도바 팔레르모 아테네

─── 베네치아를 기점으로 한 항로
‥‥‥ 제노바를 기점으로 한 항로
─── 한자 동맹의 항로

1300년경에 생긴 신항로

하는 것밖에 없었습니다. 그러나 전자든 후자든 동방으로 가야 했는데, 당시로서 가능한 길은 이슬람이 가로막고 있어서 남은 선택은 동

---

* "원거리 교역으로 가장 큰 이익을 본 것은 수요와 공급을 매개했던 아랍 상인들이었으며, 베네치아로 대표되는 지중해 교역은 동남아시아에서 유럽으로 이어지는 국제 교역로의 부가물에 불과했다. 유럽은 모직물이라는 대응 상품이 있었지만, 만성적인 무역 적자를 메우기 위해 귀금속의 유출이 불가피했다. 그 결과 유럽은 언제나 화폐 부족에 시달리게 되었다. 유럽으로서는 이 사태를 돌파하기 위한 방안이 두 가지 있었다. 하나는 중동을 장악하여 아랍 상인의 자리를 대신 차지하는 것이고, 다른 하나는 동방으로 갈 수 있는 우회로를 찾는 것이었다. '십자군 전쟁'의 시도가 있기는 했지만, 힘의 역학 관계상 적어도 18세기까지는 전자가 기본적으로 불가능했기 때문에 사실상 후자가 유일한 대안이었다"(박한제 외, 『유라시아 천년을 가다』, 「서구인들의 해양 진출과 새로운 체제의 형성」에서 인용).

방으로 가는 우회로를 찾는 것뿐이었습니다.

따라서 1300년경 발견한 신항로*를 동방에까지 연장하는 것이 유일한 방법이었습니다. 이제까지 유럽에서 실크로드의 출발점이 비잔틴 제국의 콘스탄티노플이었다면, 앞으로 전개될 실크로드의 출발점은 대서양 연안의 이베리아 반도(포르투갈 · 에스파냐)가 될 차례였습니다.

15세기 말~16세기 초에 실크로드 무역을 이슬람에게서 탈취하기 위해 에스파냐와 포르투갈이 경쟁적으로 원양 항로 개발에 나섭니다. 이후 네덜란드 · 영국 · 프랑스로 18세기까지 이어진 대항해 시대는 유럽이 원하는 것을 가져다 주었습니다.

유럽은 역사상 처음으로 범세계적 교역망의 핵심적 매개 고리를 장악하게 되었다. 이른바 '신대륙'을 차지했고 인도양을 통한 우회로를 확보하는 데 성공했던 것이다. 그 결과 1650년경에 설사 전 지구적 차원에 이르지는 못했지만 유럽 중심의 '세계 체제'가 나타나게 되었다. 우선 유럽 내부에 중심부─반(半)주변부─주변부라는 독특한 경제적 위계가 나타났다. 잉글랜드 동남부, 프랑스 북부와 저지대 지역, 이탈리아 북부로 이루어진 중심부는 도시의 비중이 높고 자유 노동에 입각하여 상품과 용역을 생산하고 수출하였다. 그 밖에 대부분의 유럽은 곡식 · 포도주 · 양모 · 목재와 같이 부피가 큰 1차 원료를 반(半)종속 노동을 통해 생산하고 수출하는 반주변부가 되었고, 시베리아는 모피를 공급

---

* 지중해에서 지브롤터 해협을 거쳐 대서양을 항해해 북해에 이르는 항로를 말한다. 이로 인해 유럽 상업 체계의 중심이 지중해에서 북부 유럽으로 옮겨가기 시작했고, 실크로드 상품을 더욱 저렴한 가격으로 공급할 수 있는 조건을 갖추게 되었다. 그 결과 실크로드 구매층이 기존의 봉건 귀족 이외에 상인 · 수공업자 · 부농 등 자본주의 맹아인 신흥 계급까지 확대되었다.

하는 주변부가 되었다. 그리고 여기에 식민지인 서인도제도 및 중남미가 예속 노동을 통해 본국에 부피가 작은 고가품(귀금속 · 모피 · 설탕 · 담배 · 향신료 등)을 공급하는 주변부로 편입되었다. 이미 이 시기부터 세계 체제는 예속 노동을 중심부로부터 주변부로 수출하고 있었으니, 본국에서 자유가 신장되는 것은 식민지인들의 종속을 대가로 한 값비싼 것이었다.

하지만 그것은 당장 유럽에 기존의 범세계적 경제 질서를 뒤집어서 확실한 우위를 차지하게 해줄 만큼 강력한 것은 아니었다. 우선 '신대륙'은 유럽인들이 갖고 들어온 유행병으로 말미암아 원주민이 거의 절멸했던 탓에 경제적으로 그리 수지맞은 곳이 아니었다. 아프리카로부터 흑인들을 끌고 와서 노예로 만들어 대체 노동력을 확보하기는 했지만, 기본적으로 중남미의 식민지는 약탈적이었다.

반면에 동방 교역은 엄청난 이윤을 가져다 주기는 했지만, 이미 고도로 조직된 기존의 국가 체제 앞에서 무력했던 유럽인들로서는 교역을 위한 권리와 거점을 확보하는 것으로 만족해야 했다. 그로 인해 '동인도회사'가 적절한 접근 수단이 될 수밖에 없었다. 더욱이 유럽은 여전히 동방, 특히 중국에 대한 무역 역조를 뒤집어엎을 만한 매력적 상품을 갖고 있지 못했다. 결국 '신대륙'이 생산한 막대한 양의 은이 유럽을 거쳐 차의 나라 중국으로 유입될 수밖에 없었다. 그러기에 중국은 "은의 무덤"이라는 영국 속담까지 생겨났다. 실론이 차의 대체 생산지가 된 뒤에도 사태는 변하지 않았다. 하지만 중국이 유럽에게 원하는 것이 없다면 그것을 새로이 창출해야만 했다. 그래서 나타난 것이 바로 아편이고, 그것이 유입되는 것을 막으려는 중국의 의지와 충돌하는 바람에 '아편전쟁'(1840~1842)이 일어났던 것이다. 그러나 이때쯤이면 이미 유

럽 중심의 세계 체제는 완성된 뒤였다.[3]

사실 이렇게 해서 형성된 세계 체제는 그때로부터 5세기 전인 13세기에 이미 형성된 것이었습니다. '팍스 몽골리카'는 비록 신대륙을 발견하지는 못했지만, 유라시아 대륙을 통괄하는 일원적 체제로서의 세계를 세계인 앞에 드러냈습니다. 이것은 지구상에서 처음 시도한 실험이었습니다.

상업의 부활을 강조하는 유럽의 역사가들은 이미 13세기 초부터 예컨대 베네치아 경제가 시장 · 상점 · 창고 · 정기시 · 조폐국 · 세관 · 은행 · 주판 · 환어음 · 복식 부기 · 조선소 등과 같은 자본주의의 모든 도구들을 구비했음을 지적하여 영국 중심주의를 극복하는 데 이바지했다. 하지만 이들은 베네치아를 중심으로 하는 동지중해 교역망이 중동을 거쳐 중국에까지 이어지는 훨씬 더 크고 부유한 세계 교역망(팍스 몽골리카의 교역망—필자)의 일부분임을, 따라서 그러한 도구들이 이미 동방에 있었음을 알지 못했다. 베네치아는 이 거대한 교역권의 한쪽 끝을 독점하여 막대한 이윤을 올렸지만, 그것은 사실상 13세기 중반에서 14세기 중반에 이르는 (팍스 몽골리카가 중심이 된—필자) 세계 경제 번영의 한 단면일 뿐이었다.[4]

실크로드 무역은 유럽의 대항해 시대를 견인했고, 대항해 시대의 성과는 유럽 근대의 계기가 되었습니다. 그때 형성된 유럽 중심의 세계 체제는 오늘날까지 이어지고 있으며, 현재의 세계는 서양중심주의의 틀 속에서 유지되고 있습니다. 그러나 유럽의 근대를 이해하기 위해서는 실크로드 무역보다 복잡한 역사적 계기를 살펴볼 필요가 있습니다. 이른바 근대란 항로의 개척이나 무역의 흐름 그 이상의 총체적 측면을 가리키는 말이기 때문입니다.

팍스 몽골리카의 충격

몽골이 유라시아 대륙을 제패하고 최초로 세계 체제를 형성했을 때, 팍스 몽골리카의 충격은 서양을 암흑의 잠(중세)에서 깨어나게 했습니다. 이것은 역사에 가정이 없는 한 선진 문명이 전개한 필연이었습니다. 당시 양쪽(팍스 몽골리카와 유럽) 문물의 차이는 오늘날 선진국과 후진국의 격차 이상의 것이었습니다.*

이 충격은 맨 먼저 교황청과 성직자들을 강타했습니다. 십자군이 200년 동안 싸워도 꺾을 수 없었던 사라센을 단숨에 쳐부숴 버린 몽골 군대에 어떤 태도를 취해야 할 것인가. 1차 십자군 전쟁에서 탈환했던 성지 예루살렘을 다시 이슬람에게 빼앗긴 뒤로 연이은 패전 속에서 민심은 흉흉했습니다. 이때 동방을 다스리는 사제 왕 요한이 악에서 선을 구하기 위해 이슬람의 수도를 함락하고 예루살렘을 구원하러 오고 있다는 이야기가 널리 펴져 나가고 있었습니다.

교황은 수도사 카르피니를 공식 사절로 사제 왕에게 보내는데, 그

---

* 아랍의 눈으로 보면 기독교의 서방은 여전히 야만 세계에 지나지 않았다. 10세기에 유럽의 여러 지역들과 동방 간의 교역 관계는 오늘날 선진 산업 국가와 개발도상국 사이의 그것과 꽤 흡사했다(프레데리크 들루슈 편, 윤승준 옮김, 『새 유럽의 역사』에서 인용). 이때의 동방은 아랍을 가리키는데, 13세기의 팍스 몽골리카와 비교할 경우 말해 무엇하겠는가.

사제 왕 요한의 초상. 대영도서관 소장 필사본.

몽골의 구육 칸이 카르피니에게 준 친서. 바티칸에 보관.

가 찾아간 곳은 당시 몽골 제국의 3대 칸 구육이 사는 수도 카라코룸 이었습니다(1246). 서구 기독교 사회가 현실 속에서 만난 사제 왕은 몽골의 칸이었습니다.

몽골의 칸은 교황의 기대와는 달리 카르피니에게 "유럽의 교황과 군주들은 짐의 궁정을 찾아와 머리를 조아리고 복속 의사를 충심으로 표시하라"는 친서를 주어 되돌려 보냈습니다. 그럼에도 불구하고 교황은 계속 사절을 보냅니다. 당시 구육 칸이 보낸 친서는 지금도 로마 교황청의 비밀 문서고에 있습니다.

다행히도 교황의 사신 카르피니가 다녀온 지 얼마 안 된 13세기 중엽 쿠빌라이가 대몽골 울루스(나라)의 대칸이 됨으로써 '군사 확장'의 시대에서 '몽골의 평화(팍스 몽골리카)' 시대로 넘어가게 됩니다.

바야흐로 정복의 시대는 끝나고 평화의 시대가 도래한 것인데, 비록 교황과 성직자들은 이 변화에 안도의 한숨을 내쉬면서 기존 권위자의 위치로 돌아갔을지 모르지만, 이미 유럽은 기독교의 암흑에서 깨어나기 시작하고 있었습니다. 14세기 전 유럽을 강타한 반란의 물결은 성직자와 수도원에도 예외 없이 덮쳤습니다.

던스테이블에서는 수도원장이 파문시키겠다고 위협함에도 불구하고 시민들이 "차라리 모두 지옥에 떨어지자"고 외치면서 굴복하지 않았고, 1327년 베리의 시민들은 강제로 수도원을 점거하고는 상인 길드를 인정할 때까지 수도원장과 성직자를 감금했으며, 아빙턴에서도 옥스퍼드에서 온 동맹자가 가세하여 수도원을 포위하고 그 문을 불태워 버렸습니다. 또 센트알반에서는 수도원장이 제분소를 세울 권리를 거절하자 시민들이 수도원을 10일간 점령했는가 하면, 노르위치에서는 도시와 대성당 사이에서 전쟁과 폭동이 일어나 대성당의 교회가 불타 버렸습니다.[5]

십자군 전쟁 이후 유럽의 시민(부르주아지)들은 교황과 성직자들의 교회적 권위에 대해 그 원천부터 의심하기 시작했습니다. 더욱이 봉건 영주이기도 한 성직자들과 신생 부르주아지는 이미 화해할 수 없는 상반된 사회 제도를 대표하고 있었습니다.

이 시기에 나타난 신분제 의회는 이를 반증하고 있습니다. 귀족·성직자·부르주아지로 구성된 의회는 영국 같은 경우 성직자와 고급 귀족이 상원, 하급 귀족과 부르주아지가 하원을 구성했는데, 이처럼 성직자는 구세력의 중추였던 것입니다.

이 같은 배경 속에서 기독교 인문주의가 생겨났습니다. 십자군 전쟁에서 왜 하느님은 이교도의 손을 들어줬는가? 성직자가 순수한 그리스도의 가르침을 저해하고 있는 것은 아닐까? 그렇다면 기독교 안에 있는 무오류의 진리를 어떻게 찾을 수 있을까?

1504년에 나온 에라스무스의 『기독교 전사(戰士)의 소책자』는 이런 문제 의식에서 쓴 기독교 인문주의의 대표적 저서입니다. 그는 성서 연구로 돌아가야 하며, 불순물이 섞이지 않은 순수한 그리스도의 가르침에 이르려면 고대 문헌에 의거해야 한다고 했습니다. 이것은 르네상스와 종교개혁의 정신이 연결돼 나타난 전형적인 예입니다.

이렇게 해서 유럽은 기독교의 세계관과 일정한 '거리'를 두게 되었습니다. 이 '거리'야말로 사실을 사실로 볼 수 있는 눈을 제공했습니다. 에스파냐의 유명한 지도제작학교에서 작성해 유럽 지도사의 금자탑의 하나가 된 〈1375년도 카탈루냐판 세계 지도〉에 처음으로 중동·인도·중국 그리고 고려가 그려진 것도 이러한 '거리두기' 없이는 가능하지 않은 일이었습니다.

앞서 말한, 마르코 폴로가 세계를 보았던 '거리', 이 눈은 유럽에 근대를 가져다 준 소위 3원소, 즉 르네상스·종교개혁·지리상의 발견을 가능케 한 인식상의 주역입니다.

인문주의와 종교개혁을 낳은 이 '거리두기'는 십자군 전쟁의 파탄에 의해, 팍스 몽골리카의 충격에 의해, 계급적 이해의 대립에 의해, 그리고 새로운 세계의 발견에 의해 형성될 수밖에 없는 '눈'이기는 하지만, 결코 간과해서 안 될 것은 유럽 자체의 태내에 존재한 이슬람 문화에 의해 이루어지기도 했다는 점입니다.

유럽 근대 형성의 자양분, 이슬람 문명

대항해 시대에 왜 이베리아 반도에 있는 포르투갈과 에스파냐가

지리상 발견의 대부분을 독점했을까요? 의문이 들지 않습니까?

그것은 711년 이후 8세기 동안 이베리아 반도를 이슬람이 지배한 결과였습니다. 페르시아에 이어 실크로드의 중계 무역을 담당했던 이슬람 제국의 항해술은 당시 세계 정상이었습니다.

내해와는 달리 원양으로 나가는 항해술은 과학적 기초 없이는 불가능한 까닭에 수학과 천문학, 지구 물리학 등의 지식이 필수적이었습니다. 당시 이슬람의 과학은 마치 오늘날 우주선 속에 현대 과학의 모든 것이 들어 있듯이, 대양을 항해하는 함선에서 고스란히 실현되고 있었습니다. 원양 항해에 없어서는 안 되는 천문 관측의, 사분원, 십자형 측량대 등은 이슬람 과학자들의 연구 결과 발명된 것입니다. 그리고 당시 원양 항해를 위해 혁신적으로 제조된 카라벨(쾌속 범선)도 아랍인의 카라크선에서 나온 것이라고 합니다.

다른 한편, 정신 문화의 측면을 살펴보면 아랍 문화가 르네상스에 미친 경로 역시 이베리아 반도를 통해서였습니다. 10세기, 칼리프 알 하캄 2세 때 수도 코르도바에 세워진 도서관에는 당시 타의 추종을 불허하는 장서 40만 권이 소장돼 있었는데, 이곳은 그리스 철학 연구소와 같은 곳이었습니다. 1085년 국토 회복 운동을 위해 에스파냐에 들어온 기독교 군대가 톨레도를 점령하여 세운 번역 학교에서 아랍의 과학 저술과 철학 저술들이 번역돼 유럽에 소개되었는데, 무엇보다도 아리스토텔레스*에 대한 주석으로 저명한 이븐 루쉬드(서구에서는 아베로에스로 알려짐)의 저작이 번역돼 서유럽의 대학들에 알려지면서 엄청난 파장을 일으켰습니다. 그의 저작은 유럽의 가톨릭 당국

---

* 아리스토텔레스는 다신교 교도였으며, 이교도들이 높이 평가한 철학자였다.

에 의해 불온 서적으로 낙인찍혀 심지어 이전까지 대학들에서 누려온 교수의 자유에도 종지부를 찍게 했습니다.

그리고 그의 스승 이븐 투페일(1181년 사망)의 철학 소설 『리살라트 헤이븐 야끄잔』(서구에는 '독학의 철학자'로 알려짐)은 모든 유럽 언어로 번역되었습니다. 이 작품은 '제2의 아담'의 영원한 신화를 형상화했다고 평가되는데, 디포의 '로빈슨 크루소'나 버나드 쇼의 '존경하는 크리크톤' 같은 인물의 현대판이라고 합니다.[6]

세르반테스의 『돈키호테』 이전에 이미 이슬람 작가의 텍스트가 있었으며, 단테의 『신곡』에 앞서서는 이븐 슈헤이드의 유머와 상상력 넘치는 이슬람판 신곡(『리살라트 앗 타와비 왓 자와비』)이 있었고, 유럽 로맨스 문학의 서정시는 이 지역 이슬람교도 특유의 시구인 '하르자'[7]에 기원을 두고 있습니다.

서구 인문주의의 바탕에 이슬람 문화(철학·문학·예술·과학 등)가 어느 정도를 차지했는지는 앞으로의 연구 과제입니다. 그러나 명백한 사실은 중세에는 이슬람 문명이 서구 문명을 훨씬 앞질렀으며, 후자가 질적 비약을 하는 데 전자를 풍부한 자양분으로 삼았다는 사실입니다.

서양의 '장건', 마르코 폴로

마르코 폴로는 교황이 구원을 요청하기 위해 사절로 보낸 수도사들과는 다르지만, 정주 제국과 유목 제국 간의 전쟁의 와중에 또 다른 유목 제국의 협력을 얻으러 간 점에서 중국 황제가 보낸 장건과 닮은꼴입니다. 장건이 가져온 서역의 지식과 정보가 실크로드를 열었듯이, 마르코 폴로의 『동방견문록』은 유럽의 대항해 시대를 여는 데 큰 역할을 했습니다.

두 사람 모두 세계를 보았는데, 한 사람은 실크로드 역사의 기점에, 다른 한 사람은 실크로드 역사의 종점에 서 있었습니다. 실크로드를 근대 이후까지 연장해서 보아야 한다는 주장도 있으나, 유서 깊은 사막의 길과 초원의 길이 지녔던 역동성을 상실한 오늘날, 교통로의 관점에서 이를 확대하자고 주장하는 것은 무리가 아닐까 싶습니다.

팍스 몽골리카의 붕괴 후 동과 서의 운명이 뒤바뀌는 데에 마르코 폴로의 책은 지대한 공헌을 했습니다. 여기서 바뀐 운명의 한쪽 주인인 동에 대해서는 이야기할 자리도 아니려니와 개인적으로 연구도 돼 있지 않습니다. 그러나 단 하나 지금까지 보아 온 것처럼 서는 동으로 진출하지 않으면 살아남을 수 없는 '의존적 구조'—세계 체제를 요구하는— 를 가지고 있었는 데 반해, 동의 중국은 '자기 완결적 구조'—세계 체제를 거부하는— 를 가지고 있었다는 점을 강조하고자 합니다.

14 실크로드 탐험 이야기[1]

왕 도사와 펠리오

도사(도교의 사제) 왕원록은 수백 개의 돈황 석굴 사원* 중에서 규모가 큰 사원 하나를 자신의 도관(도교 사원)으로 사용하고 있었습니다. 원래 이 석굴 사원은 불교 사원이었지만 그가 도관으로 쓰고 있었던 것입니다. 그는 호북성 마성현 사람으로, 석굴 사원에서 멀지 않은 주천에서 군대 생활을 하였습니다. 왕원록이 어떻게 도사가 되었는지는 알 길이 없지만, 수완만큼은 확실히 뛰어나서 돈황 현내에 유력한 신도가 적지 않았습니다.

글을 모르는 왕 도사는 양(楊)가라는 젊은 사경생을 문하생으로 두고 있었습니다. 공양 중에서 최고로 치는 것이 경을 베껴 바치는 사

---

* 돈황 최초의 석굴은 승려 낙준이 366년에 개창한 것으로 기록되어 있다. 그 후 1000여 년 동안 큰 변화 없이 수백 개의 석굴이 만들어지고 유지되었는데, 현재는 492개만이 남아 있다(로드릭 워트필드 지음, 권영필 옮김, 『명사산의 돈황』 참조).

왕원록(王圓籙). 일명 왕 도사.

경이라서, 사경을 해주면 시주를 두둑이 받을 수 있었습니다. 그래서 문맹의 도사 왕원록에게는 사경생이 꼭 필요했습니다.

한번은 무슨 일로 왕 도사가 사경생에게 잔소리를 늘어놓고 있었습니다. 화가 난 사경생은 엽초를 꺼내 불을 붙였습니다. 시간이 한참 지나도 왕 도사의 잔소리는 그칠 기미를 보이지 않았습니다. 사경생도 더 이상은 못 듣겠는지 화풀이라도 하듯 벽에다 대고 담배 연기를 확 내불었습니다. 서너 번을 그렇게 하던 사경생은 갑자기 두 눈이 똥그래지더니 벽을 주먹으로 쿵쿵 두드렸습니다. 왕 도사는 녀석의 하는 짓이 하도 괴상해서 잠시 입을 다문 채 멍하니 쳐다보았습니다.

사경생이 놀란 이유는 자신의 담배 연기가 계속해서 벽 속으로 빨려 들어가고 있었기 때문입니다. 사경생은 왕 도사를 보고 벽 속이 텅 빈 것 같다고 허둥거리면서 말했습니다. 왕 도사는 무슨 헛소리냐며 당치도 않다는 듯 머리를 내저었습니다. 사경생은 정 못 믿겠으면 와서 두 눈으로 직접 확인해 보라고 말했습니다. 왕 도사는 사람을 놀리는 것이면 경을 칠 줄 알라며 문제의 벽으로 걸어갔습니다.

놀랍게도 사경생의 말은 사실이었습니다. 왕 도사는 벽을 부수기

로 결정했습니다. 앞이 안 보일 정
도로 자욱한 먼지 속에서 흙벽이
헐리자 조그만 문이 드러났습니다.
문을 열어 보니 사방 3미터 정도의
작은 방이 하나 나타났습니다. 그
리고 그곳에는 산더미 같은 필사본
들이 몸뚱이 하나 들어갈 공간도
없이 빼곡이 들어차 있었습니다.

펠리오

왕 도사가 돈황의 17호굴, 즉 장
경동(藏經洞 : 경서가 보관된 동굴이
라고 해서 붙여진 이름)을 발견하게
된 경위를 두고 세 가지 설이 알려
져 있는데, 위의 이야기는 그 중 하나입니다. 이 설에 따르면, 이 사
건은 1899년에 일어났습니다.

장경동에서 나온 필사본 중에서 가장 한국인의 관심을 끈 것은 혜
초의 『왕오천축국전』 필사본입니다. 기억력의 천재인 프랑스 동양학
자 펠리오는 촛불 하나를 가지고 17호굴로 들어가서 2만여 권이나 되
는 고문서를 3주일 만에 모조리 독파했습니다. 촛불을 켜놓고 비좁은
공간에 쪼그리고 앉아서 고문서와 씨름하고 있는 모습을 동료 사진
작가 누에트가 사진으로 담았는데, 현재 파리 기메 박물관의 펠리오
관에 걸려 있습니다.

펠리오는 하루에 거의 1000개의 두루마리를 읽어 냈습니다. 그는
파리로 보낸 편지에다 "경주용 차와 같은 속도로 달리는 서지학자"라
고 자신을 표현했습니다. 펠리오는 그런 속도로 읽으면서도 챙겨야

할 문서를 정확히 두 부류로 나누었습니다. 하나는 어떤 비용을 들여서라도 반드시 손에 넣어야 하는 것, 다른 것은 원하는 것이긴 하지만 필수적이지 않은 것이었습니다.

그가 핵심적 문서를 빠뜨리지 않으려고 얼마나 용의주도하게 선별했는가를 보여 주는 글이 있습니다.

나는 중요한 문서들은 지나치지 않았다고 생각한다. 거기 있는 모든 두루마리뿐 아니라 종이 조각들도 하나 빠짐없이 다 살펴봤다. 얼마나 많은 종이 조각과 낱장들이 있었는지는 신만이 알고 계신다.

바로 이렇게 추린 문서 중 하나가 『왕오천축국전』입니다. 앞뒤의 상당 부분이 떨어져 나간 이 두루마리를 보고 혜초의 여행기라고 알아낸 것은 인간의 기억력이 그 이상 비상할 수 없는 한계를 보여 주는 것이었습니다.

펠리오가 돈황 필사본을 본 순간 그의 눈에 스친 단어 몇 개가 기억을 움직여 혜림의 『일체경음의(一切經音義)』라는 책을 떠올리게 했습니다. 『일체경음의』는 경전에 나온 중요한 단어들을 여러 문헌에서 뽑아 그 음과 뜻을 달아 놓은 100권으로 이루어진 책입니다. 이 가운데 한 권이 『왕오천축국전』에 나오는 단어들을 설명해 놓은 책입니다.

펠리오가 파리에 와서 조사해 본 결과, 『일체경음의』에 들어 있는 총 85개의 단어 가운데 18개의 단어가 그가 가져온 필사본 텍스트에 있는 단어들과 중복되는 것을 발견하고, 이 돈황 결실본이 혜초의 『왕오천축국전』임을 확인하게 되었습니다. 이 얼마나 놀라운 일입니까.

펠리오가 가져온 5000여 점의 고문서는 모두 이처럼 문헌학적 의의가 탁월한 것들이었습니다. 그는 언어의 천재로 13개 언어를 자유롭게 구사했는데, 중국어 실력은 최정상이었습니다.

한번은 이런 일이 있었습니다. 1906년 6월 파리를 출발한 펠리오 탐험대가 열차 편으로 모스크바를 경유해 타쉬켄트에 도착했습니다. 그러나 짐이 도착하지 않아서 두 달을 기다려야 했는데, 펠리오가 그 사이에 러시아어를 숙달하고 짬짬이 투르크어를 새로 배워 어느새 주민들과 투르크어로 대화를 하더라는 것입니다.

이 천재는 22세(1901) 때 하노이에서 프랑스 극동학원의 중국어 교수가 되었고, 5년 후에는 프랑스 9개 연구 단체가 지원하는 위원회의 이름으로 중앙아시아에 급파돼 돈황에 발을 들여놓게 되었습니다.

장경동에서 수많은 고문서와 미술품을 빼낸 펠리오는 왕 도사와 단돈 90파운드에 거래하여 값으로 칠 수 없는 귀중한 유물들을 프랑스로 보내는 데 성공했습니다. 그는 이 쾌거로 말미암아 바로 전해에 다녀간 스타인과 더불어 '돈황학'의 창시자로 역사에 길이 남게 되었습니다.

스타인의 돈황 탐사

영국인 스타인이 돈황에 온 것은 2차 탐험 도중이었습니다. 그는 원래 헝가리 사람*인데, 학창 시절부터 돈황 석굴을 보는 것이 꿈이

---

* 1904년 국적을 영국으로 옮겼다.

스타인

었습니다. 서양인으로는 최초로 돈황을 방문한 '헝가리 지질학 탐사대'의 로치 라요시와 구스타프 크라이트너가 쓴 『석굴 탐사기』에 자극을 받았다고 합니다.

1907년 돈황현에 도착한 스타인은 왕 도사가 어떤 비밀 석굴에서 방대한 고문서를 발견했다는 소문을 듣게 됩니다. 그는 펠리오와는 달리 중국어를 몰랐기 때문에 중국인 조수를 시켜 왕 도사에게 매우 조심스럽게 접근했습니다.

스타인은 왕 도사가 가진 두 가지 열정을 파고들었다고 술회했습니다. 하나는 사원을 복원하려는 왕 도사의 열망이고, 다른 하나는 현장을 숭경하는 마음이었습니다. 스타인은 사원의 복원 사업을 돕기 위해 상당한 헌금을 내겠다는 뜻을 비쳐 왕의 마음을 열어 놓은 후, 자기의 수호 성자가 현장이라고 말해 서양인에게 불경을 팔아먹는다는 종교적 가책을 가라앉혀 주었다고 합니다.

스타인은 자신이 현장 법사를 존경해서 인도에서부터 험악한 산길과 사막을 건너 만 리 길도 넘게 현장의 족적을 따라온 일화하며, 현장 법사가 천 수백 년 전에 경건히 방문했으나 지금은 폐허가 돼 도저히 접근할 수 없는 유적들을 이번 순례 도중 어떻게 찾아 들어갔는지 등을 왕 도사에게 감동적으로 이야기했습니다.

며칠 후 중국인 조수는 왕 도사한테 천만 뜻밖의 이야기를 듣게 됐습니다. 멀리 인도에서 온 이 서양인이 현장 법사의 진정한 제자요 사도임이 분명하기 때문에 그에게 비밀의 석굴에 있는 불경들을 보여 주겠다는 것이었습니다. 거기에다 한술 더 떠서 현장 법사가 무덤에서 이 순간을 기다리고 계셨을 것이라면서, 자기가 지키고 있는 이 성스러운 경전들을 본래의 곳으로 가지고 가기를 바란다는 것이었습니다.

아, 이게 어찌 된 일입니까? 두 사람의 치밀한 공작 탓인지, 속아 주는 척한 왕 도사의 교활한 수완 탓인지 잠가 놓은 17호굴은 마침내 열리고 눈앞에 벌어진 광경에 스타인은 입을 딱 벌리고 말았습니다. 그는 이렇게 회고했습니다.

왕 도사의 어둑한 램프 불빛 아래서, 무질서하게 빼곡이 쌓여 있는 두루마리 필사본들의 높이가 거의 3미터에 달해 보였다. 방안에 가득 차 있는 이 문서들의 부피는 나중에 측정해 본 결과 약 150입방미터에 육박했다.

왕이 필사본을 한 무더기씩 꺼내어 근처에 있는 조그만 방으로 몰래 가져다 주면 그곳에서 스타인과 조수가 남들 눈에 띄지 않게 검토했습니다. 처음 몇 차례의 시도에도 남의 눈에 발각이 되지 않자 나중에는 간이 커져서 등이 휠 정도의 분량을 스타인의 독서실로 나르기 시작했습니다.

스타인은 왕의 첫인상을 "교활하고 다루기 힘든 인물"로 회상했는데, 친밀해진 뒤로는 "경건한 열정, 토착민다운 무지, 목적에 대한 집요함이 묘하게 뒤섞여 있는 도시"라고 완화된 인상을 표현했습니다.

스타인은 친구에게 보낸 편지에서 필사본 스물네 상자, 회화와 자수품 등 미술품 다섯 상자를 구입하는 데 영국 납세자가 단돈 130파운드를 지출했다고 공치사를 했습니다. 그의 돈황 수집품 중에서 필사본만 완전한 것이 7000여 권, 일부만 남아 있는 것이 6000여 권이나 됩니다.* 참으로 기막힌 재능이 아닐 수 없습니다.

장경동에서는 중국어 외에도 산스크리트어, 소그드어, 티베트어, 투르크어, 위구르어, 그 밖의 미지의 문자가 수도 없이 쏟아져 나왔습니다. 이에 따라 실크로드의 역사를 다양하고 종합적으로 연구할 수 있는 기회가 마련된 것입니다.

영국과 러시아의 중앙아시아 쟁탈전

타림 분지의 맨 서쪽 끝 카쉬가르는 실크로드 탐험 이야기의 중심 무대입니다. 거기에는 유서 깊은 건물이 두 채 있습니다. 하나는 현재 치니 바그 호텔의 고급 레스토랑으로 변한 '영국 영사관'이고, 다른 하나는 새만 호텔의 민속춤 공연장이 된 '러시아 영사관'입니다.

스웨덴의 헤딘, 독일의 르콕, 영국의 스타인, 프랑스의 펠리오, 일본의 타치바나 등 중국령 중앙아시아** 탐험의 큰 별들이 이곳을 거

---

* 한문을 모르는 그가 이 많은 분량을 대충 무작위로 빼가고 남은 빈 공간에 펠리오가 쭈그리고 앉아 천재적인 두뇌로 알맹이와 쭉정이를 구분해서 가지고 간 것이다.
** 협의의 중앙아시아는 중국령 중앙아시아와 옛 소련령 중앙아시아를 말하는데, 전자는 중국의 신강위구르자치구를, 후자는 소련에서 독립한 우즈베키스탄 · 카자흐스탄 · 키르기스스탄 · 투르크메니스탄 · 타지키스탄을 일컫는다. 그리고 흔히 전자나 후자 하나만 가리킬 때도 중앙아시아라고 한다.

쳐 갔습니다. 죽음의 사막과 세계의 지붕이 만나는 후미진 오지에서 유럽식 편의를 제공받고 최소한의 필요한 정보를 취득할 수 있는 유일한 장소였기 때문입니다.

이 두 영사관은 중앙아시아의 유물 수집에 불을 당긴 장본인이기도 합니다. 그러나 탐험 경쟁이 본격화되기 전인 19세기 후반까지는 이 지역에 대한 관심이 지리 · 지질 · 전략의 측면에 국한돼 있었습니다.

19세기 러시아의 남진 정책과 영국의 북진 정책이 가장 첨예하게 충돌한 중앙아시아는 양국이 전쟁에 유리한 정보를 수집하기 위해 불꽃 튀기는 스파이 경쟁을 하던 무대였습니다. 대항해 시대 이후 해양으로 팽창하던 서구와 달리 러시아는 대륙으로 팽창했는데, 서구가 향신료를 구하기 위해서였다면 러시아는 모피를 구하기 위해서였습니다.

러시아가 몽골의 지배에서 벗어나면서(16세기) 시베리아 정복과 더불어 시작한 동진 · 남하 정책은 19세기에 이르면 영국의 북진 정책과 대격돌*을 일으키게 됩니다. 그 결과 흑해의 크림 반도에서 중앙아시아를 거쳐 한반도에 이르기까지 유라시아 대륙 전역에 걸쳐 이른바 1차 냉전이라고 일컬어지는 거대한 전선이 형성됩니다. 청의 이홍장이 조선 조정에 보낸 통지문에도 이 내용이 적혀 있습니다.

요즈음 영국과 러시아 양국 사이에는 아프가니스탄의 국경 문제가 싸움의 실마리가 되어 러시아 군함이 블라디보스토크에 집결하고 있습니

---

* 이를 영국측에서는 그레이트 게임(Great Game)이라고 부른다.

야쿱 벡

다. 이에 영국은 러시아의 남하를 막기 위한 조치로 귀국의 거문도를 점거했습니다. 거문도는 귀국의 영토라 영국의 영사가 일찍이 군함의 정박소로 우리 나라에 제의한 일이 있습니다(당시 조선은 청의 조공국이기 때문). 그러나 잠시 주둔하는 것은 몰라도 조차나 구매를 요구하면, 이를 가볍게 허락할 일이 못 됩니다. …(중략)… 귀국은 부디 정견(定見)을 견지하여 많은 돈과 감언에 현혹되지 않기를 바랍니다(『고종실록』, 고종 22년 3월 20일자).

이것은 1885년의 거문도 사건과 관련된 내용입니다. 영국이 거문도에서 함대를 철수시킨 것도 영국과 러시아가 아프가니스탄의 처리에 관한 협상을 조인한 뒤였습니다. 아프가니스탄과, 영국·러시아 두 나라의 영사관이 있는 카쉬가르는 실크로드를 통해 아주 가깝게 연결돼 있습니다.

영사관들의 핵심 업무는 정보 수집이었습니다. 영국은 악사칼(흰 수염, 즉 장로라는 뜻) 이라는 나이 많은 인도인 상인들로 이루어진 민간 조직을 운영했는데, 이들은 주요 오아시스에 거주하면서 교민 집단의 복지를 도모하고 영국인 여행객의 편의를 도와주는 것이 공식 임무였지만 실제로는 영국 영사관의 첩보원 역할을 했습니다.

야쿱 벡의 군인들. 1873년 영국 사절단이 촬영.

　러시아의 위협을 항상 의식하고 있던 영국은 만약 러시아 군대가 침입해 올 경우 과연 어떤 루트를 통해서 올 것인지에 대한 정확한 조사 결과를 가지고 싶어했습니다.

　이러한 목적에 부응해 인도와 그 주변의 모든 지역에 대한 지도 작성을 책임진 부서가 '인도 측량국'이었습니다. 인도 원주민 출신 무함마디 하미드는 여기서 훈련을 받은 후, 단순한 행인으로 위장하여 타림 분지의 야르칸드로 파견되었습니다. 측량 장비들은 007 영화에서 볼 수 있는 것처럼 위장됐습니다.

　하미드가 중국령 중앙아시아로 파견돼 활동한 1864년은 그해 현지 이슬람교도들이 청나라에 반기를 들고 독립 운동을 일으킨 해였습니다. 그 뒤로 1876년까지 약 10년간 원주민 정권(야쿱 벡 정권)이 이 지역을 장악했기 때문에, 지리 조사와 첩보 활동은 훨씬 더 중요해졌습니다.

중국령 중앙아시아의 원주민 정권이 무너지고, 영·러 간의 아프가니스탄 협상이 조인된 이후, 국제적 세력 분할 구도가 대체로 안정되면서 실크로드 유물 경쟁은 막이 오릅니다.

유물 쟁탈전의 서막

타림 분지의 쿠차에서 최초로 고대 문서가 발견됐는데, 이 문서가 열강들의 유물 쟁탈전에 불을 붙였습니다. 전에도 물론 불길이 번질 소지는 충분히 있었습니다. 원주민들은 오래전부터 내려오는 전설을 믿고 있었습니다. 사막 속의 사라진 도시에 엄청난 양의 금은보화가 묻혀 있는데, 신의 노여움을 사기 때문에 어느 누구도 가지고 나올 수 없다는 풍문들이었습니다.

원주민 탐험가란 사람들이 목숨을 걸고 사막 속으로 들어갔으나 돌아오지 못한 자가 부지기수였습니다. 비록 가뭄에 콩 나듯 했지만, 이들이 가져온 골동품은 상인들의 손을 거쳐 유럽인에게 비싼 값에 팔렸습니다. 매우 수지맞는 사업이라는 것이 서서히 알려지면서 골동품 사업은 유망 업종으로 자리잡았습니다. 후에 서양인들은 이들을 '원주민 유물 사냥꾼'이라고 불렀습니다.

1889년 원주민 탐험가들이 쿠차 부근에서 탑에 굴을 뚫고 들어가 가져온 (앞서 말한 열강들의 유물 쟁탈전에 불을 붙인) 고문서 뭉치가 영국의 저명한 언어학자 훼른레의 손으로 들어가 해독되었습니다. 이 문서가 5세기경 브라흐미 알파벳을 사용해 산스크리트어로 쓴 의술과 강신술에 관한 내용으로, 인도에서 발견된 어떤 것보다 오래된 문서로 판명되자, 세상은 놀라고 말았습니다.

그런데 재미있는 것은 쿠차 고사본의 일부를 최초로 수집한 원주민의 이름(굴람 카디르)은 온데간데없고* 재차 구입한 서양인의 이름을 따라 바우어본, 웨버본, 마카트니본으로 불린다는 사실입니다(굴람 카디르의 수집품이 세 뭉치로 나뉘어 팔렸기 때문에).

훼른레는 "바우어 고사본이 발견되고 캘커타에서 그것이 출판됨으로써 중국령 중앙아시아에 대한 근대 고고학적 탐사 활동이 본격적으로 시작되었다"고 말할 정도로 흥분했습니다. 그리고 다른 학자는 『왕립 아시아 협회지』에 마치 선언하듯 다음과 같이 썼습니다.

바우어 대위의 발견과 훼른레의 출판을 계기로 유럽은 더 많은 유물을 탐색하기 위해 이 지역에 모든 과학적 역량을 투입하기 시작했다.

이토록 중요한 발견인데, 그 첫 자리부터 불공정하기 짝이 없었으니 앞날이 불안하기만 합니다. 이것이 서구 근대 문명이 자랑하는 '공정성'과 '객관성'이란 것인지 고개가 갸웃거려집니다.

인도 측량국의 스파이가 007식으로 위장하고 중국령 중앙아시아를 암약하며 지형을 관측하는 중에 소문을 듣고서 이 지역에 고대 유물이 매장돼 있을 가능성을 암시한 지 25년 만에, 서구 학자들을 경악케 한 사건이 일어난 것입니다. 이 원주민 스파이 하미드는 자신의 노트에 다음과 같은 메모를 남겼습니다.

---

* 그는 쿠차의 탑에서 고문서를 가지고 나온 원주민 탐험가에게서 구입하였다.

이 지방의 옛 도읍이었던 호탄*은 이미 오래전에 파묻혀 버렸다. 지역 주민들의 말을 들으면, 모래 폭풍 후에 드문드문 고대 가옥들이 모습을 드러내는데, 주민들이 매장돼 있는 귀중한 물건들을 파내곤 한다는 것이다. 내 생각에는 옛 주민들이 자기 물건들을 꺼낼 시간도 없이 갑작스레 도시가 모래에 파묻힌 것 같다.

물론 소문에 근거한 것일지라도 이 정도의 내용이면 호탄 지역에 과학적 탐사의 첫발을 내디딘 스웨덴의 헤딘이 얻은 결과와 큰 차이가 없습니다. 그럼에도 불구하고 이 메모가 관심을 끌지 못한 이유는 원주민이 원주민의 소문을 탐문했다는 사실에 대한 불신과 당시 정치 정세의 불안정 때문이었을 것입니다.

유럽인으로는 처음으로 중앙아시아 지리 탐사를 시도한 독일의 아돌프 슐라긴트바이트는 1857년 야르칸드에서 붙잡혀 카쉬가르로 이송돼 죽었습니다. 이처럼 위험한 상황이었기에 인도 측량국에서 원주민을 훈련시켜 현지에 보냈던 것인데, 물론 그 역시 돌아오는 길에 비명횡사했습니다.

그 뒤 영국의 바우어 대위가 사설 첩보 기관을 조직하여 중국령 중앙아시아에서 위장 활동을 하던 중에 문제의 문서 한 뭉치를 매입했는데, 이것이 바로 저 유명한 바우어본입니다. 중앙아시아에 영사관이 들어올 정도로 서양인의 활동이 용이해진 상황에서 일어난 일입니다.

유물 쟁탈전에 불을 붙인 바우어본의 수집과 해독이 갖는 의미는 그것이 중앙아시아 탐험사의 원시적 단계(단계 I)와 과학적 단계(단계

---

* 오늘날의 호탄보다 훨씬 사막 안쪽에 있었던 고대 도시 호탄을 말한다.

II)를 연결하는 고리라는 점입니다. 사막에 파묻힌 도시에 대한 원주민들의 전설, 그에 대한 믿음, 그리고 목숨을 건 원주민의 수집 활동과 거기서 원주민이 얻은 정보 등이 없었다면, 그 뒤에 이어진 서구 열강들의 과학적 탐험은 불가능했을 것이라는 점에서, 전자를 원시적 단계(단계 I)로 명명하고자 합니다.

바로 이 단계 I에서 과학적 탐험의 단계 II로 전화하는 데 바우어본은 명백히 연결고리로서의 역할을 수행했습니다. 그리고 그 배경에는 단계의 이행을 용이하게 한 객관적 조건(중앙아시아의 정치적 여건)이 성숙해 있었습니다.

제국주의적 문화 침탈을 발전으로 보는 견지라면, 더더욱 단계 I은 중앙아시아 탐험사의 초기 역사로 위치짓지 않으면 안 됩니다. 그러나 어떤 학자도 이 초기 역사를 인정하지 않습니다. 이때 이루어진 수집 활동을 원주민 유물 사냥꾼의 무차별한 도굴 활동 정도로 치부하기 때문입니다.

과학적 태도에는 편견이 없어야 합니다. 진정한 과학적 태도를 가지고 보면, 이 초기 탐험사는 마치 자본의 원시적 축적기가 자본주의 역사 내의 한 단계이듯이 당연히 중앙아시아 탐험사의 한 부분을 구성해야 합니다. 이것이 상식 아닐까요?

그러나 이 같은 필자의 관점은 실은 보수적인 것입니다. 왜냐하면 탐험의 정당성 여부를 본질적으로 묻지 않기 때문입니다. 그러나 '내재적 비판'＊이란 방법이 현실에서는 더 설득력이 있지 않을까 해서,

---

＊ 유럽의 탐험가들이 중앙아시아의 유물을 가지고 나간 행위를 약탈로 보지 않고 학문의 발전으로 보자는 대전제 하에서 내부적으로 비판한다는 의미로 사용한 것이다.

아니 이 방법이 유럽 문명의 편견을 더 잘 드러낼 수 있지 않을까 해서 근본적인 문제 제기를 유보하는 것입니다.

중앙아시아 탐험가들이 신이 아닌 한, 무에서 유를 창출할 수는 없습니다. 타클라마칸 사막의 무덤 속 같은 침묵의 바다 저 안에 사라진 도시가 있다는 것을 비록 상상했더라도 어디를 파야 무엇이 나올지 아무런 정보도 가지고 있지 않은 사람들이 도대체 어디다 대고 삽질을 해야 했을까요?

19세기 유럽의 고고학자들은 그리스-로마, 이집트, 성서의 유적, 메소포타미아 등에 온 신경을 집중하고 있었기 때문에 중앙아시아의 오지는 관심 밖이었습니다. 반면에 이곳은 전쟁이 진행되고 있는 위험한 지역이었으므로 고고학적 관심 이전에 지리적·전략적 관심이 높은 곳이었습니다. 물론 현장의 『대당서역기』를 비롯해 중앙아시아의 사라진 도시들을 다녀간 구법승들의 기록이 있긴 했지만, 거명된 곳들이 어디를 말하는지 전혀 알지 못하는 상태였습니다.

이런 상황에서 바우어본의 출현은 중앙아시아에 존재했던 고대 문명의 실체를 밝히는 귀중한 단서가 되었습니다. 따라서 여태까지 미개한 원주민들 사이에 나도는 허황한 전설로만 치부됐던 이야기들 속에 진실이 담겨 있음을 감지하고 유물 사냥꾼들로부터 물건을 사들이기 시작한 것입니다.

바우어본을 해독한 휘른레 박사는 중앙아시아 각지의 대표부가 고문화재를 구입하는 것을 적극 지원해 달라고 인도 정청에 요청을 합니다. 이를 계기로 시작된 유물 경쟁에서 카쉬가르에 있는 영국 총영사 마카트니는 유물 공급의 최대 공헌자였습니다. 물론 러시아 총영사 페트로브스키도 마카트니의 둘도 없는 경쟁자였습니다.

이후 두 영사관은 통신, 숙박,
정보 교환과 수집, 첩보 활동, 유
물 수집 따위로 명실공히 중국령
중앙아시아 탐험의 중심이 됐습
니다.

미지의 땅,
숨겨진 유적을 찾아서

'티에라 인코그니타'(미지의 땅)
는 19세기 후반이 되면 구대륙에
는 거의 남지 않게 됩니다. 그러
나 타림 분지의 중앙아시아와 티
베트는 아직 백지인 채로 남아 있

헤딘

었습니다. 지리적 탐험은 독일의 슐라긴트바이트 형제(1856~1858)를
필두로 러시아의 프르제발스키 대령(1871~1885, 네 차례)이 커다란 활
약을 했습니다.

프르제발스키 대령은 이 책의 4장 '신비의 누란 왕국'에서 말한 롭
호수 논쟁의 당사자입니다. 프르제발스키와 그의 제자 코즐로프
(1889~1909, 네 차례) 대 실크로드란 이름을 지은 리히트호펜과 그의
제자 헤딘(1895~1935, 네 차례) 사이에 벌어진 반세기에 걸친 이 논쟁
은 유명합니다.

헤딘의 영웅적 탐험은 유럽인의 뜨거운 찬사를 받았습니다. 50여

권에 달하는 그의 저서는 30개 국어로 번역되었습니다. 여러 국가의 정부로부터 훈장을 받았고, 옥스퍼드와 케임브리지 대학에서는 명예 박사 학위를 받았으며, 왕립 지리학회에서 금 훈장 두 개를 수여했습니다. 그런데 그런 그가, 더욱이 유태인이었던 그가 1·2차 세계대전에서 모두 독일 편에 섬으로써 비난을 한 몸에 받게 되었는데, 그 뒤 그는 사람들의 냉대 속에서 잊혀진 존재가 되었습니다. 1917년 영국에서 발간된 어떤 책은 이렇게 끝맺고 있습니다.

스벤 헤딘 씨. 당신은 인간성을 부정했습니다. 그래서 반대로 지금 스웨덴 국민들은 당신에게서 등을 돌리고 있습니다. 우리는 당신을 모릅니다. 당신의 발견들이 도대체 우리에게 무슨 의미가 있습니까? 당신이 티베트와 중국을 둘 다 발견했다 한들 그게 우리와 무슨 상관이 있단 말입니까?

필자의 솔직한 심정으로는 이 말을 중앙아시아 탐험가들이 허가 없이 유물을 빼돌린 사실을 문명의 쾌거라고 극찬한 유럽의 지식인들에게 고스란히 되돌려 주고 싶습니다. 어쨌든 헤딘으로 대표되는 지리학적 탐험가들의 초기 활동은 뒤따른 고고학적 탐험에 길을 닦아 주는 데 충분한 역할을 했습니다.

원주민 유물 사냥꾼

근대 중앙아시아 탐험의 아버지라고 불리는 스타인(1900~1931, 네 차례)은 인도 북부에서 출발해 카라 코람 산맥을 넘어 37세의 늦은 나이에 타클라마칸 사막의 가장자리로 탐험의 첫발을 내디뎠습니다. 그가 맨 먼저 찾아간 곳은 마카트니가 있는 영국 총영사관이었습니다. 그는 마카트니에게 탐험 계획과 일정을 이야기하고 지역 정보를 들으면서 앞으로 오랫동안 지속될 우정의 싹을 틔웁니다.

스타인은 중국 통행증을 가지고 들어갔는데, 이 통행증은 지방 장관들에게 그를 보호해 주고 조금도 방해하지 말라는 지시가 담긴 것이어

투르디

서 한 세대 전과 비교하면 참으로 격세지감을 느끼게 합니다.

약 4만 킬로미터에 달하는 중국령 중앙아시아의 탐험 가운데 그의 가장 대표적인 발굴이 호탄 지역에서 이뤄졌는데, 이것은 1차 탐험 때였습니다. 탐험의 첫길에 그의 길잡이가 됐던 것은 이 지역을 먼저 탐험하고 간 헤딘의 『아시아 대륙을 관통하여』라는 책 두 권과 이 지역의 베테랑 유물 사냥꾼 '투르디'였습니다

특히 투르디는 결정적인 역할을 했습니다. 스타인은 마을의 유물 수색자계(契)에 의뢰해 소규모 발굴단을 편성했는데, 바로 거기서 그를 얻었습니다. 투르디는 부친의 뒤를 이어 30년 동안이나 유물 수색을 해왔습니다.

스타인은 생애 처음으로 중앙아시아 발굴 작업에 착수한 것입니다. 먼저 자신이 편성한 원주민 수색대를 풀어 이 지역을 샅샅이 뒤지게 하고는, 자신은 곤륜산맥으로 올라가 아무도 조사한 적이 없는 미답(未踏) 지역을 지도로 작성하는 한편, 호탄의 정확한 위치를 확정짓기 위한 측량 작업을 시작했습니다.

스타인이 한 달 동안 자리를 비운 사이 수색대는 사막을 샅샅이 뒤져서 가져온 물건들을 모아 놓고 그를 기다리고 있었습니다. 그 중에는 놀랍게도 인도 브라흐미 문자가 새겨져 있는 벽화 몇 조각, 불교 양식이 틀림없는 스투코 부조의 파편들, 초서체 브라흐미 문자를 중앙아시아적으로 변형해 쓴 고문서의 지편(紙片) 따위가 들어 있었습니다. 이것들 모두 투르디가 발견한 것들이었습니다.

스타인은 유물들을 보고 흥분을 감추지 못했습니다. 그가 유물들이 있었던 유적의 위치를 묻자, 투르디는 호탄의 북동쪽으로 9~10일 걸리는 사막 깊숙이에 있는 '단단윌릭'이라고 말했습니다.

결국 중앙아시아 탐험 사상 최초로 엄청난 유물이 이곳에서 쏟아져 나왔습니다. 발굴 첫날에만도 고대 불교의 벽화를 비롯한 유물이 150점 발견됐습니다. 단단윌릭은 스타인이 살아 있는 고고학의 문법을 배운 교실이며, 사막에서 유물을 발굴하는 기술을 습득한 실험실이었습니다.

여기서 투르디와 수색대의 역할은 어떻게 평가해야 할까요? 내가 앞서 주장한 원시적 단계에 자리매김한다 해도 손색이 없다고 생각합니다. 투르디는 사막에서 길을 잃고 사라질 뻔한 스타인의 목숨도 구해 줬습니다. 스타인은 투르디와 헤어지면서 "이 늙은이가 평생 사막을 다니며 찾아냈던 것보다 더 많은 보물을 사례했으며, 그 지방에 고정적인 일자리도 주선해 주었다"고 회고했습니다. 그 보물과 일자리가 투르디의 역할을 정당하게 자리매김하는 것보다 더 값진 것인지 몹시 궁금합니다.

중앙아시아의 가장 귀중한 유물 중 하나가 카로슈티 문서인데, 이 문서는 스타인이 도착하기 1년 전에 이브라힘이라는 유물 사냥꾼이 이미 발견해서 가지고 있었습니다. 스타인은 자기에게 가져온 이 문서의 글씨가 카로슈티 문자임을 알아보고, 이브라힘에게 십분 보상을 해주겠다면서 이 나뭇조각을 발견한 폐허의 가옥으로 데려가 달라고 했습니다.

이브라힘이 데려간 곳은 '니야 유적'이었습니다. 이곳에서 카로슈티 문서 수백 점이 발견되었습니다. 1901년 1월 말이었습니다. 이 문서 해독을 통해 니야가 쿠샨 왕조의 관할 하에 있던 신누란 왕국의 서쪽 변경임이 밝혀졌습니다. 그런데 같은 해 3월 헤딘이 우연의 일치로 신누란 왕국 동쪽 끝에서 똑같이 카로슈티 문서를 발견했습니다(이미 이 책의 4장 '신비의 누란 왕국'에서 이야기했음).

헤딘이 이것을 발견한 것도 그의 고용인이 잃어버린 삽을 찾으러 롭 사막을 돌아다니다 우연히 눈에 띄었기 때문입니다. 이 고용인이 중앙아시아 최대 유적지인 누란을 헤딘에게 안내한 것입니다.

이들 원주민 유물 수색자들은 명예롭게 중앙아시아 탐험사의 한 장을 장식해야 합니다. 돈황학을 창시한 펠리오나 스타인의 눈부신 활약도 왕 도사가 장경동을 발견한 공로 위에서 가능한 것이었습니다.

만일 왕 도사를 탐욕스럽고 교활한 원주민 유물 취급자로만 간주한다면, 중앙아시아 탐험의 아버지 스타인도 같은 반열에서 예외가 될 수 없습니다. 영국의 저명한 동양학 학자인 웨일리는 스타인이 유물을 입수한 방법에 대해서 "돈황 서가의 약탈 사건"이라고 가차없이 표현했습니다.

우리가 왕 도사의 행위를 매국적 행위로 비난한다면, 스타인에 대해서도 다음과 같은 웨일리의 비난에 수긍할 수밖에 없습니다.

만일 어떤 중국인 고고학자가 영국에 와서, 한 수도원 유적지에 있는 중세 필사본의 비밀 서고를 발견한 관리인에게 뇌물을 주고 그 책들을 몰래 북경으로 빼돌렸다면 과연 우리의 감정이 어땠을까를 상상해 보면 된다.

그럼에도 불구하고 나는 스타인을 위대한 중앙아시아 탐험가로 꼽는 데 인색하지 않습니다. 왜냐하면 지금 내가 '내재적 비판'의 방법을 사용하고 있고, 한편 실크로드학도 이런 과정을 거쳐 근대 학문으로 발전할 수밖에 없다고 보기 때문입니다.

서구의 학자 겸 탐험가들이 행한 약탈적이고 야만적인 유물 수집 과정을 학문과 문화의 발전을 위해 인정할 수밖에 없다면, 당연히 원주민 유물 사냥꾼들의 역할도 인정해야 한다는 것입니다. 그래서 이들과 원주민 사회에 대해 중앙아시아 탐험사의 단계Ⅰ, 즉 원시적 축적기를 할애하여 합리적으로 역사를 재구성해야 합니다.

재미있는 에피소드를 하나 소개하겠습니다. 바우어 고사본이 세상에 빛을 본 이후 유물 수집 경쟁이 극에 달하던 때였습니다. 이 시기에 손재주 하나로 세계의 기라성 같은 석학들을 조롱한, 희대의 고사본 위조업자 이슬람 아훈의 활동을 소개합니다.

투르디가 고서를 유럽인에게 비싼 값에 팔았다는 얘기를 듣고 이

이슬람 아훈

이슬람 아훈이 만든 소위 '미지의 문자'로 제작된 위작(僞作).

사업에 뛰어든 아훈은 사막에서 고서를 발견하기가 하늘의 별 따기보다 어렵다는 것을 깨닫고서 고대 필사본을 자기 손으로 직접 써버리면 어떨까 하는 아이디어를 떠올리게 됐습니다.

이슬람 아훈은 동업자를 데리고 조그만 공장을 만들어 필사본 생산에 착수했는데, 초기에는 단단윌릭에서 나온 필사본의 '초서체 브라흐미 문자'를 본떴습니다. 학자들은 이 '미지의 문자'를 해독하느라 골머리를 썩였습니다. 공장은 번창했고 그들은 신임을 얻었습니다.

이들은 어느 누구도 문자를 읽지도, 고대 서체와 구별하지도 못한다는 사실을 간파하고 진본에 쓰인 문자를 모방하느라 고생할 필요 없이 각각 독자적으로 '미지의 문자'를 개발하기로 했습니다.

최대 고객은 두 경쟁자인 영국 총영사 마카트니와 러시아 총영사 페트로브스키였습니다. 아훈은 영국인에게, 동업자는 러시아인에게 물건을 공급했습니다. 러시아어를 어설프게 알고 있는 동업자가 만들어 쓴 '미지의 문자' 속에서 학자들은 러시아 문자의 흔적을 발견해 내고서, 이것이 키릴어를 닮았다며 고대 그리스어에 기원을 둔 문자일 것이라고 추정했습니다.

이렇게 해도 공급이 수요를 따라잡을 수 없게 되자, 이들은 생산 기술을 한 단계 발전시켰습니다. 목판 인쇄를 한 것입니다. 1896년에 찍어낸 첫 목판본은 대성공을 거두었고, 휘른레 박사는 1899년의 학술 논문에서 이 고서에 대한 논고와 함께 도판을 게재했습니다.

종이는 이 지방에서 구했고 토종 물감을 써서 누런색이나 담갈색으로 착색했습니다. 그리고 글자를 집어넣은 종이를 불 위에 매달아 연기에 그을려서 감쪽같이 고서의 색조가 나도록 했습니다.

마지막으로 그 책들을 카쉬가르로 팔러 가기 전에 모래 더미를 입혔는데, 그것은 이 책들이 타클라마칸 유적의 신선한 모래 속에서 오랫동안 숨쉬고 있었던 것처럼 위장하기 위해서였습니다.

이 위조 고사본은 고급 모로코 가죽으로 장정돼 유럽의 대형 도서관에 자랑스럽게 진열되었습니다. 전문 분야의 거두들을 완전히 바보로 만든 이슬람 아훈의 위조 행각은 호탄에서 스타인이 그의 자백을 받아냄으로써 막을 내리게 됩니다.

이 에피소드는 중앙아시아 탐험사의 허를 찌르고 있습니다. 자국의 위상을 높이기 위한 유물 경쟁, 그 속에서 부추김을 받는 욕망과 이전투구, 문명이라는 명분으로 포장된 탐욕스러운 거래…….

스타인은 탐험과 발굴을 통해 중국령 중앙아시아에 미지의 불교 문명이 숨어 있다는 증거를 보여 주었습니다.

선진국의 시민들은 고대 문명의 도시들이 사막의 모래 속에 파묻혀 있다는 사실에 경탄하고 호기심을 갖습니다. 지구상의 마지막 남은 발굴지라는 사실이 이곳에 투자를 집중시킵니다. 이제 중앙아시아는 본격적인 탐험 경쟁의 장이 됩니다.

오타니의 중앙아시아 탐험

일본의 오타니 탐험대(1902~1914, 세 차례)는 스타인이 1차 탐험을 끝내고 철수한 이듬해 중앙아시아에 도착합니다. 그런데 이들은 그 직전에 영국을 방문해 스타인에게서 탐사에 관한 예비 지식을 얻습니다. 당시 오타니 백작은 영국 왕립 지리학회 회원이었고, 문하생 한 명이 옥스퍼드 대학교에서 지리학을 수학하고 있었습니다.

일본 탐험대의 목표는 대승불교가 동쪽으로 전파된 족적을 찾는 것이었습니다. 오타니가 니시홍간지의 주지로서 정토진종 본파의 법주(法主)였던 것이 크게 작용했습니다. 1차 탐험대는 주로 쿠차와 투르판에서 활동을 했습니다. 쿠차의 키질 석굴을 탐사하는 도중 지진을 만나서 철수했는데, 키질 석굴은 중국령 중앙아시아에서 가장 뛰어난 벽화가 있는 석굴이었습니다. 결국 이 벽화들은 뒤에 온 독일 탐험대의 몫이 되었습니다.

2차 탐험부터 이들은 영국과 러시아 정보기관의 감시를 받게 됩니다. 고고학 탐사대로 위장한 스파이 조직일 가능성을 배제할 수 없었기 때문입니다. 그것은 1905년 러일전쟁에서 일본이 승리하자, 서구

오타니

열강들이 아시아의 새로운 강자로 떠오른 일본에 위협을 느꼈기 때문입니다. 영국 정보부의 정치 기밀 파일에는 이들의 일거수일투족이 모두 보고되어 있습니다.

러시아 영사는 탐사를 하고 있는 승려 신분의 두 대원이 한 사람은 해군 장교이고 다른 한 사람은 육군 장교라는 정보를 영국 영사에게 주었습니다. 영국 영사관의 요원들은 이들 두 사람이 해군과 육군 관계의 영어 서적을 소지하고 있는 것을 발견함으로써 그 정보의 신빙성을 확인할 수 있었습니다.

영국과 러시아는 이들을 더욱 의심스런 눈초리로 관찰했습니다. 오타니 탐험대가 스파이 활동도 겸했는지 여부와는 별도로 일본이 대동아전쟁을 준비하고 있던 터라 혐의를 쉽게 벗어나기 어려운 상황이었습니다.

이미 1898년 러시아의 시베리아 철도 부설 계획과 관련하여 일본이 이 지역을 탐험한 전력이 있는 데다, 오타니가 일본 천황 미카도의 의형제라는 사실은 중국령 중앙아시아에 대한 일본의 정치적 관심을 과소평가할 수 없게 만들었습니다.

3차 탐험은 한 사람이 수행했는데, 1911년 신해혁명 뒤 소식이 끊기자 오타니가 대원 한 명을 더 보내서 두 사람이 돈황에서 감격의

상봉을 합니다. 이들도 왕 도사에게서 필사본을 600점 구해 갑니다. 스타인과 펠리오가 고문서들을 가져간 사실을 알고 북경 당국에서 군대를 보내 남은 문서 전량을 압수하러 오기 직전에 왕 도사가 미리 알고 새로 만든 불상의 복강에 숨겨 놓은 것입니다.

일본 탐험대는 많은 지역을 다녔지만 주로 쿠차와 투르판을 집중적으로 탐사했고, 이렇게 해서 모은 수집품들은 오타니의 별장에 깊이 간직했습니다. 하지만 중앙아시아 탐험에 들어간 막대한 비용으로 파산 위기에 몰린 오타니는 별장을 처분하게 됩니다. 그 결과 세계에서 세 번째로 규모가 큰 오타니의 중앙아시아 수집품은 일본·한국·중국으로 3분되어 흩어집니다.

별장을 매입한 새 주인에게 넘어온 것들이 서울로 온 유물입니다. 이 갑부는 조선의 채광권과 교환하는 조건으로 조선총독부를 통해 유물을 서울의 박물관에 기증했습니다. 이 기증 유물이 현재 국립중앙박물관에 소장돼 있습니다.

독일 탐험대

일본 탐험대와 같은 해 발을 들여놓은 독일 탐험대(1902~1914, 네 차례)는 가장 먼저 투르판을 공략했습니다. 그런데 투르판 일대는 약 5년 전 러시아 탐험가 클레멘츠가 이미 방문해 벽화 조각, 필사본, 비문 따위를 가지고 간 적이 있습니다. 그는 보고서에 적어도 130개의 불교 석굴을 이 지역에서 보았으며, 석굴 안에는 많은 벽화들이 잘 보존돼 있다고 기록했습니다. 독일 탐험대는 독일어로 출판된 이 보

독일 탐험대. 한가운데가 그륀베델, 오른쪽이 르콕.

고서에 신세진 바가 큽니다.

실제로 클레멘츠의 탐험은 중앙아시아에서 이루어진 최초의 순수한 고고학 탐사였습니다. 헤딘이 한 걸음 일찍 들어갔지만 그것은 엄밀한 의미에서 볼 때 지리학 탐사였기 때문입니다. 클레멘츠에 대해서는 러시아 탐험대편에서 다시 이야기하겠습니다.

독일 탐험대는 1차와 3차는 그륀베델이, 2차와 4차는 르콕이 인솔했는데, 두 사람 사이에는 좁힐 수 없는 방법론상의 차이가 존재했습니다. 3차 탐험에서 두 사람은 같이 활동했는데, 르콕이 한 석굴 사원의 벽화 전체를 떼서 베를린으로 옮겨가려 하자 "무턱대고 벽화를 옮기는 것은 유물 사냥이나 약탈에 불과한 짓"이라며 그륀베델이 반대했습니다.

자신의 탐험 보고서에서 그륀베델은 피상적인 탐사도, 벽화나 미술 작품을 마구잡이로 '탈취하는' 경우도 모두 비난했습니다. 그의 목적은 각각의 유적에 과학적으로 접근하고, 그것을 전체의 상 속에서 연구하는 것이었습니다. 따라서 그는 새로운 유물을 발견하면 스케치하고 측량하는 탐사 방식을 사용했습니다.

　탐사 중이던 어떤 벽화에 대해 그륀베델은 스케치와 측량만 해서 베를린의 박물관에 재구(再構)하자는 의견을 제시했습니다. 르콕은 그의 반대가 너무 완강해서 만일 주장을 굽히지 않으면 관계가 끝날 것 같았다고 자기의 책에 썼습니다. 그러나 르콕은 자신이 지휘한 4차 탐험에서 결국 그 석굴의 벽화를 떼어 옵니다.

　독일의 중앙아시아 수집품은 가치가 높은 것으로 평가받고 있습니다. 키질 석굴의 벽화는 중앙아시아 미술의 정수로 꼽힙니다. 투르판의 카라호자(고창 고성)에서 뜯어온 마니교 벽화는 세상에 처음 공개되는 것이었으며, 귀중한 마니교 경전도 다른 곳에서는 찾아볼 수 없는 수집품이었습니다.

　카라호자의 성벽 바깥에서 네스토리우스파 기독교의 사원을 발견한 독일 탐험대는 성직자와 신도들이 종려 주일을 기념하기 위해 나뭇가지를 들고 있는 모습을 비잔틴 양식으로 그린 벽화도 떼어 왔습니다.

　또 투르판의 한 유적에서는 5세기의 『성시집』, 『니케아 신경』 등 초기 기독교 필사본을 발굴하는 성과를 올렸습니다.

　그러나 독일 수집품은 불행한 사태를 맞습니다. 베를린의 민속학 박물관에 전시돼 있던 대형 벽화 28점 ─독일 탐험대가 가져온 대형 벽화의 40퍼센트를 점하며 중앙아시아 벽화 중에서 최고의 걸작으로 평가됩니다― 이 2차 세계대전 중 미군의 폭격으로 완전히 파괴되고 만 것입니다. 무엇이 문명이고 무엇이 야만인지 혼란스럽습니다.

워너의 하서주랑 탐사

미국은 가장 늦게 무대에 뛰어들었습니다. 1923년 가을, 미국 탐험대의 랭던 워너는 중국령 중앙아시아에는 들어가지 않고 하서주랑만 탐사하고 돌아갑니다. 1차로 그들은 '흑장군의 전설'의 무대인 카라호토(흑성)로 들어갔으나 러시아의 코즐로프 탐험대와 스타인이 다녀간 뒤라서 아무 것도 건지지 못했습니다.

카라호토에서 돌아오는 길에 동료 대원의 발이 동상에 걸리는 바람에 두 사람은 갖은 고생 끝에 빠져 나옵니다. 치료를 받았으나 동료의 몸이 극도로 쇠약해져 결국 먼저 돌려보내고, 워너만 혼자서 돈황으로 갑니다. 탐험대 중 유일하게 미술사학자인 워너는 돈황 천불동의 벽화를 보자마자 정신이 아찔해 옴을 느꼈다고 합니다. 후에 그는 이렇게 술회했습니다.

……아무 것도 할 수 없었다. 숨도 제대로 쉴 수 없었다. ……이것들을 처음 본 순간, 내가 왜 대양과 두 대륙을 건너고, 또 몇 달 동안을 수레 옆에서 지친 몸을 끌고 걸어왔는가를 단번에 깨달을 수 있었다.

워너 역시 왕 도사와 담판을 해야 했습니다. 그런데 돈황 석굴의 수호자를 자처하는 왕은 의외로 순순히 그의 요구를 받아들였습니다. 모든 탐험가들이 고문서에 집착하는 데 반해, 벽화나 조각상에 관심을 보이는 첫 손님을 만났기 때문에 계산이 안 섰는지도 모르겠습니다. 이때 워너가 가져온 것 가운데 무릎을 꿇고 있는 90센티미터의 보살상은 당대(唐代)의 양식인데, 하버드 대학교 포그 미술관 소장품 가운데 가장 걸작으로 꼽힙니다.

워너

워너는 화공 약품을 이용해 마치 동물 가죽을 벗겨 내듯이 벽화 열두 점을 뜯어냈습니다. 이탈리아에서 처음 개발된 이 약품이 영하 20도 이하로 내려간 추위 때문에 벽에 스며들기도 전에 얼어붙어서 다소 어려움을 겪었지만 단단히 효과를 보았다고 술회했습니다.

랭던 워너가 돈황에서 가져온 미술품 덕택에, 하버드 대학교의 조그만 미술관은 일약 동양학 학계의 지도에서 영구히 중요한 위치로 올라앉게 되었습니다.

각 나라의 음식 맛이 다르듯이 벽화를 뜯어 가는 방식도 나라마다 달랐습니다. 일본은 사시미를 뜨듯이 하나하나 정교하게 발라낸 반면, 미국은 동물 가죽을 벗기듯 두두둑 뜯어냈고, 독일은 벽에 구멍을 뚫고 여우꼬리톱을 집어넣어 잘라냈습니다. 영국도 톱을 사용하긴 했지만 독일인처럼 우악스럽게 하지 않고 벽화 뒤로 조심스럽게 집어넣어 떼어냈습니다.

러시아 탐험대

이제 마지막으로 러시아 탐험대의 이야기를 하겠습니다. 다른 열강들과 달리 러시아는 여러 탐험대를 보냈습니다. 러시아는 중국령 중앙아시아와 국경을 맞대고 있기 때문에 들어가기가 무척 쉬웠습니다. 이미 언급한 프르제발스키는 1876년 롭 사막에 있는 "굉장히 큰 도시(누란)"를 발견했다고 보고했습니다. 헤딘보다 사반세기나 빠른 것입니다. 그리고 그의 뒤를 이어 네 개의 탐험대가 차례로 방문하여 커다란 성과를 거두었습니다.

그럼에도 불구하고 중앙아시아 탐험사에서 이들이 별로 주목을 받지 못하고 있는 이유는 무엇일까요? 세 가지로 말할 수 있을 것 같습니다. 하나는 서구 주도의 학계에서 러시아가 후에 소련이 됨으로써 냉전의 편견이 작용한 점, 또 하나는 게르만 중심주의에서 볼 때 한 걸음 비껴난 슬라브족의 활동이라는 점, 그리고 가장 중요한 점 한 가지는 탐사 방식이 약탈적이지 않고 과학적이었다는 점입니다.

클레멘츠는 이미 본 것처럼 독일 탐험대에 앞서 투르판을 탐사했습니다. 그는 청년 시절 혁명가로 이름을 날리다 한때 수감 생활을 했으며, 시베리아 유형을 다녀온 전력도 있습니다. 1898년에 과학 아카데미와 러시아 지리학회가 고대 유적을 조사하라며 그를 투르판으로 보냈습니다. 그는 많은 유적을 조사하며 사진을 찍고, 건조

물의 평면도를 작성하고, 명문(銘
文)의 탁본을 뜨고, 고사본과 고
기물의 표본을 수집했습니다.

프르제발스키

그는 많은 석굴 사원에서 벽화
들이 양호한 상태로 보존돼 있는
것을 확인하고, 연구용으로 작은
벽화 몇 점만 떼어 왔습니다. 그
의 탐사 내용은 전체 유적의 위치
를 상세히 표시한 지도, 그리고
사진들과 함께 출판되었는데, 이
것은 본의 아니게 그 뒤로 이어

진 투르판 문화재 약탈의 기초 자료가 되었습니다. 당연히 그가 가져
온 상트페테르부르크(제정러시아 수도)의 유물 수준은 극히 빈약할 수
밖에 없어서 르콕이 가져온 베를린의 그것과는 비교가 되지 않았습
니다.

1909년에 출발한 러시아의 마지막 탐사대인 올덴부르크 대는 오직
고고학 조사만을 목적으로 했습니다. 그는 작품들을 '본래의 장소'에
그대로 둔 채 사진 촬영과 스케치, 측량 등을 통해 기록하는 방식을
취했습니다. 독일의 그륀베델과 같은 방식이었습니다. 올덴부르크
역시 유물 반출을 혐오하였기 때문에, 이미 손상되었거나 부식되어
서 학문 연구를 위해 가지고 오는 편이 더 바람직하다고 판단되는 것
만 조심스럽게 싣고 왔습니다. 북경의 고고학자 블랙리스트의 윗순
위에 러시아인이 한 명도 오르지 않은 것은 이와 같은 탐사 방식 때
문입니다.

진보와 문명을 다시 생각하며

여러분은 어떤 방식이 옳다고 봅니까? 이것은 중요한 문제입니다. 여기서 역사에 대한 태도가 결정됩니다. 옳고 그름의 문제, 즉 정의의 문제가 근대 역사학의 대상이 아니라면 역사학은 추진력을 잃고 맙니다.

진화론적 발전관에 뿌리를 둔 근대 역사학은 사실의 해석을 진보와 연관시킬 수밖에 없습니다. 진보란 무엇인가? 그것은 후진성을 전제할 때 가능하기 때문에 한 역사체 안에서, 그리고 복수의 역사체들 사이에 단계를 설정합니다.

이때 진보의 기준은 자연 상태를 인공화한 정도가 됩니다. 여기서의 인공화를 문명이라고 일컫는데, 이에 화답이라도 하듯 근대 역사학은 인간이 자연을 지배하면서 문명이 시작된 것으로 규정합니다.

자연진화론처럼 근대 역사학도 역사체들을 안팎으로 계서화합니다. 그 결과 계서화는 정착되고 역사 연구는 이 틀 안에서 이루어집니다. 역사 연구의 방법으로 실증주의가 선호되는데, 이것은 사실(史實)을 이른바 과학적 방법, 즉 객관주의의 입장에서 분석하고 체계화하도록 요구합니다.

이 방법이 가지고 있는 결정적 결함은 '이미 주어진 계서화된 틀'을 거부할 수 있는 여지를 없애 버리는 데 있습니다. 이것은 결코 실증 사학에만 국한되는 것이 아니고, 근대 학문의 방법론이 가지고 있는 일반적인 속성이자 함정입니다.

앞서 질문한 두 종류의 탐사 방식, 즉 약탈적 방식과 과학적 방식 중에서 만일 선택을 망설이고 있다면, 아마도 학문적 방법에 숙달돼 있는 사람일수록 더 그렇겠지만, 그것은 역사에서 정의의 문제를 기존의 고정된 틀 안에서만 고려하기 때문일 것입니다.

쉬운 예를 하나 들면, 식당에서 쇠고기와 인육을 함께 맛있게 먹을 수 없는 것은 소나 사람이 생명으로서 고귀하긴 마찬가지이지만 생명의 존엄성에 대한 생명체의 계서화가 우리의 머릿속에 이미 어떤 틀로써 주어져 있어 인육이 결코 음식이 될 수 없기 때문입니다. 힌두교에서 소를 신으로 숭상한다던가, 어떤 미개한 부족이 인육을 먹는다던가 하는 것이 그 반증입니다.

'어떤 방식이 옳은가?'에 대해 일단 '근대적 틀 안에서' 답을 하려면, 최소한 정의가 적용되는 틀의 범위를 공정하게 확장하고, 문명이 인공화의 결과뿐 아니라 인공화의 과정과 방식까지 포괄하는 것임을 승인해야 합니다. 후자는 다른 식으로 말하면 실크로드학 안에 내재화되어 있는 서구와 미국의 헤게모니를 극복하는 것입니다. 전자는 원시적 단계를 설정하여 원주민 사회와 원주민 유물 수색자들의 역할을 정당하게 평가하는 것입니다.

물론 혁명을 할 수 있다면 틀을 부수고 새로운 대안을 세우는 것일 테지만 말입니다.

러시아 탐험가 코즐로프는 1908년에 카라호토, 즉 흑성을 발견하고 탐사합니다. 실제로 그는 몽골 군대가 흑수의 강줄기를 돌려 놓기 위해 둑을 쌓았던 모래 자루들을 발견했습니다. 또 쳐들어오는 몽골 군에 대항하기 위해 성벽 위에 돌무더기를 쌓아 놓은 것도 발견했습니다.

1227년 흑성과 함께 대하 왕국은 망했고, 코즐로프 탐험대는 수백 년 전에 파편화된 왕국의 과거를 수집했습니다. 대하의 문서, 서적, 불구(佛具), 불화, 민속 기구, 화폐 등 대하학의 기초가 되는 많은 자료들입니다. 약 25점에 이르는 불화는 오늘날 에르미타주 박물관 특별진열실에 전시되어 있습니다.

실크로드의 탐험 이야기를 코즐로프 탐험대의 흑성 탐사로 마치면서 '흑장군의 전설'을 떠올려 봅시다.

별장 신라의 실크로드¹⁾

필자가 여기서 우선적으로 던지는 의문은 4~5세기 경주의 대릉원에 실크로드의 초원 문화가 어떻게 해서 출현하게 되었는가 하는 것입니다. 이를 위해서는 먼저 신라에 나타난 초원 문화가 무엇인가를 알아봐야 합니다. 그런 다음 이를 토대로 이 문화가 전파된 것인지 아니면 민족 이동의 결과인지를 살피고, 최종적으로 만일 후자라면 당시 한반도의 어떤 정치사적 과정 속에서 민족 이동과 정착이 완성됐는지를 밝혀야 합니다.

신라의 초원 문화는 이미 영상물이나 책자를 통해 많이 소개되었고, 또 학계의 중론도 이것을 민족 이동의 결과로 보기 때문에, 여기서는 마지막 이슈에 초점을 맞추겠습니다. 이 마지막 이슈 ─ 이들이 신라로 내려와 지배하게 된 경로와 과정 ─ 에 대해서는 설이 많고 그조차도 만족스럽지 않아 부족하나마 나의 졸견을 피력하고자 합니다.

먼저, 신라에 나타난 초원 문화에 대해서 요점 정리식으로 살펴보겠습니다.

금관

신라의 초원 문화를 대표하는 것은 금관입니다. 신라의 금관과 가장 유사한 최초의 형태는 남러시아 초원의 사르마트족 묘에서 출토된 기원전 2세기의 금관(도판 2)입니다.

금관은 두 가지 요소로 구성돼 있습니다(도판 3). 나무와 녹각입니다. 둘 다 고대의 샤머니즘에서 핵심적 상징이었는데, 나무는 우주수(宇宙樹)로서 신(태양)에 닿을 수 있는 일종의 계단이고, 사슴은 생명을 주는 신이었습니다.

한국인에게 밥이 하늘인 것처럼 시베리아인에게 사슴은 주식이자 하늘이었습니다. 사슴은 죽어서 인간을 살찌우며, 하늘로 올라간 그의 영혼은 또다시 더 좋은 뿔과 가죽과 고기를 가지고 돌아와 인간의 후손을 풍요롭게 합니다. 초원 문화의 대표자인 스키타이인에게도 사슴은 그들의 트레이드 마크일 정도로 신성한 것이었습니다(이 책의 135쪽 참조).

이 두 요소에 새를 추가하면 금관의 상징은 더 풍부해집니다. 우주수에 앉아 있는 새는 인간과 신 사이를 오가는 전령입니다. 신라 서봉총의 금관(도판 4), 흉노의 금관, 스키타이 황금 인간의 모자 장식에서 이것을 볼 수 있습니다.

그렇다면 금관의 소재는 왜 금이었을까요? 초원 문화에서 황금은 태양의 분신이었습니다. 태양 숭배 사상 때문입니다. 스키타이와 흉노가 남긴 유물의 주류가 황금을 소재로 했다는 사실은 초원 문화에서 황금이 가지는 비중을 짐작케 해줍니다.

1 금관. 신라 5~6세기. 높이 27.5센티미터. 경주 금관총 출토.
2 사르마트족의 금관. 서기 1세기. 호후라치 출토.
3 금관의 구성 요소.
4 서봉총 금관의 세부. 신라 5세기. 경주 서봉총 출토. 1926년
발굴 당시 스웨덴의 황태자이며 고고학자인 구스타프 공작이
참관한 것을 기념해, 스웨덴(瑞典)의 '서(瑞)'자와 유물에 있
는 봉황의 '봉(鳳)'자를 따서 서봉총이라고 이름붙였다.

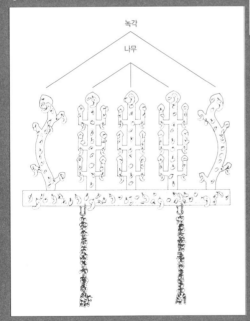

녹각

나무

기마 문화

　초원 민족은 말이 언제나 삶의 중심에 있었습니다. 기마 궁사를 태운 말은 종족의 생존을 좌우했으며, 전투력의 핵심이었습니다. 흑해에서 만주에 이르는 유라시아 대륙의 초원을 종횡으로 누비던 말은 주인 따라 무덤까지 함께 갔습니다. 쿠르간(스키타이나 흉노의 무덤) 속에는 마상의 도시가 재현됐습니다.

　신라 천마총에서 나온 하얀 자작나무 껍질 위의 〈천마도〉(도판 1)는 말에 대한 이들의 정신 세계를 보여 줍니다. 백마는 붉게 타고 있는 하늘을 건너는 불사조처럼 보입니다. 이 천마의 위용은 '비주(飛走)'의 기능성에 머물지 않고 이를 뛰어넘어 신격화되어 있습니다. 신령스러운 천마는 사자의 영혼을 태우고 (질주하기 위해서가 아니라) 눈부신 새 생명의 탄생을 위해 저승의 하늘을 건너가고 있는 듯이 보입니다.

　황남대총에서는 비단벌레 날개로 장식한 아름다운 말 안장을 비롯해 많은 마구류가 나왔습니다. 금령총의 기마인물형 토기(도판 3)는 당시 신라인 자신의 얼굴인지도 모릅니다. 말 무덤에서는 말뼈들이 출토돼 말을 희생 제물로 삼았음을 알 수 있습니다.

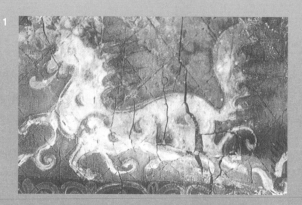

1 **천마도**. 신라 5~6세기. 경주 천마총 출토.
2 **천마도**. 4세기 말~5세기 초. 하서주랑의 주
천에서 출토.
3 **도제 기마인물상**. 신라 5~6세기. 높이 21.3
센티미터. 금령총 출토.

적석목곽분

이상의 유물은 한반도의 어디에서도 나오지 않고 오로지 신라의 대릉원에서만 나왔습니다. 대릉원의 무덤 양식은 적석목곽분인데, 이것은 스키타이나 흉노의 무덤인 '쿠르간'의 묘제입니다. 인간 사회에서 가장 보수적이고 변치 않는 것이 무덤인데, 주목을 끌고 있는 이 무덤군은 대릉원 이전의 신라 묘제인 토광목관묘와도 다르며 고구려나 백제의 묘제인 적석총과도 다릅니다.

이것은 무엇을 말하는 걸까요? 적석목곽분에 재현된 초원 문화를 경주에 가져온 주인공들은 한반도에서는 처음 등장한 무리들로, 이들이 경주로 내려가 이전 묘제의 주인을 정복하고 새로운 세습 왕족이 됐다는 것을 뜻합니다.

초원의 황금 문화가 복제된 것처럼 신라에 똑같이 나타난 김씨 왕족의 전용 묘역인 대릉원.

대릉원에서 출토된 서방 유물

　다음에 나오는 유리·은잔·단검·각배·굽다리 그릇·버클 따위는 서방의 유물인데, 이는 한반도에서는 대릉원 외의 어느 곳에서도 발견되지 않았습니다.

　대릉원에서 출토된 이들 유물은 초원 실크로드를 통해 들어온 것입니다. 이를 도판을 통해 유라시아 대륙의 다른 유물과 비교해 보겠습니다(다음 도판 1~11).

　이 서방의 유물들이 어떤 경로를 거쳐 경주로 들어왔는지 시사해 주는 연구가 있습니다. 일본인 학자 요시미즈 츠네오는 로마의 유리(특히 점박이 유리잔)가 신라로 들어온 경로를 연구했는데, 이것은 다른 유물에도 적용될 수 있습니다. 그는 이 경로를 남러시아 서쪽에서 스텝 루트를 통해 시베리아 초원의 길과 연결된 것으로 보았습니다. 이것은 대릉원의 주인이 스텝 루트를 자신의 길로 이용하던 사람들임을 보여 주는 예입니다.

　한때 스텝 루트를 장악했던 적석목곽분의 주인공은 한반도 동남부로 내려온 이후에도 계속 실크로드를 통해 유라시아 대륙과 연계를 가졌습니다. 그리하여 고구려나 백제에서는 볼 수 없는 화려한 서방의 문물이 들어온 것입니다.

1

2

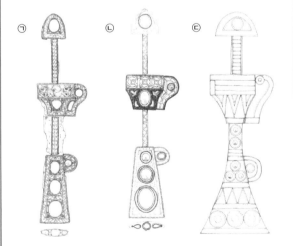

ㄱ   ㄴ   ㄷ

3

1 경주 계림로 출토 보검. 신라 5~6세기. 길이 36센티미터. 미추왕릉 출토.
2 키질 석굴 189굴의 벽화. 무사가 차고 있는 칼.
3 ㉠은 1의 복원도. ㉡은 카자흐스탄 출토. ㉢은 2의 복원도. 이는 같은 유형
　의 검이 카자흐스탄—키질—경주로 이어짐을 보여준다.
4 스키타이 전사의 각배.
5 경주 미추왕릉 출토의 각배. 4와 5의 유사성을 보라.
6 유리잔. 신라 5~6세기. 금령총 출토.
7 유리잔. 4세기. 독일의 쾰른 지방 출토. 6과 7의 유사성을 보라.

8 봉수형 유리병. 신라 5~6세기. 황남대총.
9 로마 오이노코에 유리병. 프랑스 디종 박물관. 8과 9의 유사성을 보라.
10 상감옥 목걸이. 신라 5~6세기. 미추왕릉 출토.
11 10의 세부. 전문가들은 이 인물이 이란계라고 추정한다.

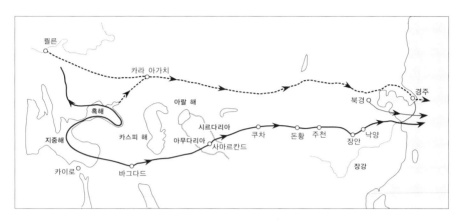

유리 전파 지도(고신라 고분 출토 로만글라스 동전 루트). 점선은 4~5세기, 실선은 5~10세기(출처: 由水常雄, 1975).

초원 민족이 신라에 정착한 정치사적 배경

경주의 대릉원에만 존재하는 적석목곽분. 『삼국사기』는 미추왕(262~284)부터 지증왕(500~514)까지의 왕들이 대릉원에 묻혔다고 전합니다. 미추왕은 석씨를 교체하고 김씨 왕조를 세운 최초의 왕입니다.

대릉원은 김씨 왕족의 전용 묘역인데, 그런 김씨 왕족이 어디서 왔으며 어떤 과정을 통해 신라를 지배했는가를 이제부터 살피겠습니다.

흑해 북변의 초원에서 경주까지 장장 7000킬로미터에 달하는 유라시아 대륙의 초원 위에 쿠르간이 점점이 흩어져 있는데, 특히 알타이 산맥에 집중적으로 모여 있습니다.

얼마 전에 알타이 파지리크 지역의 적석목곽분에서 '얼음 공주'라는 미라가 나와 서울까지 온 적이 있는데, 이 무덤의 주인공들은 기원전 6세기에서 기원전 2세기에 걸쳐 파지리크 문화를 이룬 스키타

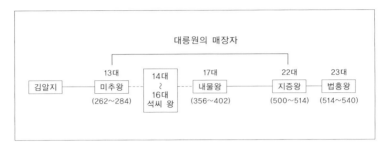

대릉원에 매장된 김씨계 왕들

이인들입니다.

이들은 월지족의 일파로 추정되며, 인종적으로 유러피언에 속합니다. 이들 스키타이는 팽창해 오는 몽골 인종인 흉노에게 쫓겨 이미 수없이 언급했듯이 서쪽의 아프가니스탄(박트리아)으로 들어갑니다.*

나는 파지리크의 알타이 산맥과 하서주랑의 기련산맥을 잇는 선을 흉노가 침략하기 전 월지의 동방 한계선으로 봅니다. 이것은 알타이를 기준으로 서는 스키타이, 동은 흉노로 보는 학계의 다수 이론과도 부합합니다.

그러나 무엇보다도 한국의 적석목곽분 주인이 몽골 인종이므로, 그의 혈통은 당연히 흉노 계통에서 찾아야 할 것입니다.

여기서 흉노와 대릉원의 주인을 연결해 주는 고고학적 연구를 하나 소개합니다.

최근 흉노계 분묘를 종합한 연구에 따르면 거기에는 몇 가지 유형이 있

---

* 북부 아프가니스탄의 틸 테페 유적에서 파지리크 문화의 요소들을 많이 볼 수 있다.

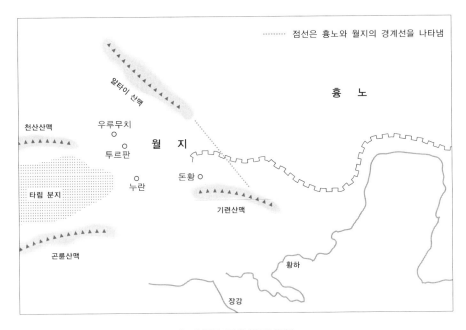

점선은 흉노와 월지의 경계선을 나타냄

알타이 산맥

흉 노

천산산맥

우루무치

월 지

투르판

돈황

누란

타림 분지

기련산맥

곤륜산맥

황하

장강

흉노가 침략하기 전 월지의 동방 한계선

다. 흥미롭게도 한반도 서북부의, 소위 낙랑 고토에 그러한 유형의 고분(적석목곽분)들이 모두 남아 있다는 엄연한 사실은 오르도스(흉노의 본거지)와 연결해서 볼 때 매우 주목할 현상임을 지적하지 않을 수 없다. …… 신라 적석목곽분의 주인공은 반도 서북부(낙랑)를 거쳐 동남진한 시베리아-오르도스계(흉노계) 주민의 후예라는 생생한 증거가 존재한다²⁾ (괄호는 필자).

이처럼 흉노의 물결이 한반도 동남부에까지 이르는 경로가 고고학적으로 보면 명확히 드러납니다. 흉노가 어떤 길로 내려와 신라의 경주에 김씨 왕국을 세웠는지를 보여 주는 하나의 증거입니다. 이 고고학적 증거들을 역사학에서 어떻게 구체적으로 해명하느냐는 중요한 과제가 아닐 수 없습니다.

먼저 김씨의 시조인 김알지의 신화를 보겠습니다.

큰 빛이 시림 속에서 나타남을 보았다. 자색 구름이 하늘에서 땅에 뻗치었는데, 구름 가운데 황금 궤가 나무 끝에 걸려 있고 그 빛이 궤에서 나오며 또 흰 닭이 나무 밑에서 우는지라, 이것을 왕에게 아뢰었다. 왕이 그 숲에 가서 궤를 열자 사내아이가 나왔다. 놀라움을 금치 못한 왕은 아이의 이름을 '알지'라 짓고, 성은 금궤에서 나왔다 하여 '금씨' 곧 '김씨'라 하였다.

김알지는 대략 서기 60년경에 출생했습니다. 김씨 성의 유래는 신화에서 보는 것처럼 황금 궤입니다. 황금을 숭배하는 신앙은 스키타이나 흉노의 아주 오래된 문화의 특징입니다.

역사 기록에 따르면, 김씨가 놀랍게도 흉노족에서 최초로 출현했습니다. 이 흉노족 김씨 역시 황금을 숭배했기 때문에 붙여진 성씨였습니다. 그렇다면 똑같이 황금을 숭상했다는 것 외에 김알지와 흉노족 김씨 사이에 다른 연관성은 없는 것일까요?

이야기는 기원전 121년 한 무제 때로 돌아갑니다. 한 무제는 하서주랑을 흉노에게 봉쇄당하자 군대를 보내 이들을 공략하고 4만여 명이나 되는 흉노군의 항복을 받았습니다. 그 전에 흉노는 이 지역을 다음 지도처럼 동·서로 나누어 씨족장들인 휴도왕과 혼야왕으로 하여금 다스리게 하고 있었습니다.

이 전쟁에서 휴도왕이 살해되고, 그의 아들 일제(日磾)가 인질로 잡혀갔습니다. 이때 한 무제가 일제에게 김씨 성을 하사했는데, 까닭인즉 부친인 휴도왕이 '황금으로 만든 인물상(金人像)'을 모시고 하늘에 제사 지냈기 때문이라고 사적은 전합니다.

김일제. 바로 이 사람이 사서에 처음 등장한 김씨입니다. 한 무제의 눈에는 김일제가 황금을 숭배하는 씨족의 우두머리란 사실이 가장 큰 특징이었고, 그래서 그(혹은 그의 씨족)에게 한자(漢子) 성 '金'씨를 부여함으로써 귀화를 법적으로 매듭지은 것입니다. 김씨는 이렇게 해서 세상에 탄생했습니다.

이때가 낙랑군이 설치되기 약 20년 전입니다. 그런데 갑자기 웬 낙랑군일까요?

한 무제가 고조선을 공략하기 위해 파병한 군대가 중국의 한족(漢

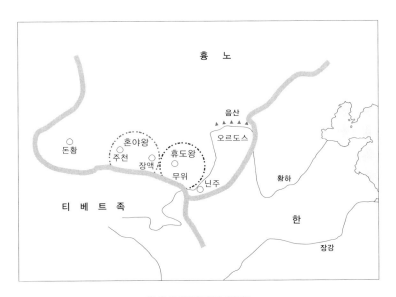

흉노의 혼야왕과 휴도왕의 세력 판도

族)이 아닌 이민족의 군대였을 것으로 추측됩니다. 이것은 단순한 추측이 아니라 많은 역사적 실례를 가지고 있습니다.

수와 당에서 고구려를 침략할 때 투르크·거란 등의 이민족 군대가 씨족 단위로 중국의 용병이 된 사실이 있으며,[5] 거꾸로 고구려 붕괴 후 유민들이 하서주랑 일대에 강제로 이주당해 당의 단결병(團結兵)으로서 투르크 군대와 대치한 적이 있습니다.

중국의 이런 군사 전략은 이민족에 대한 전통적인 이이제이(以夷制夷) 수법입니다. 700여 년 전에도 이와 똑같은 수법으로 한 무제가 고조선을 침범했을 것인데, 이때 동원된 주력군이 김일제의 흉노 군단이었다는 것입니다.

여기서 잠깐 장건이 3차 여행을 하게 된 이유를 떠올려 보지요. 혼야왕의 땅이 텅 비어 사람이 살지 않으니, 오손을 이곳으로 불러들여 살게 하면 흉노의 서역 진출을 막을 수 있을 뿐 아니라 대하 등 서방 국가들을 외신으로 삼을 수 있다는 장건의 상주 때문이었습니다.

혼야왕의 땅이 텅 비어 있다는 것은 귀화한 김일제의 흉노족이 그곳에 없다는 이야기인데, 그렇다면 그들은 어디로 갔을까요? 고조선을 정벌하러 간 것입니다. 김씨 흉노족은 낙랑군의 점령군이었던 것입니다.

적석목곽분이란 동일성 외에 흉노족이 있는 곳이면 어김없이 나오는 동복(銅鍑: 구리솥)이 낙랑 고토에서 다량 출토된 것도 이러한 사실을 뒷받침해 주는 고고학적 증거입니다.

이쯤 해서 김알지를 신화 무대에서 현실의 역사 무대로 끄집어내려야 할 것 같습니다. 우선 『삼국사기』의 기록을 보겠습니다.

동복. 철기 시대. 김해 대성동 출토.

동복. 높이 18.3센티미터. 구경 19.3센티미터.
평양 부근 출토.

유리왕 14년(37)에 고구려 대무신왕이 낙랑˙을 멸망시킴에 낙랑 사람 5000명이 신라에 와서 6부에 나누어 살았다.

이 기록에서 고구려에 패하여 내려간 낙랑 군사가 흉노 김씨 군단 중의 일파라고 볼 수는 없을까요? 고구려의 공략이 있었던 서기 37년 과 김알지가 탄생한 서기 60년은 고대사에서는 거의 동시기라고 할 수 있으며, 시차가 문제된다 해도 김알지 무리가 신라 사회에 정착하 는 데 필요한 기간으로 보아도 무방할 것입니다.

김알지는 추장의 이름일 수도 있고, 아니면 집단의 이름일 수도 있

＊ 낙랑이 완전히 멸망한 것은 313년이다.

습니다. 알지(閼智)는 황금을 뜻하는 투르크*어 '알툰, 알틴'을 연상시킵니다. 흉노 추장의 처를 알씨(閼氏, 흉노어로 연지)**라 부르는데, 알틴의 한자식 표기라는 게 통설입니다.

따라서 김알지는 황금의 한자어 '김'과 황금의 흉노어 '알지'가 합성된 이름입니다. 이를테면 골드김 같은 것이죠. 김알지 집단이 패주해 신라로 들어간 흔적을 유물을 통해 볼 수 있습니다.

잠시 다음에 나오는 마형대구(도판 4)와 호형대구(도판 5)에 대한 전문 학자들의 설명을 들어 보겠습니다.

이 조각품들이 두 가지 문화적 요소(스키타이풍과 중국풍—필자)를 흡수 · 소화시키면서 부분적으로나마 독자적인 자기 표현을 하고 있는 사실은 주목할 만하다.[4]

아마 중국 북쪽 변경에서 활약하던 기마족인 흉노들이 원래 이러한 동물형 대구(버클)를 사용하고 있었으며, 그것이 점차 중국적인 요소와 양식을 수용해서 이러한 형태로 발전한 모양이다.[5]

청동기 문화의 파급이 남한의 전 영역에 미치고 있는 데 반해, 유독 이 마형 · 호형 대구만은 지금까지 조사된 고고학적 자료에 의하면 대구 · 영천 · 경주 등을 포함한 경북 일원에서만 발굴되고 있다.[6]

---

* 흉노는 투르크의 조상이다.
** 연지[閼氏]가 우리 나라에서는 알지로 기록됐을 가능성이 높다. 알씨의 씨(氏)는 월지(月氏)의 경우처럼 '지'로 읽히므로, 우리 나라에서는 閼氏(연지)→閼氏(알지)→閼智(알지)로 됐을 것이다. 이때 알지는 흉노 추장의 처를 뜻하기보다는 단어의 의미대로 황금을 가리킨 것으로 보인다.

1 흉노의 금관. 전국 시대 말기. 오르도스 출토.
2 위 1의 세부. 말.
3 위 1의 세부. 호랑이.
4 청동 말 모양 띠고리(마형대구). 초기 철기 시대. 기원 전후. 영천 어은동 출토.
5 청동 호랑이 모양 띠고리(호형대구). 초기 철기 시대. 기원 전후. 영천 어은동 출토.

이 견해들을 종합하면 다음과 같은 해석이 가능합니다.

첫째, 흉노 금관의 세부(도판 2, 3)와 비교해 보면, 마형대구와 호형대구가 기본적으로 흉노의 디자인임을 문외한이라도 알 수 있다.

둘째, 양식적으로 흉노풍의 기본 위에 중국풍이 수용되고 다시 원주민의 조선풍이 가미되었다. 이는 낙랑이 중국의 직할 영토였고, 흉노의 군대가 조선 땅에 주둔했던 사실과 무관하지 않다.

셋째, 한반도에서는 오로지 경주로 가는 길목에만 나타나는 데다 고고학에서 이를 1세기의 유물로 보고 있기 때문에, 이 유물을 김알지의 무리가 남하한 근거(낙랑과 경주 사이를 이어 주는 고고학적 다리)로 볼 수 있다.

이후의 정치사의 전개를 살펴보기 위해, 김씨 왕계가 신라에 뿌리 내린 이력을 간단히 보겠습니다.

김알지에서 시작된 신라의 김씨. 그의 6대손 미추가 262년 김씨계 최초로 신라 13대 왕위에 오름. 그의 사후 왕위는 다시 석씨계로 돌아가나 김씨의 중시조인 내물이 356년 17대 왕위에 오름. 그 뒤로 36왕을 낸 김씨계의 세습 왕권이 확고히 구축됨.

미추왕이 김씨계 최초의 왕이 된 3세기 중엽은 중국에서 위(魏)와 진(晉)이 교체되는 시기로, 이에 따라 낙랑도 관리자가 바뀌는 대격변을 겪습니다. 즉, 공손씨에서 위로(232), 다시 위에서 진으로(265) 바뀐 것입니다.

이런 와중에 권력에서 밀려난 흉노의 김씨 일파가 신라로 내려가 같은 족친으로, 이미 터를 잡고 있던 김알지의 후손을 도와 그(김알지의 후손)를 미추왕으로 옹립하는 데 성공했습니다. 하지만 아직 기반이 취약했던 이들은 한 대를 넘기지 못하고 다시 석씨에게 왕권을 넘겨 주지 않으면 안 되었습니다.

그로부터 약 30년 후 중국에서 진은 흉노에게 멸망합니다. 그 해가 317년입니다. 그런데 진은 이미 311년에 흉노에게 수도를 점령당하고 황제가 포로로 잡혀가는 사태가 발생합니다.

이 사이 낙랑에 본국 관리자가 없는 틈을 타 고구려가 기회를 놓치지 않고 낙랑을 공략하여 313년 낙랑을 이 땅에서 영원히 제거해 버립니다.

이때 낙랑의 흉노 군단이 대거 신라로 내려간 것입니다. 한편 대륙에서는 갑작스럽게 부흥한 흉노*가 350년까지 북중국을 거의 장악하기에 이릅니다. 이 시기에 신라에서는 내물왕이 석씨에게서 왕권을 빼앗아 김씨의 영구적인 세습 체제를 확립합니다(356). 이것은 남하한 낙랑의 흉노 군단이 또다시 신라의 기존 김씨와 손잡고 일으킨 정변의 결과였습니다.

『삼국사기』는 이 사실을 내물왕 26년(381)조에서 다음과 같이 전합니다.

왕이 사신 위두를 보내니 그가 고구려의 사절을 따라 전진(前秦)에 들어가 황제에게 토산물을 전하였다. 이때 황제 부견이 위두에게 묻기를

---

* 이때의 흉노는 남흉노이다. 후한에 투항해 중국의 북방을 지키는 용병으로 전락했다가 5호16국 시기에 일시 부흥하는데, 이때의 흉노를 가리킨다. 이 책의 4장 '신비의 누란왕국' 97쪽 참조.

광개토대왕이 하사한 청동 호우(왼쪽). 호우를 보통 합(盒)이라 부른다. 호우 밑바닥에 씌어진 글씨(오른쪽). '乙卯年國岡上廣開土地好太王壺杅十' 이란 글씨가 보인다(국립중앙박물관, 「국립중앙박물관」에서).

"그대의 말에 해동(신라)의 형편이 옛날과 같지 않다고 하니 무엇을 말함이냐?"고 하니, 대답하되 "이는 마치 중국의 시대 변혁·명호 개혁과 같은 것이니, 지금이 어찌 옛날과 같을 수 있으리요"라고 하였다.

요즘식으로 말하면 이렇습니다. 내란에 성공한 김씨 집단이 항구적 통치 체계를 구축하기 위해 기존의 정치 체제와 권력 구조에 일대 변혁을 단행했는데, 이 과정에서 고구려의 지원과 보호가 있었고, 쿠데타의 결과를 전진의 황제에게 알리기 위해 신라의 사신이 고구려의 사절을 따라 중국에 들어간 것입니다.

이는 광개토왕릉비(414)에 "신라는 예로부터 속민으로 고구려에 조공해 왔다"고 기록한 사실로 미루어 충분한 개연성이 있습니다.

이 가설을 뒷받침해 주는 구체적 사건을 들어 보겠습니다. 내물왕

재위 기간에 왕족 한 명이 고구려에 볼모로 잡혀갔다가 왕의 사후에 고구려의 지원을 받아 왕위에 오릅니다. 그가 바로 실성왕입니다. 실성왕 역시 선왕인 내물왕의 아들 복호를 고구려에 볼모로 보냅니다. 이때의 고구려 왕은 광개토대왕이었습니다.

해방 직후 발굴된 대릉원의 호우총에서는 광개토대왕이 하사한 청동 호우(壺杅)가 출토되었는데 연구 결과 실성왕 아니면 복호의 것으로 밝혀졌습니다. 이러한 일련의 사실들은 당시 신라가 '고구려의 지원과 보호'를 받았음을 강력히 시사해 줍니다.

유독 고구려의 신라에 대한 종주권 행사가 내물왕대 이후의 대릉원 시대에만 보이는 것에 대해 나는 아래와 같이 요약하고 싶습니다.

낙랑의 멸망(313) → 흉노 군단의 신라 내주(來駐) → 밖으로는 고구려, 안으로는 족친인 미추왕계의 도움으로 이들은 석씨와의 정권 교체에 성공(이때 북중국을 잠시 흉노가 장악하고 있었던 것도 유리한 상황이었음) → 내물왕이 권력을 장악한 후에는 고구려의 지원에 대한 보답과 김씨 왕권의 안정적 세습화를 위해 고구려에 조공과 칭신을 하고 왕자를 볼모로 보냄. 반면 고구려는 군대를 파병해 신라에 주둔시키고 왜 등 외국군의 침입으로부터 보호함.

이것이 한반도 동남부에 위치한 서라벌 땅에서 개성 있는 한 초원의 문화, 즉 신라식 초원 문화를 꽃피운 신라 김씨 왕족의 실체에 대한 대강의 그림입니다.

법흥왕 때 묘제가 적석목곽분에서 횡혈식 석실분으로 다시 바뀌는데, 그 이유를 상징적으로 표현하면 흉노 김씨의 기마 군단이 그때야 비로소 말에서 내려왔기 때문입니다. 마침내 정주민으로 정착한 것입니다.

법흥왕 때 이르러 군주의 칭호를 칸(마립간)에서 왕으로 바꾸었을 뿐만 아니라 모든 것을 중국식으로 바꿉니다. 율령을 공포하고 백관의 공복을 제정하고 불교를 공인하고 연호를 사용하는 등 전면적으로 중국 문물을 받아들여 국가의 체계를 중국화합니다.

이처럼 유목 문화를 정주 문화로 탈바꿈하는 과정에서 무덤 양식까지 바꾼 것으로 생각됩니다. 현대의 역사 이론에 따르면, 이 변화를 부족 국가가 고대 국가로 도약한 질적 발전으로 볼 수 있을 것입니다.

이제 하나의 의문, 즉 낙랑보다 신라에서 적석목곽분의 원형이 더 잘 나타나고 초원의 유물이 훨씬 더 많이 출토되는 것을 어떻게 설명할 수 있을까요? 그것은 새로운 이주자인 흉노 김씨가 토착 기득권 세력을 지배하기 위해 자신의 정체성을 훨씬 강력하게 부각할 필요가 있었기 때문일 것입니다.

반면 낙랑에서는 이들이 엄연히 중국의 귀화민이고 용병 집단이기 때문에 왕릉 규모의 대형 무덤(이 정도가 돼야 전형성이 드러난다)을 조성할 수 없었거니와 중국 문화의 영향 속에서 되도록 개성을 죽이고 있었을 것이라 짐작됩니다.

---

* 정확히 말하면 마립간의 칭호를 폐지하고 왕이라 칭한 것은 법흥왕의 선대인 지증마립간 때이다. 『삼국사기』에는 19대 눌지에서 22대 지증까지 4대의 임금을 마립간이라 했으나, 『삼국유사』에는 17대 내물에서 22대 지증까지 6대의 임금을 마립간이라 했다.

실크로드의 출구에서

실크로드를 끝마치면서 문명이란 화두를 던져 봅니다. 오늘날 우리가 이해하는 문명은 발전과 진보의 궤도를 따라 달리는 바퀴와 같은 것입니다. 이 궤도는 직선의 시간 위에 놓여 있습니다. 그러나 시간은 원형의 시간도 있고, 가역 반응(可逆反應)을 일으키는 시간도 있을 수 있습니다.

우리는 시간이 어디서 어디로 흐르는지 알지 못합니다. 다만, 현대가 직선의 시간에 근거하고 있음을 알고 있을 따름입니다. 나는 실크로드로 인해 직선의 시간에 회의를 품게 되었습니다. 이것은 역설입니다. 내가 실크로드에 눈을 뜨고 깊이 빠져든 것은 근대 역사학이 전제로 하는 직선의 시간 위에서였는데, 그럼에도 불구하고 나의 인식이 마침내 그 모태에 부정의 시선을 보내기에 이른 것입니다.

발전·진보는 과연 무엇일까? 직선의 시간을 부정하면, 그것은 자연히 부정됩니다. 그 역도 똑같이 성립합니다. '진보'는 근대의 발명품입니다. 그리고 실크로드학은 이 발명품의 조건을 통과해 나온 산물입니다.

사막 속에서 파낸 2000년 전 누란인의 의상과 현대인의 의상 사이에 존재하는 차이를 나는 결코 진보로 여길 수 없게 되었습니다. 그것은 고대 의상의 뛰어남에서라기보다는 현재 오아시스 주민들의 삶에서 연유합니다.

　내가 만난 중앙아시아 주민들은 발전과 진보에 대해 근대 교육을 받은 지역의 시민들과는 근본적으로 다른 의식을 가지고 있습니다. 이들은 놀랍게도 현재의 삶을 매우 행복하게 느끼고 있습니다. 자본주의의 침투는 이들의 의식에도 많은 변화를 초래했지만, 바로 이 현상으로부터 발전과 진보에 대한 의식이 인간의 삶을 어떻게 왜곡하는지를 반면교사로서 보게 됩니다.

　물질적 진보는 풍요·편리함 따위를 뜻합니다. 그 반대는 가난·불편함 따위입니다. 이전에 몇 해 동안 도시빈민의 가난한 삶을 다큐멘터리 사진으로 작업한 적이 있습니다. 이 과정에서 중앙아시아의 가난과 도시빈민의 가난은 전혀 성격이 다르다는 것을 느꼈습니다. 발전과 진보를 강요하는 사회에서 낙오된 군상들의 가난은 불행의 온상입니다. 이것은 근대가 얼마나 잘못된 길을 가는지를 보여 주는 단적인 증거입니다. 중앙아시아의 주민이 왜 가난을 가난으로 느끼지 않는지에 대해 깊은 이해가 필요하지 않을까요?

　나는 한술 더 떠서 과연 근대가 말하는 진보란 것이 실재하는가 하고 묻습니다. 정신의 진보를 사상한 근대는 물질의 팽창을 진보라고 착각하게 만들고, 그 착각의 계단을 향해 물불 가리지 않고 오르게 만듭니다.

　만일 근대 체계 속에서 더 이상 진보라는 것이 없다면 문명의 개념은 재정립돼야 합니다. 여기서 유목주의(nomadism)는 기존의 문명

개념에 대해 파괴적인 역할을 할 것입니다. 수천 년에 걸친 유목 세계와 정주 세계의 대립은 근대 이후 정주 세계의 승리로 끝났지만, 도리어 유목주의는 (정주 세계의 결정판인) 근대 체계와 근대의 삶에 대한 대안적 가치로서 오늘날 부상하고 있습니다.

그런데 여기서 주의해야 할 것은 오리엔탈리즘입니다. 서양인들이 유럽의 가치를 보완하고 갱신할 목적으로 유목주의를 수용한다면, 이 역시 오리엔탈리즘에 빠지는 것입니다.

유럽의 오리엔탈리즘의 역사를 보면, 18세기 계몽주의 시대에는 중국의 공자와 유교에 대한 관심이, 19세기 낭만주의 시대에는 인도의 힌두교와 불교에 대한 관심이, 20세기 모더니즘 시대에는 전반적인 동양 사상 ―그 중에서도 선(禪)― 에 대한 관심이 폭증하였습니다. 이어 1960년대의 비트와 히피 세대의 반문화 사상, 그리고 최근 포스트모더니즘의 해체 이론, 생태학 등도 동양 사상에서 정신적 탈출구를 찾았습니다.

그러나 거칠게 표현하면 이러한 오리엔탈리즘은 궁극적으로 유럽의 가치를 강화하는 데 기여합니다. 서양 문명의 손을 거쳐 가공된 유목주의 역시 같은 운명을 면치 못할 것입니다.

오리엔탈리즘에서 말하는, 동서양 문화의 차이와 두 문화 사이의 대화 필요성이 대부분 정주 세계를 대상으로 했다는 점을 간과해서는 안 됩니다. 우리는 이 책에서 실크로드를 유목과 정주의 대립 속에서 살펴봤습니다. 이 대립은 동서의 차이보다 훨씬 본질적인 것입니다.

실크로드를 공부하는 이유 가운데 하나는 근대의 문제를 유목적 시각에서 보기 위한 것입니다. 역사상 유목이야말로 정주를 끊임없이 파괴해 왔을 뿐 아니라 새로운 패러다임의 모색을 촉구해 왔습니다.

철학적 개념의 유목주의는 기존의 가치와 삶의 방식을 부정하고 불모지를 옮겨 다니며 새로운 것을 창조해 내는 일체의 방식을 의미한다고 합니다. 이는 유목의 특징인 약탈, 이동, 개방성, 그리고 축적의 한계성 등에 기초하고 있습니다. 고대 유목 세계의 종교인 샤머니즘은 근대의 합리주의가 미신이라고 해서 추방했지만, 유목주의의 내피와 같은 것으로서 이제는 거꾸로 합리주의를 추방할 힘을 갖춰가고 있습니다.

오리엔탈리즘 전문가인 J. J. 클리크는 "13세기 마르코 폴로의 중국 원정은 아시아인의 문화에 관한 본격적인 '대하소설'에서 유럽인들에게 가장 잘 알려진 '머리말'에 해당할 것"이라고 말했습니다. 이 말은 그의 의도와는 달리 이 책의 13장 '유럽의 근대와 실크로드'에서 간략하게나마 언급했지만, 유럽의 근대가 아시아로부터 받은 충격에 의해 열린 사실을 반증하고 있는 것에 다름 아닙니다.

유럽이 부풀려 놓은 '근대성'은 한계 용량을 이미 초과해서 파멸의 단계에 들어선 지 오래입니다. 오리엔탈리즘은 한마디로 이 같은 상황을 돌파해 가기 위한 몸부림입니다. 그렇게 하지 않을 수 없는 토대에는 제국주의가 있습니다. 제국주의를 포기한다는 것은 대서양 양안의 문명이 붕괴하는 것을 뜻합니다.

우리는 서구 지식인이 하는 고뇌의 가장자리에서 더 이상 그것을 공분(共分)하고 있을 수 없습니다. 근대 체계와 근대적 삶의 문제에 대한 우리의 발언을 더 이상 미룰 수 없습니다. 실크로드는 우리의 발언에 도움을 줄 것입니다. 그런 의미에서 실크로드는 반(反)근대 역사학의 주체가 될 운명에 처해 있습니다. 실크로드를 진보와 직선의 시간 위에 올려놓는 것은 실크로드의 본성에 반대되는 것입니다. 근대의 발명품인 진보와 직선의 시간을 뒤엎고, 파괴하고, 새로이 창조할 '전쟁 기계'가 실크로드의 한 축인 유목적 세계관이기 때문입니다.

우리 정신의 기층에는 유목적 세계관이 놓여 있습니다. 다른 말로 하면 샤머니즘, 더 본질적으로는 애니미즘(animism)이 잠재해 있습니다. 이를 어떻게 살려 내느냐, 서구 문명의 필터링을 거치지 않은 채로 살려 낼 수 있느냐, 이것이 관건이라고 생각합니다.

나는 이 책에서 실크로드를 '거대 유목 제국과 거대 정주 제국의 충돌을 약소 오아시스 국가들의 처지에서 보는 세계사'라고 정의했습니다. 약소 오아시스 국가들의 세계관과 앞서 말한 유목적 세계관은 언뜻 보기에 대립하는 듯이 보입니다. 그러나 이 모순을 해소하기 위해 후자가 거대 유목 제국의 세계관을 가리키지 않는다는 사실을 먼저 지적해야겠습니다. 유목 세계의 특징이 오랜 기간 부족으로 있다가 갑자기 제국으로, 그러다가 또다시 제국에서 돌연 부족의 일상으로 돌아가는 것이라면, 유목의 근간은 곧 유목 부족입니다. 다시 말하지만, 여기서 유목적 세계관은 유목 부족의 세계관입니다.

역사적으로 약소 오아시스 국가는 부족 국가의 형태였습니다. 오아시스 주민은 비록 농경을 주업으로 했지만, 외부와의 관계에서는 유목 세계와 더 가까웠습니다. 이들은 정주 제국과 대립할 힘이 전혀 없기 때문에, 우리가 근대에 대한 대항 항을 설정할 때 이들의 세계관을 유목적 세계관에 내포시키는 것입니다.

반면 현재의 역학 구도에서 유목 세계의 존재 역시 극히 미미합니다. 여기서도 제국에 대한 대항 항을 설정할 때, 같은 이유로 현 유목 세계를 과거 약소 오아시스 국가들의 처지에 내포시키는 것입니다.

따라서 이 글에서 유목적 세계관(혹은 유목주의)은 위의 양자가 서로를 내포하는 의미로 사용됩니다.

전통적인 유목 제국과 정주 제국의 대립 구도는 끝났지만, 19세기에는 영국과 러시아의 그레이트 게임이 이를 대체했으며, 20세기에 들어와서는 미·소의 냉전 구도로 바뀌었고, 21세기에는 미·중 양강 체제로의 전환이 예상됩니다. 한반도는 과거 냉전 체제의 유산을 여전히 청산하지 못하고 있을 뿐 아니라, 다가올 미래에 미국과 중국 어느 편에 서야 할지 또다시 기로에 설 것으로 보입니다.

이런 상황은 실크로드의 역사적 의미가 현대의 한반도에 새로운 형태로 재현되고 있음을 보여 주는 것입니다. 누란 왕국과 같은 과거 실크로드의 약소 국가들처럼, 미래의 한반도도 생존을 위해 똑같은 줄다리기를 (미국과 중국 사이에서) 해야 하는 걸까요? 과거의 역사로부터 배울 게 있다면 그것은 무엇일까요? 가령 제3세력의 연대와 같은 것은 여전히 유효성이 있는 걸까요?

이런 문제는 이 책에서 다룰 내용이 아닐뿐더러 나의 능력을 훨씬 벗어난 사항입니다. 기껏 강조할 수 있는 것은 한반도가 두 강대국에 의존하지 않는 어떤 독립적인 블록의 일원이어야 한다는 정도입니다.

약간 덧붙인다면, 이것은 새로운 문명의 패러다임을 정립하는 것과 무관하지 않을 것입니다. 아시아의 근대화를 서구 자본주의의 이식에서 찾기를 그만두는 것과, 근대를 새로운 문명의 패러다임의 빛 아래서 새롭게 재해석하는 것은 동전의 양면입니다. 당연한 이야기일 텐데, 한반도가 새로운 패러다임의 문명을 선도하여 독자성의 지평을 열 수 있으려면 유목적 세계관을 심화·확대하는 과정이 반드시 필요할 것입니다. 이 책에서 제기한 관점의 실크로드가 이에 조금이나마 기여할 수 있기를 바랍니다.

미주

1장 흑장군의 전설
1) 『西夏文化槪論』(張迎勝 主編)을 참조.
2) 이 전설은 『絲路傳說』「黑城子」에 채록돼 있다. 『실크로드의 악마들』(피터 홉커크 지음, 김
   영종 옮김)에도 소개돼 있다.
3) 『칭기스칸』(라츠네프스키 지음, 김호동 옮김)에서 인용.
4) 『몽골 비사』(유원수 역주)에서 인용.
5) 『마르코 폴로의 동방견문록』(김호동 역주)에서 인용.

2장 실크로드란?
1) 대상과 낙타에 관한 것은 『東西文化의 交流』(長澤和俊 지음, 민병훈 옮김) 참조.
2) 『중국령 중앙아시아』(클레어몬 스크라인 지음)(『실크로드의 악마들』에서 재인용).
3) 『사막에 묻힌 중국령 투르키스탄의 유물들』(르콕 지음)(위의 책에서 재인용).
4) 『빛의 바다』(상)(김영종 지음)에서 인용.

3장 장건과 東의 실크로드
1) 『사기』「대원열전」(정범진 외 옮김)에서 인용.
2) 이서(李曙)의 『마경언해(馬經諺解)』에 나오는 '좋은 말상 보는 법'에서 인용.
3) 『사기』「대원열전」에서 인용.
4) 위의 책에서 인용.

4장 신비의 누란 왕국
1) 『실크로드의 악마들』에서 인용.
2) 『사기』「흉노열전」(정범진 외 옮김)에서 인용.
3) 『한서』「서역전」의 '선선국조'에서 인용.
4) 이 나라의 실태에 대해서는 『東西文化의 交流』147~156쪽 참조. 이 문서에는 이 나라 국인
   (國人)의 생활이 세부까지 잘 나타나 있다.

5장 스키타이
1) 스키타이에 관한 대부분의 정보는 헤로도토스의 『역사』(박광순 옮김)를 참조 혹은 인용.

2) 『세계 종교사』(J. B. 노스 지음, 윤이흠 옮김)에서 인용.

3) 『유라시아 유목 제국사』(르네 그루쎄 지음, 김호동·유원수·정재훈 옮김)에서 인용.

6장 스키타이의 교역과 미술

1) 『실크로드의 역사와 문화』(나가사와 가즈도시 지음, 이재성 옮김) 참조.

2) 위의 책에서 인용.

3) 『유라시아 유목제국사』에서 인용.

4) 위의 책에서 인용.

7장 알렉산드로스 대왕과 西의 실크로드

1) 『알렉산드로스, 침략자 혹은 제왕』(마이클 우드 지음, 남경태 옮김)에서 인용.

2) 위의 책에서 인용.

3) 위의 책에서 인용.

4) 칼 세이건, 『코스모스』(서광운 옮김)에서 인용.

5) 『실크로드의 역사와 문화』참조.

8장 소그드 상인

1) 이에 대해서는 『古代遊牧帝國』(護雅夫 지음)을 참조 또는 인용.

2) 이 책 176쪽 '西의 실크로드와 소그드인 사절단'의 내용 참고.

3) 자세한 것은 『고대 사마르칸드의 벽화(**ЖИВОПИСЬ АФРАСИАБА**)』
  (알바움 **Л.И. АЛЬБАУМ** 지음) 참조.

4) 『古代遊牧帝國』참조 또는 인용.

5) 위의 책에서 인용.

6) 주로 『敦煌·吐魯番とシルクロード上のソグド人』(姜佰勤 지음, 池田溫 옮김)을 참조 또는
  인용. 그 밖에 『吐魯番出土の唐代取引法關係文書』(仁井田 陞 지음), 『隋唐絲綢之路』(李明偉
  지음), 『古代遊牧帝國』(護雅夫 지음) 등을 참고.

9장 문물1_ 비단

1) 『중국으로 가는 길』(헨리 율·앙리 꼬르디에 지음, 정수일 역주)에서 재인용.
2) 이후 로마의 비단 열풍에 관한 내용은 『고대문명교류사』(정수일 지음)를 인용 또는 참조.
3) *Europe and China*(G. F. Hudson 지음)(앞의 책에서 재인용).
4) 『세계 문화 상징 사전』(진쿠프 지음, 이윤기 옮김)에서 인용.

10장 문물2_ 불교와 불상

1) 이주형의 『간다라 미술』을 근간으로 하였다.
2) 위의 책에서 인용.
3) 위의 책에서 인용.
4) 위의 책 164쪽 참조.
5) 위의 책 164쪽 참조.
6) 『왕오천축국전』(이석호 옮김)에서 인용.
7) 『한국민족문화 대백과사전』의 '금동미륵보살반가상' 항목에서 인용.

11장 문물3_ 기타

1) 『후한서』 「서남이전」에서 인용.
2) 『실크로드의 역사와 문화』에서 인용.
3) 대원의 포도에 대한 정보와 한 무제의 반응 등은 『사기』 「대원열전」 참조.
4) 『한서』 「흉노전」에서 인용.
5) 『중앙아시아 민족음악 순례』(후지이 도모아끼 지음, 심우성 옮김)에서 인용
6) 『동방 기독교와 동서 문명』(김호동 지음) 참조.

12장 장안의 봄

1) 「송배십팔도남귀숭산(送裵十八圖南歸嵩山)」의 2수 중 1수. 본문에 있는 두 시는 나가사와
   가즈도시의 『실크로드의 역사와 문화』에서 인용.
2) 『제국으로 가는 긴 여정』, 「세계 제국의 심장, 장안과 낙양의 빛과 그늘」(박한제 지음)에서
   인용.
3) 위의 책에서 인용.
4) 위의 책에서 인용.
5) 당 태종의 화이관 변화와 기미 지배에 대해서는 「당의 기미 지배와 북방 유목 민족의 대응」

(김호동 지음)을 참고.
6) 『빛의 바다』(상)에서 인용.
7) 더 자세한 계보는 『제국으로 가는 긴 여정』(박한제 지음)의 7장 참조.

13장 유럽의 근대와 실크로드
1) 『몽골 세계 제국』(스기야마 마사아키 지음, 임대희 · 김장구 · 양영우 옮김) 참조.
2) 『새 유럽의 역사』(프레데리크 들루슈 편, 윤승준 옮김)에서 인용.
3) 『유라시아 천년을 가다』, 「서구인들의 해양 진출과 새로운 체제의 형성」(최갑수 지음)에서 인용.
4) 『유라시아 천년을 가다』, 「아드리아 해의 여왕, 베니스」(최갑수 지음)에서 인용.
5) 『자본주의 이행 논쟁』(김대환 편역)에서 인용.
6) 『이슬람 문명사』(버나드 루이스 엮음, 김호동 옮김) 참조.
7) 위의 책 참조.

14장 실크로드 탐험 이야기
1) 이 장은 필자가 번역한 『실크로드의 악마들』(피터 홉커크 지음)에 많이 의존했다. 인용문에서 특별히 출처를 밝히지 않은 것은 모두 이 책에서 인용했다.
2) 악사칼에 대한 좀더 자세한 내용을 알려면 『근대 중앙아시아의 혁명과 좌절』(김호동 지음)을 참고.

별장 신라의 실크로드
1) 졸저 『티벳에서 온 편지』의 '신라에 흉노 시대가 있었을까?'란 글에서 이 문제를 다루었다. 여기서는 이 글을 조금 다듬어서 실었다.
2) 「오르도스 후기 금속 문화와 한국의 철기 문화」(이종선 지음)에서 인용.
3) 12장 '장안의 봄'에서 투르크 비문의 내용 참조.
4) 『실크로드 미술』(권영필 지음) 참조.
5) 「원시 미술」(김원룡 지음) 참조.
6) 「우리나라의 청동기 문화」(한병삼 지음) 참조.

찾아보기

실크로드, 길 위의 역사와 사람들

2004년 7월 23일 1판 1쇄
2009년 7월 25일 2판 1쇄
2021년 12월 30일 2판 3쇄

지은이 | 김영종

편집 | 인문팀
표지 디자인 | 백창훈
본문 디자인 | 김태형Book디자인
제작 | 박흥기
마케팅 | 이병규 · 양현범 · 이장열
홍보 | 조민희 · 강효원

출력 | 블루엔
인쇄 | 천일문화사
제책 | 경문제책

펴낸이 | 강맑실
펴낸곳 | (주)사계절출판사
등록 | 제 406-2003-034호
주소 | (우)10881 경기도 파주시 회동길 252
전화 | 031) 955-8588, 8558
전송 | 마케팅부 031) 955-8595   편집부 031) 955-8596
홈페이지 | www.sakyejul.net   전자우편 | skj@sakyejul.com
블로그 | skjmail.blog.me   페이스북 | facebook.com/sakyejul
트위터 | twitter.com/sakyejul

ISBN 978-89-5828-384-3 03910